复旦通识

欧洲文明的现代历程

李宏图 著

商务印书馆
The Commercial Press

图书在版编目（CIP）数据

欧洲文明的现代历程/李宏图著．— 北京：商务
印书馆，2023
　（复旦通识文库）
ISBN 978-7-100-21676-0

Ⅰ．①欧… Ⅱ．①李… Ⅲ．①文化史－欧洲－现代
Ⅳ．① K500.3

中国版本图书馆 CIP 数据核字（2022）第 171390 号

复旦通识文库
欧洲文明的现代历程
李宏图　著

商 务 印 书 馆 出 版
（北京王府井大街 36 号　邮政编码 100710）
商 务 印 书 馆 发 行
北 京 新 华 印 刷 有 限 公 司 印 刷
ISBN 978-7-100-21676-0

2023 年 1 月第 1 版　　　　开本 880×1240　1/32
2023 年 1 月北京第 1 次印刷　印张　12
定价：75.00 元

目　录

绪　论

这是一门为本科生开设的通识教育课程，虽然在座的各位来自历史学系之外的其他系科，但通识教育的理念要求这门课不是简单地讲述一些历史知识，而是要对历史，对欧洲文明如何发展成为"现代"，作出分析和阐释。如果需要的话，对那些具体的历史知识，特别是故事性的历史知识，大家可以通过课后阅读得到，我就不必占用课堂时间来讲解了。在我看来，通识教育着重的不是教授了多少具体的知识，而是如何处理所涉及的知识，或者说，我们要在什么视野下来理解与处理这些知识，假如以这门课程为例的话，就是如何把握欧洲文明的基本特质和其演进过程，理解和思考欧洲如何率先在全球发展成为了"现代"文明。

首先需要明确的是，这是一门历史学类的课程，因此，我还是首先就学习历史对于我们的意义做一简括性的表达，算是讲授这门课程的一个导言。

一般来说，历史学有这样几种特性。第一是讲故事，如今被称为"历史叙事"。我们从中国古代很多历史名著那里可以领略到这一史学样式与动人的风采，例如，司马迁的《史记》，他能把人物描写得栩栩如生，事件如临其境。第二为求真，历史学是要建立在历史的资料，特别是原始资料基础之上的；因此，历史学家也就要皓首穷经，千方百计地搜寻资料，尽可能多地掌握第一手资料，从而展现和叙述出历史的真实。不过在我看来，历史学的目的和宗旨不是为了求真，因为作为研究者我们完全无法获得历史的"真"。这就引出第三点，历史学的主旨是依据你获得的资料来展开分析和阐释，因为学习历史不仅仅是搜寻资料，还要在此基础上作出解释，思考历史人物的行动，哪些人与事造就了这样的"历史"发生；在我看来，这是历史学的核心，也是一种思维能力。实际上，这也是所有学科都需要掌握的一种能力。第四，历史学的意义，或者说历史所具有的价值和作用。我们为什么要学习历史呢，难道仅仅是为了满足于我们对历史的好奇性的窥探，或者说学习历史就是为了总结经验教训，以史为鉴。对这一点，我想在此想多说几句，我们学习历史，是有以史为鉴的功能，但这一借鉴不是指从历史中找到解决我们今日所遇到的各种问题或者困境的方法，将历史当成直接解决我们目前自身问题的重要资源，具有着现实主义的功用，而是通过对历史的学习提升反思性能力与批判性思维。例如，"剑桥学派"的代表性人物昆廷·斯金纳就以思想史研究为例指出，试图从思想史中找到解决我们眼下问题的途径，不仅是一种方法论谬误，而且在某种程度上是一种道德错误。而从过去了解什么是必然的，什么是我们自己具体的安排的随机性后果，则是获得自知之明的重要途径之一。他还说，思想史家能够帮助人们理解久远的价值观念如何凸现在我们今天的生活方式中，以及我们今天思考这些价值观念的方式，反思在相异的可能状态下不同的时间中我们所做出的一系列选择。这种理解有助于我们从对这些价值观念的主导性解释的控制下解放出来，并有助于对它们的重新理解，从而帮助我们重建起自身的价值观念。我想这对于整个历史研究也是相通的。因此，在斯金纳看来，我们并不是直接从历史中汲取经验解决我们实践中的问题，而是要让大家知道在那个历史当下为什么人们会作出那样的选择，那样的选择是博弈的产物，因此，如果我们能展现出历史的复杂，就能够得到一种启发。美国学者特伦斯·鲍尔也说道，我们是谁，我们是什么，我们如何对我们的世界进行安排、分类和思考，每个人如何行动都是受到了我们所既定的语言的论争性和修辞性资源的限定。[1]

与此相似的表达还有很多，例如，19 世纪英国思想家约翰·密尔也从这一维度来强调历史教育的重要作用。他说："在我们所考虑的教育体系中，历史应该占有一个重要的位置。因为它是对人类已经取得的伟大事业的记录；……如果没有历史教学，人性的无限多样性就不会被他生动地得以理解，任何由于他自己的标准而显得偏狭和片面的东西就不会被有效地纠正。如果没有历史教学，他就不会被认为强烈地懂得了：我们的本性具有惊人的可塑性，通过诚实的努力，在良好的引导下，可以产生巨大的成效。"[2]

而这种历史观，强调理解历史与人的关系，重视历史进程后面的博弈，实际上就是在强调理解人们的行动，理解人的实践性行为，以及行动背后的动机、意图以及结果。由此去思考，支持参与者行动的条件是什么，其历史语境和社会限制性条件又是什么，考察那些历史人物又是如何做出这一选择。因此，我们不仅要看到历史的结果，看到政治家或者某个群体会这样选择而不是那样选择，并常常感叹如果

---

[1] 达里奥·卡斯蒂缪内、伊安·汉普歇尔-蒙克：《民族语境下的政治思想史》，周保巍译，人民出版社 2014 年版，第 135 页。
[2] 约翰·密尔：《文明——时代的征兆》，载约翰·密尔：《密尔论民主与社会主义》，胡勇译，吉林出版集团有限责任公司 2008 年版，第 80 页。

这样选择就好了。这种历史结果的分析不是我要强调的，我们需要关注的恰恰是，分析行动者的行动和支持其行动的条件是什么。也就是说，历史学不仅要关注和研究行动者的"行动本身"，还需要考察行动者依据什么条件来行动，思考支持他行动的各种要素，这就是通常所说的"历史条件"。如果不对这些内容进行考察，只是抽离出"行动"进行研究实际上无法理解这一行动和其结果，也无法理解历史本身原是可以有通往多种路径发展的可能性，而非唯一性。

我们展开这样一种分析，学习历史才是为了洞察历史；同样，只有理解历史只是一种人们行动的结果，它具有多样性和积极主动性，我们才能够从历史中习得资源，并转化为实践性行动。因此，历史不是简单的以史为鉴，读史使人明智，而是让我们确立起这样一种观念：既然"历史"是一种人们的行动选择与博弈的结果，那么，如何创造"历史"就有赖于今日人们的实践与行动。我可以将这一历史观称为积极性的"行动型历史观"，而不是消极被动的借鉴。

这一历史观，强调人们的行动，基于相互之间的选择与博弈。既然是一种行动，人们就是基于理性，或有些时候也是非理性，即基于情感、态度、价值观与意图等要素来展开行动，由此这些要素就成为历史研究的对象；同样，相互的博弈，就意味着持有不同价值观的人们可以按照自己的方式去行动，去表达，这也就体现为存在可以自由行动的可能性，即无论在何种意义上讲，人们有自由行动的范围，其实质是人是自由的，有进行实践性活动的权利。这体现在不同的维度上：第一，人们享有发表意见和言论、出版与结社的自由；第二，参与社会实践的通道是宽敞和畅达的，存在着保障与保证人们积极行动的可能性与条件；第三，人们可以对某种权力和权威保持沉默，因为沉默也是一种行动。

　　同样，秉持这一理念也意味着我们更应该从历史出发，坚持历史性的思考方式，从历史进程出发来展开对历史的理解。可以说，历史不是无视丰富可能性而作出的简单提炼与概括，也不是从自己既定的观点出发来找寻历史的证据，更不是对历史决定论的一种图解。历史学家应沉浸在历史之中，按照历史自身的学术规范性来展开思考，理解历史的复杂，找出博弈的依据和条件，其合理性和合法性。其目的犹如斯金纳所说，历史学家的工作是试图了解过去，看看它是否对如今的我们还有价值。就这门课程的讲授对象——"西方"，正如斯金纳所说，历史学家的工作不是去攻击或捍卫西方，而是试图去理解。[1]

　　只要关注一下全球化和逆全球化现状，就会发现，全球日益陷入纷争与冲突之中，本来全球化能够让这个世界形成更为紧密的"共同体"，而现实却是相互的分裂，甚至是要"脱钩"和"分流"。看起来是一种利益差异，其实隐含在其后的是对"文明"内涵理解认知，以及价值认同上的差异与不同。究竟是如亨廷顿所说的"文明的冲突"，还是文明的交流与融合；是福山描绘的"历史的终结"，即资本主义的文明类型将一统世界，还是一种以非欧洲地区为代表的新的文明类型正在兴起；或全球文明进行整体性的转型。无论如何，理解"文明"，实现"文明化"将成为学界亟需重视的问题。

　　在全球化时代，文明史研究将会迎来一波浪潮。在 20 世纪 90 年代初冷战刚刚结束之时，美国学者亨廷顿就提出了"文明冲突论"，由此引发了一场新的论战。2010 年，美国著名历史学家尼尔·弗格

―――――――――
[1]　昆廷·斯金纳：《国家与自由：斯金纳访华讲演录》，李强、张新刚主编，北京大学出版社 2018 年版，第 203 页。

森出版了《文明》一书并在书中明确指出，世界在经济、社会和地缘政治上都处于全球转变期，此时我们迫切需要对历史有一个深刻的认识，没有这种认识，我们将可能重复历史的错误。而重新认识历史，站在文明的维度来展开将是比较好的一种视角。在西方的史学传统中，文明史一直占据着较为重要的地位，19 世纪即有法国历史学家基佐所写的《法国文明史》和《欧洲文明史》这样的皇皇巨著，英国也有巴克尔著述的《英国文明史》。进入 20 世纪后文明史范式成为历史研究甚至教学的主导性主题。只要翻检一下西方各个大学的教材，冠之以《世界文明史》之名者比比皆是，在法国甚至连年鉴学派创始人布罗代尔都在为中学生编纂文明史教材，还将年鉴杂志也从原先的《经济与社会史年鉴》改名为《经济，社会和文明年鉴》，将研究范围扩展到了文明。后来他自己也写出了《文明史纲》，以及三卷本的《15 至 18 世纪的物质文明、经济和资本主义》一书。当然，将文明史研究范式提升到世界性影响的还有英国历史学家汤因比，以及他所撰写的《历史研究》一书。

站在全球化的今天，重读或者重新思考文明史研究范式，特别是中国快速加入全球化的进程，更需要了解世界文明，努力推进文明的交流与融合；对此，历史的维度将是一种最好的路径。因为每个国家、每个区域的文明都是在历史中成长起来的，也是在互相交流中得到发展的，因此，需要对文明史多一份理解与思考。更有意义的是，一旦我们选择"文明"的历史性考察，也就意味着历史观的转变。以汤因比的文明史研究为例，为何汤因比要选用文明，而不是国家作为基本的历史研究单位？民族国家是近代历史的产物，法国大革命诞生了民族主义，产生了民族国家，今天的世界都是以民族国家为单位构建起来的。而汤因比却能超越历史写作的固有单位，也超越了一些固有的观念。他是在告诫我们不要盲目提倡民族主义，要有世界主义的情怀。超越了民族国家这一理念之后，人们的整个世界观会有很大变化。比如，他关注到作为人类，人性其实是相通的，不同文明中的人对于善恶的选择是一致的，同样也有着反思能力，这种反思会帮助人们进行选择，以及从灾难中走出来。比如今天的欧盟遇到了危机，人们在反思：是重新选择一种制度，还是优化欧盟的结构和功能。基于人性，我们创造了历史，历史在限制我们的选择的同时，又会激发起我们的反思，从而可以作出更多的选择。历史就是这样在不断演进中发展，人类也由此得到成长。同样，在文明史的研究中，如何看待不同空间中的文明也成为重要的内容。19世纪欧洲思想家认为欧洲文明以外的"文明"都为野蛮；在20世纪，汤因比改变了19世纪文明与野蛮的两分法，提出每个文明都是平等的。所以，汤因比树立了历史写作的好榜样——怎样跳出固有的意识形态和主流价值观，写出具有人类命运终极关怀的历史，这一点上，他应该作为我们崇敬的伟大历史学家。

在汤因比那里，文明的衰亡与国家的衰亡两者是不同的概念，两者之间有关联，又有差异。如何确保文明体的不断存续和演进，在我们这个有着文明承续和谱系的中华文明共同体中，思考文明的演进和如何选择自然将是我们的优势所在。例如，通过回顾中国近代以来，特别是1978年改革开放以来，从农业文明转型进入工业文明这一历史进程——我们现时就生活于这一历史进程之中——相对来说可以更好地理解文明的特性，文明的断裂和延续，文明转型的方向和速度。同时，由于我们吸收借鉴了不同国家和地区文明发展的成果，这也促使我们思考不同的文明空间，不同的文明类型与不同的社会做出了哪些选择从而决定了这些地区和国家的文明特质，以及文明的兴衰。正是在一种比较的视野和历史的长时段中，可以探求文明兴衰的奥秘，理解维系文明的演进，而且是持续性的演进，但这并非易事。也就是说，人类文明演进其实并不顺利，存在诸多影响文明演进，甚至阻碍文明成长的要素，这些都耦合成为对人类的挑战。汤因比在《变革与习俗》一书中，就用了"我们时代面临的挑战"来作为副标题。这些挑战不仅由于技术进步，实际上，人们所坚持的价值观念、风俗与习惯都可能阻碍变革，蒙蔽选择。汤因比说，人类命运未来的前行与观念的变革、习俗的改造密切相关。这也就意味着，在文明的发展中，是固守原先的文明形态，自我封闭和自我囚禁，还是敢于挑战自己，实行开放，不断吸纳世界各个文明共同体的优点和长处，补充和修正自己，将其作为自身文明发展的动力至关重要。因此，中国与欧洲文明发展的进程会提供给我们更多的资源和视角来思考什么是文明，什么是野蛮，文明与国家，文明与社会和文明与文化等关系，以及关乎人类文明发展的一些基本问题。

正是在这一语境下，对文明史的考察将是从另一种视角理解过往历史，思考现实世界。有人会把对"文明"的考察与现在的"全球史"研究相对立，在我看来，两者可以融贯相洽，浑然一体。从现代文明的维度来说，考察作为现代文明起源地的欧洲自然具有其典型性，也有昭示性意义。具体到欧洲文明史这一主题而言，如何"理解"欧洲文明的演进，特别是如何"理解"欧洲文明的"现代性"是考察的重点。本着这一想法，回到这门课程的主题——欧洲文明的现代历程。这里请大家注意这样几个关键词或概念：欧洲、文明和现代。

　　在世界历史进程中，欧洲率先进入了"现代"社会，形成了现代文明，这里"现代"指的是一种历史的时刻，或者时间段，在欧洲这一空间来说则是 17 世纪至 19 世纪，当然不同的学者对此有着不同的看法，例如，有的学者认为 1492 年的"地理大发现"为其开始，学界也常把这一现代的过程称之为"现代化"（modernization），其内涵则是"现代性"（modernity）。英国著名的社会学家吉登斯说，"现代性"意指在欧洲封建社会之后所建立，而在 20 世纪日益成为具有世界历史性影响的行为制度与模式；"现代性"等同于"工业化的世界"，工业主义和资本主义则是"现代性"的两个维度。美国历史学家布莱克等人指出，现代性是指与传统相对应的概念，现代性是指向着现代社会的特征，它是在工业化推动下社会发生全面变革而形成的一种属性，这种属性是发达国家在技术、政治、经济和社会发展方面所具有的共同特征。也可以说，欧洲形成了一种同一性的现代文明。

　　人们常常从不同的视角提炼与概括这一特性，但如果放宽视野，用历史眼光来透视的话，可以精炼为以下内容：政治上，建立了能够赋予公民更多权利的民主制与能使民主制正常运行的诸多理念，包括法治、三权分立、代议制，以及享有自由和权利。同时，在民族主义的旗帜下建立起了民族国家；可以说，民族国家是欧洲非常重要的一种政治创造与发明。经济上，确立了市场经济体制，因为这是交换产品、创造财富的最佳方式，以市场经济为基础，欧洲成功地改造了原有农业社会，将其转换为资本主义社会；在科学技术上，以牛顿力学为代表的"科学革命"和以瓦特为标志的技术革命消除了迷信与蒙昧，发展了现代科学技术，为欧洲甚至全世界人民带来了福祉，例如，更为高效的农耕方法为迅速增加的人口提供了食物，有效防止了饥荒发生；交通和通讯技术的发展使得人、产品和资本更快速地交换和流动；现代医学治愈了许多疾病，人类的平均寿命普遍提高。[1]因此，欧洲从政治、经济、社会到科学等方面都在自己的空间中造就了人的自由、平等和博爱这一同质性的现代文明。

正是在这一意义上，欧洲不仅是一个地理划分，而是经过历史发展和制度建构起来的同质性的文明或文化共同体。因此，欧洲的历史演进呈现出一个均质的历史成长过程，"欧洲化"（Europeanization）这一概念就是对其最好的概括。这一词语在 1830 年左右出现，反映与体现了当时的历史变动和重组。如果从文明整体性的视角来看，要将欧洲视为一个有着统一认同的文明共同体，形成了具有内在统一性的现代文明特性。当然，也可以将欧洲视作为一个概念，一种被自我和他者所定义的概念。

尽管欧洲文明具有同质性，但也应该看到，欧洲文明又具有多样性。欧洲是由各不相同的国家，以不同的历史方式塑造的多重的世界。例如，同样是民主的政治体制，英国是君主立宪制，而法国是总统制；经济上，同为市场经济体制，但其实践的方式和所形成的模式也各有差异，例如，英国的自由市场与法国和德国的社会市场模式。因此，在理解欧洲文明同质性的同时，也还须知晓欧洲文明的多样性和差异性。可以说，欧洲文明是欧洲的区域化与欧洲化之间的统一，同质性与多样性的统一。

讲到欧洲现代文明的历史演进，自然就要涉及"文明"这一核心概念，那么"文明"这一概念的含义是什么呢？从概念史研究的

---

[1] 胡里奥·克雷斯波·麦克伦南：《欧洲：欧洲文明如何塑造现代世界》，黄锦桂译，中信出版社 2020 年版，第 4 页。

视角来看，"文明"（civilization）这一词汇最早出现在英文中是在 18 世纪初，是作为一个法律术语。后来转义为文雅、教化等含义。在 17 和 18 世纪初时，"文明"还未使用，当时更多地是使用"civility"这个词来表达今天所指涉的"文明"的含义，并作为与"野蛮"（barbarity）这一含义相对立的概念。到了 18 世纪中后期，"文明"这个词才被迅速地接受与使用。德国社会学家埃利亚斯在《文明的进程》一书中则详细考察了文明化的进程，即一个文明的，人人举止文雅规范文明化的社会是如何形成的。

　　与"文明"概念相关涉的还有另外一个概念——"文化"，一般来说，"文化"（culture）原意为耕作和栽培，后为栽培和教养等含义；而"文明"则相对于"野蛮"，意为一种都市的市民的生活方式。后来，学界将这两个概念分别对应于精神和物质，即物质性称之为文明，而精神性的活动则属于文化。其实这一"文明"与"文化"的两分法来自 19 世纪德意志浪漫主义思想家，在那个时代，当整个德意志面临着法国文化的入侵，以赫尔德为代表的一批思想家从复兴德意志民族精神出发，觉得如此长久下去，德意志的民族精神将不复存在，德意志民族也不可能成为一个具有内在精神的统一性民族。如何确立起德意志的民族精神，并形成认同，德意志思想家们提出了"文明"与"文化"的两分，认为法国先进的只是文明，是一种物质性的，而我们则有文化，其内核即为德意志在自己的历史传统中形成了独特的认同，特别是"民族精神"。为此，他们创造出了这样的两分概念，侧重于物质性的内容称为文明，而着重于内在精神性的内容则是文化。坦率地说，这两个概念长期困扰着学界，有人认为文明概念更为广阔，包含了文化，而有些人认为文化包含着文明。在 20 世纪80年代联合国教科文组织编写的著作中就将文化作为大概念来理解。"现在可以说，文化是体现出一个社会或一个社会群体特点那些精神的、物质的、理智的和感情的特征的完整复合体。文化不仅包括艺术和文学，而且包括生活方式、基本人权、价值体系、传统和信仰。"[1]"任何一种文化都不能抽象地要求普遍性：它产生于全世界各民族的经验，因为每种文化都表现出其自身的同一性，文化的同一性和文化的多样性是不可分的。"[2] 而当时的联合国教科文总干事费德里科·马约尔则认为："所谓文化，我且称之为表现一个社会的行为和物质特征的复合体，就它的某些成分而言，历来是在各种文明之间交流不息的。"[3] 文化是赋予一个社会以独特本质的那些因素的集合体。[4] 因此，不同的学者有不同的理解。当然，如果回到这个概念起源的时期，看当时如何界定的，可以帮助我们从中理解其含义，与澄清两个概念之间的差异。

这里，还是沿用"文明"这一概念来涵括社会演化的相关内容，考察欧洲文明如何成为一种现代文明。具体而言，欧洲文明的"现代构建"除了可以抽取出上面提到的那些"现代性"内涵外，从形成的过程来说，还有以下这样一些基本特征。

第一，欧洲文明作为一种同一性的文明，是在历史进程中慢慢产生的，而非一蹴而就。从历史进程中可以看到，欧洲现代文明是从15世纪而后渐趋形成，到19世纪最终成型。期间历经了"地理大发

---

[1] 欧文·拉兹洛编辑：《多种文化的星球——联合国教科文组织国际专家小组的报告》，戴侃、辛未译，社会科学文献出版社2001年版，第153页。
[2] 同上书，第155页。
[3] 同上书，第1页。
[4] 同上书，第3页。

现"、文艺复兴、宗教改革、科学革命、启蒙运动、英国和法国革命，以及工业革命等，可以说，时间性是理解欧洲文明的重要视角，没有几个世纪的积累沉淀，以及各方力量的激烈博弈也就无法形成文明的特性。所以，欧洲文明是在历史中形成，是历史的产物。同样，支撑欧洲文明运转的社会条件也是在历史中培育而成。当然，具体到每个国家而言，其形成则有快有慢，呈现出"多速现代性"的特征，具有了多重的时间性。不了解这一点也就无从真正理解欧洲"现代文明"，理解欧洲文明所具有的感召与示范性力量，以及现代文明又是如何从"传统"中蜕变新生——既是对传统的延续，又是对传统的否定，两者交互辉映，完美结合交融。

第二，正是从时间性和历史进程中，我们可以看到欧洲文明的另一种特性，即多元开放，也可以说是经过激烈博弈之后才形成的，甚至是通过革命这一方式来进行的，犹如瑞士学者布克哈特所说"和谐来自不和谐"——意为在冲突与对抗中实现稳定与和谐。例如，有资本主义，就有批判资本主义的社会主义存在，有启蒙思想的理性主义，也有与之相对的浪漫主义思潮，等等，不一而足。可以说，正是在这一意义上，欧洲文明最为重要的特性即为敢于怀疑、批判，绝不允许专断性与唯一性的存在，总是要存在相异的多样性，甚至是对立性。对此，法国学者克洛德·戴尔玛也曾指出："欧洲文化乃是一个各种对立的思想和理想不断登台表演的大舞台。原则上，任何冲突（或战争）的发生，及其延续，都象征着欧洲的活力，而非标志着它的衰落；——由于任何思想流派皆不能恒久地确立其主导地位，因此欧洲便不存有一项绝对的力量，足以将一系列固定不变的行动准则，强行加诸个人或者集体。任何信仰、原则都将容忍例外，允许保留——正如道德上和知识上的基本规范也是相对的存在一样。从某种意义上说，欧洲文化天生下来便不完善，不过，正因其不完善，它才得以免于出现一个由完善的组织体系控制下的专制体系。"[1]

第三，欧洲文明不仅是欧洲自己的文明形态和样式，或者说欧洲文明不再是文明的一种类型，而是成为全球性的普遍性的文明样式，而这则是通过向全球扩展的过程形成。同时，欧洲也在这一空间的扩展过程中强化了自身的这一特性，成为"全球文明的支柱"。"在欧洲发展起来的工业、科学、经济和政治的原理和实践，对它所到达的每个国家的物质和精神生活产生了很深的影响。"[2] 正是在这一维度上，欧洲文明具有了"全球性"。就像马克思在《共产党宣言》中所说的那样，资产阶级奔走于世界各地，不仅创造了丰硕的财富，还对世界有着巨大的改造能力，把一切都卷入"文明"。因而，欧洲文明的这一全球性的特质也是我们需要格外重视的内容。当然也应该看到，就其过程而言，欧洲人是用血与火的方式扩展着文明的空间边界，并在思想观念层面上还创造出了"文明"与"野蛮"这一两分的话语体系，欧洲是"文明"的，而非欧洲地区则是"野蛮"的，从而为其殖民统治构建起合法性依据。从此，全球既被"欧洲文明"所浸润，但也被划定为不同的"世界体系"，这一体系的负面影响至今仍未完全消退。对此，我们需要思考欧洲文明扩展性这一历史进程，并更为全面地理解欧洲文明的"全球性"。

第四，欧洲文明自身也是从野蛮到文明的不断转化和蜕变而形

[1] 克洛德·戴尔玛：《欧洲文明》，吴锡德译，台北远流出版公司1989年版，第131—132页。
[2] 欧文·拉兹洛编辑：《多种文化的星球——联合国教科文组织国际专家小组的报告》，戴侃、辛未译，社会科学文献出版社2001年版，第164页。

成，并不是自动走向了"文明"。其实，这种"血与火"并非限定在欧洲与非欧洲的关系之中，也体现在欧洲文明的内部之间，除了近代早期宗教迫害的暴力杀戮，还有永远不能忘记的两次世界大战。直到现在，欧洲的学者都在不断地进行解释性反思，为什么在一个"文明"的欧洲内部却发生了如此残暴的野蛮行径，国家成为了大屠杀的发动者和执行者，而且每个国家的人民也都不惜"为国捐躯"，变成"帮凶"。历史学家从民族主义和社会达尔文主义入手解析，认为作为欧洲文明要素的民族主义和民族国家在这时成了推动战争的强劲动力。

正像著名历史学家汤因比所说，"文明正在经受考验"。好在欧洲文明具有内在的反思性力量，在历经了多重的磨难后，痛定思痛，欧洲终于在战争的废墟上再次重建起了"文明"，迎来了"文明"的再度复兴。回顾这一"血与火"的历史历程，可以让人们更为清楚地看到欧洲文明自身所存在的那种内在的张力，那种"野蛮"与"文明"的彼此转化，以及"历史的终结"会在何处。对此，联合国教科文组织所主持的对世界文明的考察报告中这样指出，无论欧洲对世界其他地区以及对它自己的人民犯下了什么样的罪恶，欧洲都给整个人类献上了最大的礼物——文明。也如胡里奥·克雷斯波·麦克伦南在《欧洲：欧洲文明如何塑造现代世界》一书中所说，从文艺复兴到启蒙运动，从革命时代到欧洲一体化，欧洲创造了能够释放人类最非凡创造力的经济、政治和文化条件，使文明发展到最高形式，为人类社会最复杂的问题提供了解决方案。欧洲的历史糅合了光耀和阴影、胜利和悲歌，是指引人类的一盏明灯。

那么，今天学习欧洲历史，理解欧洲现代文明的意义何在？在我看来，有如下几点值得提及：

第一，从历史上看，特别是从 17 世纪之后的历史进程来看，欧洲率先成为现代社会，发展出了诸如科学、自由、平等、市场经济和社会福利等内容的现代文明，并且又将这一现代文明的内容推广到了全球。因此，很多历史学家都常常使用这样的一些书名——"欧洲塑造了现代世界"。因此，对这一现代文明的起源进行研究，思考什么要素使其成为现代文明的起源，其内涵又是什么，思考欧洲为什么成为了这样，他们是怎样来思考问题，认知世界，以及形成自己的生活方式和行为方式，这不仅有助于理解当下的欧洲，而且可以反思我们自身。在我看来，中国要成为现代国家需要从欧洲文明那里吸收丰富的营养，因为任何一种文明都是在与其他不同文明的交流与融合中得到发展的。

第二，思考欧洲文明的内涵将帮助人们思考，什么是"文明"和"野蛮"，如何把握文明的基本特质与标准。纵观历史发展进程，在历经种种不文明，甚至野蛮之后，欧洲渐趋确定了文明的标准，并将之作为社会与个人行为的基准。其内在精神原则就是保障和增进人的权利。"无论欧洲对世界其他地区以及对它自己的人民犯下了什么样的罪恶，欧洲给整个人类献上的最大礼物将不是工业技术或科学上的，而是某种比较不好捉摸的东西，这样说看来是公正的。这就是，与一切权势的来源相对抗的个人主义的观念；人权的原则（至今仍只在少数国家实行），强调能够自由地站起来并跟着路德说'我站在这里，我别无选择'的原则。欧洲自己也往往似乎没有掌握好这个原则，但这是它给民族大家庭的最好礼物——个人权利、言论自由以及表达这种言论的自由。"[1]

［1］ 欧文·拉兹洛编辑：《多种文化的星球——联合国教科文组织国际专家小组的报告》，戴侃、辛未译，社会科学文献出版社 2001 年版，第 167 页。

　　第三，我们要警惕对欧洲的过度神话，既看到欧洲文明的全球性，也理解其作为一种独特类型，作为以个体为中心的文明类型如何在创造现代世界和社会的同时，反思这一文明的内在价值，例如，欧洲的文明如何和各国的文化特性相结合。"在文化方面，欧洲人的进步观却期待把全世界同化或转变为欧洲的经济和社会发展模式，含有基本上属于欧洲的技术变革和物质增长的毒素。在整个现代欧洲历史上，有个唯独与现代（或欧洲）文明的发展有关的问题反复发生，那就是怎样平衡私人要求和社会利益、个人自由和群体制约"等。[1] 也就是说，如何划定和平衡个人自由与社会责任的边界则是格外需要引发重视与思考的。

　　第四，欧洲文明当下的困境以及未来的走向，从 15 世纪以来的全球历史进程来看，不可否认欧洲文明塑造着现代世界，欧洲文明引领着世界前行。但站在今天，放眼全球，正像法国学者保尔·瓦勒里所说，欧洲是人类的一块宝地，一颗明珠，是巨人的头脑，但是她会一直保持这一地位吗？在 19 世纪时，欧洲雄踞世界，占据着全球主导性的地位，而目前欧洲在全球的影响力日益下降，以至于 2020 年 2 月在德国举行的"慕尼黑安全会议"上的主题就是"西方的缺失"。欧洲文明未来究竟走向何方，是否还能引领全球？是满怀乐观，还是忧心焦虑？正是在这一背景下，重思欧洲文明的历史才有意义与价值。早在 1989 年，面对世界体系重组时那动荡不安的世界，法国学者克洛德·戴尔玛就曾这样说过："历史因其反映现实，而有继往开来的特性。当今之世，欧洲中心论已经过时，欧洲的价值标准既受遵

---

[1]　欧文·拉兹洛编辑：《多种文化的星球——联合国教科文组织国际专家小组的报告》，戴侃、辛未译，社会科学文献出版社 2001 年版，第 163 页。

从，也遭质疑；欧洲的制度既被仿效，亦受批判；人类生灵的观念也面临着某些狂热偏见的脱序行径，以及各式各样集权体制的严重威胁；西欧正在寻求某些政治结构，以便实现统合愿望，这个统合局面或将名垂青史，并使西欧在可能范围内，充分地发挥作用。在这样的时代，如果说扼要地了解欧洲文明的形成过程，饶富意义。那么若能明白此一文明在当前世界上的地位，也是同样有益的事。"[1]

如今全球正在剧烈地变动，正是在这样的一个关键性的转型时刻，重回欧洲文明的历史，探源"文明"的内涵，思考文明的起落，才能找到未来"文明"与"全球文明"走向的丰富资源，从而回应"在21世纪的世界，欧洲肩负怎样的使命"？以及作为一个"他者"的中国人将从欧洲现代文明这一历史演进中学习与反思到什么，进而展开我们的实践性行动，促进中国更好地融入世界，与推动全球体系新的转型。

---

[1] 克洛德·戴尔玛：《欧洲文明》，吴锡德译，台北远流出版公司1989年版，第4—5页。

第一章

英国革命：从"个人专断"到"有限政府"的建立

在理解欧洲迈向现代社会的历史进程中，可以从不同的维度来展开考察，如果将历史分为不同的时间阶段的话，17 世纪至 18 世纪主要是解决政治体制安排的阶段。而在这一主题上，有三次革命最值得关注。在欧洲范围内，即为尼德兰革命、英国革命和法国革命；从"大西洋革命"的视角上来看则是英国革命、美国革命和法国革命。这里将重点介绍 17 世纪的英国革命和 18 世纪的法国革命。希望通过对这两次革命的讲述，理解欧洲现代政治体制的形成，以及支撑这一政治体制转型的观念基础。

对于英国革命，在 20 世纪 80 年代的时候，国内还有些学者研究，随着后来整体上对革命研究的忽视与退却，可以说目前学界已经无人对英国革命进行研究了，算下来也大概有 30 年基本无人涉及。不过近几年，出版界还是出版了几本关于英国革命的著作。[1] 从学术的视角来说，国内学界对英国革命研究的忽视和放弃着实令人遗憾与可惜，因为英国革命是欧洲迈向现代国家，或者现代性形成的关键时刻。

---

[1] 例如，杰弗里·罗伯逊：《弑君者：把查理一世送上断头台的人》，徐璇译，新星出版社 2009 年版；郭丰秋：《审判查理一世与英国君权观的变革》，中国社会科学出版社 2015 年版；劳伦斯·斯通：《英国革命之起因（1529—1642）》，舒丽萍译，北京师范大学出版社出版 2018 年版；美国学者迈克尔·沃尔泽：《清教徒的革命：关于激进政治起源的一项研究》，王东兴、张蓉译，商务印书馆 2016 年版。另外，还有对耶鲁大学斯蒂夫·平克斯撰写的《1689 年光荣革命》这本书的介绍，详见《东方早报》，2009 年 12 月 20 日"上海书评"。查尔斯·哈丁·费尔斯：《奥利弗·克伦威尔与清教徒革命》，曾瑞云译，华文出版社 2019 年版；塞缪尔·罗森·加德纳：《查理一世、查理二世与清教徒革命》，王晋瑞译，华文出版社 2020 年版。

在英国革命爆发之初，保王派斥之为"大叛乱"（The Great Rebellion），而在现代"革命"概念形成后，一些人为了捍卫革命的合法性，将其称之为"英国革命"（English Revolution），现在也有一些学者为了避免意识形态化，而使用"英国内战"（English Civil War）这一概念。即使如此，我们仍然可以透过这个概念，看到内战双方各自的差异和立场。目前，历史学家对英国革命有着这样一些不同的观点：第一，在政治维度上，国王把自己的权力看作是至高无上、神圣的权力，导致了和议会的冲突，由此引发了内战，这可以看作英国革命的宪政史解释。第二，由于经济和社会的变化，例如，乡绅的兴起改变了原先的社会关系，新的利益集团要求新的权利。这一对英国革命起源的社会史理解发展到后来成为马克思主义学派的解释。第三，到了20世纪70年代，史学家如S. R. 加德纳和凯文·夏普认为：英国革命只是一系列短时段的双方误解和在处置事情的行为上犯错的结果，并非是因为长时段的经济和社会，或者政治机能失调（dysfuction）的产物。这一派也被称为"修正派"，视角从原先的社会结构决定论转向人的能动性。第四，另一些历史学家从政治观念入手来解释，即思想观念史的解释路径，着重从修辞、话语和思想观念的视角来展开，解析英国革命的起源。在这一维度上，并非仅仅考察哪些思想观念引发了革命，也把在革命中的思想辩护和阐发纳入革命的进程中来一并考察，通过对这些思想的考察，也可以在一定程度上揭示革命为什么会爆发。

尽管历史有不同维度的考察，但把宪政史和思想史相结合的维度更佳，正是在这一视角下，需要关注以下三个问题：第一，国王与国家之间的关系；第二，国王与议会之间的关系；第三，国王与人民自由之间的关系。实际上，英国革命的爆发就是因为面对这三个问题处理失当的结果。同样，革命的结果也就是在解决这三个问题。而这些问题的背后实质上涉及这样一个核心性的思考：什么是现代国家，以及要建立一个什么样的现代国家。

剑桥大学昆廷·斯金纳教授在《现代政治思想的基础》一书中，对现代国家的内涵做出了界定，其中最为核心一条即是，统治者从维持他的地位到维持作为一个独立的政治机构的国家的转变。国家的权力，而不是统治者的权力开始被设想为政府的基础。[1] 这就是说，要从原来专制体制下的"朕即国家"转变为如霍布斯所说的"政治国家"。而这也是斯金纳在书中所陈述的现代国家形成的关键，和国家存在的理由。由此就涉及一个关键性问题——国家的起源，即政治权力的获得是依靠自然之力，战争的征服，与父权制的扩大，还是人们相互达成协议，按照社会契约自愿地服从一个人或一个集体的统治。这里又涉及另外一个问题——国家存在的目的，即国家的存在是为了国王的个人与王朝的利益，还是为了更好地保障与增进人的权利。如果我们以英国革命为个案来考察，就可以很好地理解上述这些内容。

---

[1] 昆廷·斯金纳：《近代政治思想的基础（下卷：宗教改革）》，奚瑞森、亚方译，商务印书馆 2002 年版，结语部分。

第一节 "个人专断统治"的形成：
斯图亚特王朝的建立

1603 年，英国女王伊丽莎白去世。由于无嗣，遵照女王的遗嘱，由她的旁系亲属玛丽·斯图亚特的儿子，苏格兰国王詹姆士六世继承为英格兰的国王，改称詹姆士一世。由此，英国的都铎王朝结束，斯图亚特王朝开始。

据记载，詹姆士一世长得不太出挑，他个子矮小，两腿细长，脑袋尖瘦，但却异常聪明，记忆力极强，也是位学者。从苏格兰来到英格兰后，他也踌躇满志，自信满满，认定自己将把英格兰治理得像苏格兰那样成功。他也常常回忆起自己刚刚来到英格兰时受到人民热烈欢迎的场景。他说，"当我第一次进入英格兰的时候，各地人民奔涌而来以欢迎我的到来，他们发出热情友好的呼喊，他们充满着期待来迎接他们新的君王。"让人意外的是，在统治的方式上，他打定主意要抛开议会，实行个人的专断。

早在来到英格兰之前，他就写了《自由君主制度的真正法律》一书，宣扬"君权神授"论，鼓吹君主专制，宣称国王是上帝派到世间的最高权威，拥有着无限的权力，"国王创造法律，而非法律创造国王，国王应居于法律和国会之上，不受世俗法律的限制"。"君主是生命和财产的绝对主人，君主的行为毋庸置疑，他的任何罪行都不能证明人民的反抗是合理的"。对此，我们可以用莎士比亚在《伯里克利》中一段讽刺性的话语来解释：国王是地球的神灵；可以以他们的意志代替法律，如果主神迷失了自己，谁敢说，主神生病了？

来到英格兰之后，在他所召开的第一届议会上，詹姆士一世针对议会公然说道："我感到奇怪的是我的祖先竟然允许建立像下议院这样的机构。我是外来人，当我来到这里时我发现了这种机构，所以我只好被迫容忍我不能除掉的东西。"虽然议会可以存在，但现在国王要凌驾于议会之上。因此，詹姆士一世说："从今以后，议论上帝能够做而人们不能做的事，是渎神；议论君主能够做而人们做不到的事，是叛乱。我不允许议论我的政权，君主制是现世最高的制度，君主是上帝的总督，坐在神圣的王位上，上帝本人都称他们为神。"具体来说，下院原先具有的立法权现在要转移到国王手里，"国王可以解释、宽缓或者中止法律"；同时，国王不受法律的约束。这样，国王拥有着高高在上的神圣的权力（Divine Right of Kings），国王的统治就是上帝的旨意，任何人一旦反抗，就同时犯了死罪和叛国罪。

为此，他这样写道：

> 君主国的地位在世上至高无上，因为国王不仅是上帝的代理人，坐在上帝的宝座上，而且就连上帝也称他们为神。有三个对应的东西可以说明君主国的地位：一个来自圣经，另外两个基于政策和哲学。在圣经中国王被称作为神，因此由于某种明确的关系他们的权力被比作神圣权力。国王也被比作家庭的父亲，因为国王确实是"民之父母"，是子民的政治之父。最后，国王被比作人的身体——这个微观宇宙的头。

> 国王之所以被称为神，是因为他们以类似神权的方式治理大地。如果你思考上帝的属性，就会发现这些属性同样适用于国

王。上帝有权随心所欲地创造和破坏、制造和消灭；给予生命和让人死亡；有权审判所有人而不应有任何人对他审判；可以随心所欲地提拔低等的东西、降低高等的东西；无论身体还是灵魂都属于上帝。国王具有同样的权力：他们有处置臣民的权力；有权提拔和解职；有生杀大权；有权以任何理由审判任何臣民，但他只被上帝审判。他们有权提升低等事务而贬低高等事务，有权对待他的臣民如象棋的棋子，让一个小卒担任教士或骑士，在赚钱的事业中吹捧或贬低任何臣民。臣民身体之服务和灵魂之爱均应归于国王。

至于一个家庭的父亲，根据自然法，自古就对自己的孩子和家人具有父权，也就是生死权，（我所指的家庭的父亲是那些最初产生国王的家族的正统继承人）因为国王最初源于那些在全世界建立和拓展殖民地的人。现在一位父亲可以随心所欲处分给后代的遗产，甚至在有充分理由的场合根据自己的喜好把财产给年幼的孩子而不给长子；随自己高兴让他成为富翁还是乞丐；如果发现他们冒犯自己就限制或禁止他们谒见，或者再次宠爱悔过的罪人。国王就是这样对待臣民的。

最后，作为自然身体的头，有权指挥身体的各个部分发挥头脑判断最为合适的作用。[1]

历史学家常常认为，詹姆士一世非常幸运，在他刚刚到达英格兰的前四年农业连续丰收，在他整个统治时期，特别是在 1603 到 1618

---

[1] 丹尼斯·舍尔曼：《西方文明史读本》，赵立行译，复旦大学出版社 2011 年版，第 236—237 页。

年之间，仅仅出现了三次粮食歉收。随着粮食的丰收，农产品的价格也随之回落，并保持了稳定，这样人们便可以有钱去购买其他商品，因而又刺激了工业和贸易的发展。但一个不容忽视的事实却是，尽管经济在发展，但国王的财务却接连亏空。到 1606 年，短短三年间，亏空已达 60 万英磅，对比前朝，伊丽莎白女王去世时仅仅只有 10 万英磅的亏空。为什么这么短时间就会有如此之大的财务赤字，原因在于国王的夫人安妮挥金如土，加之两个儿子和一个女儿都有家室且开支不菲。国王自己也常常对手下宠臣给予重金奖赏。在前任伊丽莎白女王时期，每年的支出仅在 30 万镑，而现在则远远超出这个数字，到 1614 年，国王每年的支出已高达 50 万镑。

因此，为了解决财政问题，国王只好求助于议会。1604 年，当詹姆士一世上任后的第二年，就为了解决财政问题而召开议会，提出要求议会批准拨款，但议会只满足了其部分要求，议员们反而趁机起草了一份文件，声明他们享有选举、言论自由，以及在议会开会期间免遭逮捕的权利。詹姆士一世无法忍受议会提出的这些要求，并于 1611 年强行解散了议会。后来，尽管国王采取了很多方法，例如，出售专卖权来解决财务亏空的问题，但还是没有奏效。于是在这样的情况下，他只好再次求助于议会，1614 年，议会开幕，会上反对派表达了对国王的强烈不满，并且下院一致通过了一个议案，否定国王拥有征税的权力，也拒绝给国王任何补助金。由于议会未能实现国王的心意，于是国王在当年 6 月又解散了议会，此后几年内都没有召开，直到 1621 年国王再次召开议会，然后又被以同样的方式解散。

这些事例中看似是国王与议会之间的争斗，其实却是权力与权利之间的搏斗。而要理解这一搏斗，必须要回到英国的宪政传统。1215

年，为了防止国王权力的肆意扩大，英国的贵族们特地制定了《大宪章》。此后，法律至上、王权有限的原则就得到了确立。而后经过数个世纪的发展，到了都铎王朝时期，在政治体制上更是确立起了"王在议会"（King in Parliament）的体制，即国王、议会的上院和下院一起组成了"混合君主制"。此外，还确立了更为重要的一个原则，就是国王无权擅自征税，征税必须要"经过全国人民的普遍同意"，也就是议会的同意才行。而现在，詹姆士一世当上国王之后，从国王和议会之间反复出现的冲突，我们就可以看到，国王要把自己的权力凌驾于议会之上，要从原先的"混合君主制"向君主制转变，要从有限的君主变成为无限的一个人的统治，即"个人的专断统治"。他不仅在理论上为这样的体制论证，认为"王权神授"和"父权制"，即国王就是臣民的父亲，更要将其转变为具体的现实安排。

1625 年春，詹姆士一世去世，其子查理一世继位，时年 25 岁。新国王即位，全国人民满怀希望，期待着新国王能够改变詹姆士一世的个人专断统治和错误的政策，实现臣民关系的和谐；人民也对国王充满好感。因为他"天生性格和善，没有恶习，行为端正，公认他奉教诚笃，勤朴好学，毫不放荡，寡言但不难亲近，庄重但并不傲慢，他在家庭中一直彬彬有礼并有条不紊。他的一举一动，无不表示他是一个高尚正派的、主张公道的人，他的仪态与风度，令廷臣们敬畏，也叫人民喜欢，他的良好品质，赢得所有好人的敬重。英国人看够了詹姆士的卑鄙行为，他的喋喋多言，人所习之的迂腐不化，和他的呆板而优柔寡断的政策。现在英国人受治于一个国人能够尊敬的国王之下，就有了得以享受幸福和自由的希望。"不过以后的历史表明，尽管他是一个称职的丈夫，慈爱的父亲，却也是个主张个人独断专行的国王。

正是在这样的期待之中，查理一世刚上任不久，便在 1625 年的 6 月召开了新一届议会。原本以为新国王会重修与议会的友好和谐的关系，出乎意料的是，国王并非如大家原来想象的那样和善，而是和他的父亲詹姆士一世一样，坚持要将自己的权力凌驾于议会之上，因为在他看来，议会的存在就是对君主制的威胁。在会上，他要求议会批准通过新税的法案，而议员则要求撤换其宠臣白金汉公爵，可是议会的要求遭到了国王的拒绝，同样，议会也就拒绝批准新税。8 月 12 日查理一世一怒之下解散了议会，重

图 1　查理一世
（安东尼·范·戴克于 1636 年绘，
现藏于温莎城堡）

新走上了詹姆士一世的老路。

　　实际上，解散议会还是没有能够解决国王的财政问题，相反这个问题愈发突出。走投无路的查理一世只好在 1626 年初再次召开议会。会上，他敦促议会在 3 天内拨款，否则就要再次解散。他疾言厉色地对议会说道："记住，议会的召开、存在和解散全在我的权力掌控之下，所以，你们是好是坏，存在还是解散都由我说了算。"但议会毫不惧怕，双方也无法就议题达成一致，结果议会又被解散。为什么国王与议会两者都不肯让步，正如历史学家基佐所说，双方同样地相信各自所主张的权利是合法的，彼此都决计毅然加以坚持。下议院抗称，

他们是效忠于国王的，但决不放弃他们的自由权。国王说他尊重他的臣民的自由，但是他立意要由自己来治理国家，议员们不得横加干预。

1628年3月，国王召开第三届议会。趁着议会再一次召开的契机，议会中以汉普顿、皮姆为首的下院反对派强烈批评国王的一系列政策，重申只有议会才拥有征税的权力。他们"丝毫不为国王的各种恐吓畏惧，决心要庄严地声明他们的自由权利，要迫使有权的人承认人民的权利是天生的，独立的，不再允许任何权利变成一种让步，也不允许别人的枉法变成权利"。为了限制国王的权力，声明自己的权利，议会提出了"权利请愿书"，谴责国王侵害了人民的权利，根据《大宪章》的历史惯例，"权利请愿书"明确写道：

陛下臣民可谓生而享有此种自由，即非经议会同意，得有不被强迫缴纳任何租税、特种地产税、捐献及其他各种非法捐税之自由。但在最近，却不幸有与上述法律规定背道而驰的情况发生。于是有些委员会派出人员，分赴各郡，称奉诏命，强迫人民。对于陛下缴纳种种之款项，人民如不遵照办理，则彼等动辄勒令立誓，必须恪遵枢密院及其他机关之传唤，出庭应询。凡此措施，均为违反英国法律之规定，实非英国法律所能允许。但在若干地区，若干人民却竟因此而被监禁、羁押与种种骚扰。又有若干人民已因郡长、副郡长、警察官、法官以及其他官吏，称奉诏命，或枢密院令，致被迫缴纳种种款项，尤其违背法律与英国之习俗。[1]

---

[1] 董云虎、刘武萍编著：《世界人权约法总览》，四川人民出版社1990年版，第235页。

同时，议会列举出了四点要求。第一，未经议会同意，不得强制向人民借债和征税以及其他类似的负担；第二，除非依据法庭判决及国家法律，不得逮捕任何人与剥夺其财产，剥夺其各种自由或特权；第三，不得按照战时法随意逮捕人；第四，军队不得在普通人民的家中驻扎。

最后，请愿书要求国王："非经议会法案共表同意，不宜强迫任何人征收或缴付任何贡金、贷款、强制性的献金、租税或类似负担，亦不宜因此等负担，或因拒绝此等负担，而命令任何人交代，或作出此类宣誓，或传唤出庭，或加以禁闭，或另加其他折磨或困扰；亦不宜使任何自由人因上述种种致遭监禁或扣押，陛下宜调离上述海陆军队，俾臣民等今后不再受累；又上述执行戒严法之钦差亦宜撤废；又今后不宜再委何人任此类特职，或令其以上述方式执行其职权，恐其有所凭借，竟违背国法民权，使陛下臣民皆有遭受陷害或被处死之虞。"

这份请愿书的核心就是要解决长期困扰他们的问题，即是国王凌驾于法律之上，还是法律高于国王；国王的权力是有限的还是无限的。

议会在提交请愿书时明确提出，如果国王同意接受这些内容的话，议会同意拨给国王35万英镑。面对议会开出这样优厚的条件，国王进退两难，为了要得到这笔对他来说非常急需的钱，他就必须要批准这个文件，可是一旦批准了这个文件成为法律也就意味着自己的权力受到了限制，以后不能再为所欲为了。为了既得到钱，又不批准这个文件，国王谋求让上院驳回这个文件，但未得逞。最后为了得到这笔钱，国王只好同意了。尽管如此，国王还是无意中止对专断权力的运用。第二年，即1629年，国王又召开议会，提出要征收吨税

（对输入的酒类产品征收进口税）和镑税（对输出的羊毛等物品征收出口税）。这一要求被议会断然否决，声明国王的这一举动既违反了古老的自由原则，也违背了刚刚成为法律的"权利请愿书"所规定的国王征税必须得到议会批准的原则。看到议会这样坚持不肯妥协，国王干脆又把议会解散，不再召开。其后，国王还发布了一篇宣言书，声称，国王屡次与人民相见，这就表明国王愿意和议会一起共商国是，但由于最近议会在开会的过程中滥用其权力，呈现出不良企图，这逼使国王不得不解散议会。以后，无论什么人胆敢要求国王召集议会，就将以擅权论处。从此，英国进入了长达 11 年之久的无议会统治时期，这也被历史学家称为国王的"个人统治"（personal rule）时期。

由于没有了议会的存在，国王成为了最高的权威，传统的宪政体制已被改变，由原先的混合型政治体制转变成为了国王一个人的专断统治。在摆脱了议会对其权力的限制和束缚后，国王更加随心所欲，一意孤行，不仅开始征收以前议会没有同意征收的税收，还不断巧立名目，开征新税。例如，1634 年，借口英国海岸有被袭击的危险，要建立海军，因此要在沿海地区征收船税；1635 年，又将这一征税的范围从沿海扩大到了全国。从 1630 年起，国王先后颁布了各种罚款条例，从 1629 年到 1640 年又毫无限制地扩大了工商业专卖权，专卖物品涉及日常用品。这样对市场的垄断带来了工商业的萧条和物价上涨，导致很多商人不得不把资金转移到国外，还有很多商人和手工业者远涉重洋跑到了美洲谋生。

国王的一系列横征暴敛不仅给经济带来了严重的后果，而且也遭到了人民的反抗。特别是船税的开征更是引发了全国的强烈反对。法学家理查德·克里谢尔德说道："如果我们允许国王拥有这样的权力，那也就意味着我们将受到奴役。"乔治·皮尔德也说，国王不经议会的同意而征税不仅带走了我们的财产，同样也使我们每个人从自由的人民变成了奴隶。议员约翰·汉普顿也以实际行动表示坚决反对，拒不交税，认为国王征收船税是为非法，为此，他遭到逮捕判刑。

在无国会统治的 11 年中，尽管国王个人的专制统治成为现实，但其财政问题始终无法得到有效的解决。与苏格兰的战争导致了财政危机，国王只好再一次求助于议会。因此，1640 年 4 月，议会在中断了 11 年之后再次召开。会议一开始，以约翰·皮姆为首的反对派议员草拟了一份请愿书，要求处死宠臣斯特拉福德，禁止以国王为首的政府滥用权力。这一举动引发了国王的不满，国王遂在 5 月 5 日解散议会。由于这届议会仅仅只存在了三个星期，故称"短期议会"。议会解散后，危机愈发严重，查理一世为形势所迫只得再次召集议会。1640 年 11 月 3 日，新一届议会召开，持续至 1653 年，因此在历史上被称为"长期议会"。正是由于"长期议会"的召开，国王与议会的斗争达到了不可调和的地步，最终导致了英国革命的爆发。

在"长期议会"开会后，为了对抗日益走向"个人专断统治"的这一体制，议会反对派重点做了三件事：第一，解救那些受到专制政府迫害的人们；第二，惩罚那些国王曾利用他们去建立专断统治权力的人们；第三，修改宪法使个人专断往后无法继续，并且重提曾经提出的要求——处死国王的宠臣斯特拉福德。在辩论中，议员皮姆说，法律者，划清善与恶，正义和非正义的界限者也。如果抛开法律，一切都将陷入混乱之中。这样的话，每个人都将成为自身的法律，在人类天性腐败的情况下，必然会产生大量的罪大恶极的行为。

欲望将成为法律，妒忌将成为法律，贪婪和野心也将成为法律；这样一些法律将会产生什么样的指令，什么样的结果？为此，自1641年5月以后，议会又通过了很多决议，废除了国王在无议会统治时期所颁布的船税、森林法和专卖权等法令。重申不经议会同意不得征税。同时，为了保证议会能够正常地行使职能，议会又让国王签署通过了"三年法"，规定至少三年必须要召开一次议会，除非议会自己同意，否则不得解散。11月，议会又通过了《大抗议书》，共204条，列数了查理一世当政后的一系列罪行，要求不得随意侵犯人民的财产权，保证工商业的自由；建立起对议会负责的政府，等等。

对这份《大抗议书》，我们应该给予重视，因为它是议会与专断王权斗争的最重要文件。解读这份文件，可见双方的立场与观念。"大抗议书"共204条，由皮姆等人起草，列举了查理一世在无议会时期的暴政，提出实现工商业活动自由，进行议会改革，建立对议会负责的政府等要求。1641年11月在议会中以微弱多数通过，成为革命派反对国王个人专断权力的基本诉求，这份大抗议书内容很多，这里大体上列出这样的一些内容。

第11条申明，"权利请愿书"本已在议会全体会议上批准，但由于一项非法宣言而遭毁坏，该宣言使请愿书对其本身、对议会权力、对臣民自由以及对发布此请愿书的目的都起了破坏作用；现在这请愿书已经毫无用处，而只能说明：在法律和自由已经严肃而明确地宣示之后，那些大臣们依然飞扬跋扈，竟敢破坏王国的法律和压制王国的自由。第18条和20条则对国王的征税表达了不满：毫无法律根据而征收吨税和磅税；许多其他沉重捐税仍继续违法征收，有些甚至不合理到这种程度，纳税的总数竟超过货物的价值。纵使在防卫海洋的借口下已经征收了这一切税，但是又在同一借口下开征另一种新的前所未闻的"船税"，前后两种捐税，几年来已使人民付出 70 万镑的款项；可是，一般商人对于防止土耳其海盗的暴行仍然没有得到丝毫的保护，以致许多贵重的大船以及成千上万的陛下臣民都被他们俘虏而去，至今仍处在悲惨的奴隶状态中。第 28 条则抗议国王限制臣民所享有的居住、贸易和其他利益的自由。第 41 条抗议"无法律根据而设立许多新的法院。枢密院只是根据自己的命令，力图在自由管业、财产、诉讼和行动等方面对臣民加以拘束"。面对这样的"个人专断统治"，对人这样折磨为难，以致大量的人口为逃避其悲惨的遭遇，都离开了王国，有些人跑到新英格兰或美洲的其他地方去，有些人跑到荷兰去。这些人把他们的毛织品都运走，这不但因减少王国的现存物资算是一种损失，而且作为王国财富和荣誉的丰饶泉源的棉毛织品贸易，亦因此受到伤害，岌岌可危，成了一场大灾难。在议会看来，比一切东西更有利的莫如挖掉这些罪恶的根源，那就是不经议会同意，而妄以国王陛下名义，向人民征税或征收其财产税的专断权力；如今，已由两院断定并以议会的一项法案，宣布这样权力是违反法律的。[1]

纵览这些抗议内容，可以看到这些主张其实都是议会以前一直要求的，并且从詹姆世一世以来议会一直就在和国王围绕这些内容展开斗争。实际上，透过这些内容，可以看到，双方都在为争夺国家的最高权力而斗争，而谁应该掌握国家的最高权力的确就是国家政治体制的核心内容。

---

[1] 蒋相泽主编：《世界通史资料选辑·近代部分》（上册），商务印书馆 1964 年版，第 9—12 页。

　　看到议会提出"大抗议书"，国王恼羞成怒，决计要对议会采取行动。他先是在伦敦部署好军队，然后，在 1642 年的 1 月 3 日，以"叛国"的罪名要求议会交出皮姆等五名反对派议员，议会不肯。1 月 4 号，国王亲自带军队到下院进行逮捕，当他来到议会后，对议会的议员们说道："我告诉你们，我必须逮捕他们，不管他们跑到哪里。"然后，国王大声问道："皮姆先生在哪里？"看到无人应答，国王气愤地质问议长，"这些人是否在场，他们在哪里？"议长说不清楚。国王怒气冲天地说道："我知道鸟儿已经被放走了，但我还期待着，他们一旦回到此处，你们要把他们交给我。"说完后扬长而去。其实，国王哪里知道，皮姆等人事先得到了消息，在人民的掩护下躲了起来。国王的这一行动激起了伦敦人民极大的愤慨，认为这是对人民权利的极大侵犯，因此人民开始组织起来保卫议会。面对这样的情景，查理一世觉得自己在伦敦十分孤立，需要集结更多的力量来对付议会，于是便离开伦敦，来到北方的约克郡，并在 1642 年的 8 月 22 日在诺丁汉城堡升起军旗，宣布讨伐议会。由此，具有革命性质的内战开始。

　　内战中，议会的军队与国王的军队殊死战斗。战争之初，由于国家的武装力量都由国王掌握，议会没有军队，仓促之下只好临时组织起一支部队应战，其结果自然是惨败。于是，议会委派克伦威尔组建了"新模范军"。建军之初，克伦威尔和这支军队便确立了这样的宗旨："我战斗是为了我国的自由和法制，它们正处于被人颠覆的危境；这些人长期以来费尽心机地要使这个王国陷于暴政的统治之中。我战斗是为了维护我们的议会。我战斗是为了捍卫真正的新教宗旨，它正在遭到暴政的冲击而将在这个王国之中无处容身。"

正是在为自由而战的感召下，"新模范军"士气高昂，斗志旺盛。经过浴血奋战，最终获得了胜利。1649年1月，英国下院提出审判国王查理一世，经过多次激烈的辩论，议会通过法令，宣布废黜国王，认定君主制是对"人民的自由、安全和公共利益的侵害"，随后又决定审判国王。

第二节 审判国王：政治“合法性”的危机

在现代政治体制建立的过程中，英王查理一世于 1649 年被审判，随后被送上断头台是里程碑性的事件。在这次审判中，审判者和被审判者不仅在审判本身的合法性上存在无法调和的矛盾，而且在隐含其后的思想观念上也无法取得认同。因此，考察这次审判自然也就成为考察现代政治权力起源，以及何为现代政治体制的极佳个案。对这一审判，《弑君者：把查理一世送上断头台的人》一书有极详细的记述，值得一读。

1649 年 1 月，为了审判国王，由下议院授权组建了特别法庭，并由当时已作为“共和国副总检察长”的库克担任法庭的公诉人，代表议会，实质上也是代表人民起诉国王查理一世。首席法官布拉德肖担任法庭审判长。在世界历史上，这是第一次对仍然在位的国王进行审判，因此，这次审判就成为了划时代的历史事件。

这一审判完全按照现代法律程序进行。1 月 20 日，担任审判长的布拉德肖首先宣布开庭，并说道：“查理·斯图亚特，鉴于国内血漫大地，你实在是罪魁祸首，因此议决审判你，成立这个特别法庭，检察长就要宣读议会对你的罪状。”[1] 于是检察长库克站起来，宣读事先拟定好的起诉书：“我代表英国人民并且以他们的名义，向法庭控诉我身旁所坐的英国国王查理·斯图亚特构成严重叛国罪及其

---

[1] F. 基佐：《1640 年英国革命史》，W. 黑兹利特英译，伍光建译，靳文翰、陈仁炳校，商务印书馆 1985 年版，第 441 页。

严重罪行。"[1] 并将其公诉书递交给法庭。公诉书中这样写道："本人约翰·库克代表英国人民控告查理·斯图亚特的叛国阴谋和其他罪行构成暴君、叛国贼、杀人犯和英国人民公敌，并且请求法庭责令英国国王查理·斯图亚特对上述各点——进行回答。由此引发的一切程序、检验、审讯、刑罚以及判决都应当是符合正义的。署名：约翰·库克。"

库克的这一指控是从这样的命题开始：英国的国王并非一个"自然人"，而是一个"根据国家法律"受到委托的有一定权力限制的官员。因此，国王没有任何特权，"不管你有多高高在上，法律在你之上"。同样，库克表达了这样一个基本原则，他说："凡受托行使保护和维持人民安宁大权者，其权力本是人民为了自己的安全而赋予他的，一旦其利用手中权力来伤害人民，则根据该国法律应将其视为人民公敌并被处以最严厉的刑罚以警戒后人。这一法律原则——国王一旦成为暴君，必须因此而死——是自然法和上帝律法的基本原则。"

面对这一指控，法庭上的国王异常冷静地说道："我想知道你们凭什么权力把我带到这里。现在我要求知道是依据什么权力把我马不停蹄地送到这里，我说的是合法权力，因为世界上有很多非法的权力，例如，拦路抢劫的强盗就是一种。我说我先要知道是依据什么合法权力把我送到这里，我才好答复。记住，我是你们的国王，是法定的国王。仔细想想，你们企图审判国王，这是多么大的罪恶啊。记住，上帝才是这片土地上真正的审判官，我说在你们犯下更大的罪之前你们真该再仔细想想……况且，我的权力是上帝所托付的，这是古

---

[1] 杰弗里·罗伯逊：《弑君者：把查理一世送上断头台的人》，徐璇译，新星出版社 2009 年版，第 158 页。

老的合法的世袭权力，我绝不会违背这项托付的。我也不会对新的非法权威作出回应，这违背了上帝对我的托付：所以你们要先告诉我你们的权力来源，否则我无可奉告。"

国王还说："英国从来都不是一个选举制的王国。国王是世袭的，已经有一千多年了。你们得告诉我你们传我来究竟有何依据，比起在座的审判我的所谓的法官，我更名正言顺地代表我的国家的人民的自由。因此我先要知道是依据什么合法权力把我送到这里，我才好答复，否则我无可奉告。""我来这儿并不代表我承认这个法庭的权力。我和在座的各位一样都代表着下议院的权力。我没有看到这里有上院议员，而没有上议院是无法组成议会的。议会中也必须有国王。但难道这就是你们把国王带回他的议会的方式吗？这就是你们终止世上最具公信力的条约的方式吗？让我看看你们有什么合法权力，是上帝的话还是圣经，还是宪法规定的？我就会答复。"[1]

国王的反问抓到了问题的本质，在当时的统治理念中，国王即为法律，他拥有制定法律的权力，在没有得到国王的同意下，人们能够运用什么法律条款来审判国王呢？另外，从现有的政治架构上来讲，组成国家最高权威的是国王和议会，而议会又分为上议院和下议院，任何国家的大政方针只有经过国王和议会的同意才具有合法性，否则即为非法。而对国王的这次审判，只是下议院授权组建的特别法庭，看起来符合了法律原则，但如果考虑到当时这一政治体制合法性的安排，则完全是一种"非法行为"，因为这没有得到国王和上议院的同意。实际上，要让国王签字同意审判他自己也是个无法实现的难题。

[1] 杰弗里·罗伯逊：《弑君者：把查理一世送上断头台的人》，徐璇译，新星出版社 2009 年版，第 160—161 页。

因此，审判陷入到了一种空前的困境。也正是如此，聪敏的国王才抓住这一本质性的问题，质问这场审判的合法性在哪里。

从现有的政治权力的架构上来说，这场审判的确没有合法性，但如果按照国王的思路那么这场审判就无法进行。实际上，这场审判就是要摧毁原先的合法性，重建一种新的合法性，或者说，这场审判本身就已经在彰显了这种新的合法性原则。正是如此，负责审判的审判长布拉德肖面对国王的不断诘难依然坚定地反驳道："你若专心听你一进门时法庭对你说的话，你就会明白是什么权力把你送到这里的——法庭现在以英国人民的名义要求你答复，因为是英国人民把你选为国王的。"

在随后的审判中，布拉德肖坚持道，在国王和他的人民之间存在一个契约协定，国王的即位宣誓就意味着契约开始履行。"当然，先生，这一约束是相互的，你是他们忠实的君主，他们是你忠实的国民……这就好像一条纽带，纽带的一头是君主对国民应尽的保护义务，另一头是国民对君主应尽的服从义务。先生，一旦这条纽带被切断，那么只能说，别了，君主统治。"[1]

在审判过程中，不仅就审判本身的合法性展开了论战，其中还包含着对自由的不同理解。代表议会的一方认为国王的所作所为侵害了人们的自由，而国王则反复强调，"我是代表着我的国家的人民的自由，我比你们这些中的任何一个人都更想要维护人民的自由"，并且国王为了国民自由所做的一切都是无需理由的。

最后法庭以"叛国罪、挑起内战罪，破坏法律罪和英国人民自由

---

[1] 杰弗里·罗伯逊：《弑君者：把查理一世送上断头台的人》，徐璇译，新星出版社2009年版，第188页。

罪"判处国王死刑。1月30日，查理一世被送上了断头台，他是欧洲历史上第一个被送上断头台的国王。直到行刑前，国王查理一世还在坚持："我必须告诉你们，人民要想自由和自主，就必须拥有某种形式的政府，以及保障他们的生命和财产的法律。但是这并不意味着，也不应是他们就可以来分享政治统治权力，这根本是与他们毫不相关的事。先生们，作为臣属的国民和君主是完全不可相提并论的，因此如果他们坚持这么做——我的意思是如果你们让人民拥有我所说的那种自由，他们是永远不可能幸福的。"

因此，对国王的审判和刑罚，鲜明地体现了两种自由理念的对立，并可以转换为这样的设问：在一个国王成为个人专断统治者的国家里，人民是拥有着自由，还是像奴隶一般受到奴役？其实质性的问题在于，君主制能否与公共自由和人民的利益相容。在共和主义看来，国王的存在本身是与共和国的建立完全不相容的，与人民的自由格格不入的。革命前夕国王的所作所为已经证明了这一点。

正是在这一理念的指导下，为了真正地确保人民的自由，防止他们受到国王的权力这一外在意志与权威的侵犯，议会在1649年3月通过法令，宣布废黜国王，认定君主制是对"人民的自由、安全和公共利益的侵害"。国王所拥有的最后否决权"压迫和奴役着人民"。同时，也宣布废除议会上院，因为上院都是由贵族担任，"上院的继续存在对英国人民是无用和危险的"。1649年5月19日，议会通过法令宣布英国成为"一个共和国和自由的国家"（a commonwealth and free state）。这样，在国王被处死4个月之后，英国成为了共和国，成为了一个废除了国王和贵族制上院的共和国。

第三节 思想家的雄辩：刀斧之下的"语言"力量

英国当代历史学家蒙克曾经对英国革命中国王被处死这一事件作过这样的评论："刀斧可以砍下君主的头颅，但唯有通过语言我们才能废除君主制。"这也就意味着议会可以通过组建特别法庭的方式来审判国王，也可以用断头台砍下国王的头颅，但无论是国王查理一世，还是英国的大多数民众都不能够接受这一行为具有合法性。因此，必须要在理论上进行论证，为这一行动的合法性进行辩护。

对国王的审判，英国社会存在不同的争论。保王派认为这样的审判是不合法的，并且在审判中，国王自己也认为这样的审判是非法的。因此，才会出现下列这样的情形，在庭审中，国王反复地质疑其审判的合法性问题，[1] 其实对审判合法性的质疑，实质上就是对国家权力合法性来源的质疑，这是困扰那时人们的一个基本问题。

就当时的政治体制来说，以前是国王、上院和下院共同构成了国家的基本权力，现在，只有下院得以保留，在一院制的情况下，这样的权力是一种合法的权力吗？当时的共和主义思想家哈林顿就批评说，一院制的议会无疑是一种专制主义。同时，怎样在理论上批驳国王所说的自己同等于国家，国王的权力来自于上帝的授予，即君权神授；或来自于传统的世袭这样的观点。因为如果不回答这些问题，新

---

[1] 杰弗里·罗伯逊：《弑君者：把查理一世送上断头台的人》，徐璇译，新星出版社 2009 年版，第 160—161 页。

政权就会遇到合法性的危机。如果说国王等于国家，那么对国王的审判也就等于在审判国家自身，判决中所指控的国王犯下了"叛国罪"也就无从成立了。就像当时作为公诉人的库克所说："我代表英国人民并且以他们的名义，向法庭控诉我身旁所坐的英国国王查理·斯图亚特构成严重叛国罪及其他严重罪行。"[1] 库克还说："受托行使的有限统治权力是国家法律所赋予的，此外并无其他来源。从他接受托付时起，他就应实践为人民谋利益的誓言、履行维护人民权利和自由的职责。"[2] 同样，国王也说自己代表着人民，那么谁真正代表着人民，面对着这些时代的焦点问题，也是棘手的理论难题，这样的审判是否合法，国王的权力究竟来自哪里，必须要在理论上做出论证与回答。

而要在理论上回答这些问题，首先要明晓在这一时期统治者权力的起源，或者说国家的形成学说。在当时，有三种关于国家起源的学说，即继承说、征服论和君权神授说。所谓继承论指的就是国王的权力来自于世代的承继，在这一理论下，国王的权力就是家庭父权的扩大，国王的权力就犹如父亲的权力那样。洛克在《政府论》里所批驳的菲尔默就持这一观点。[3] 同样，也有人认为国王的权力来自于军事征服。在战争中，拥有强大军事力量的一方取得了胜利，也就成为了国王，掌握着国家的最高权力。最后一种是君权神授说，国王认为自己是经上帝指派来进行统治的，是上帝在尘世间的代表，英国革命和法国革命前的国王都是这样认为的。这样的说法就将国王的权力

---

[1]　杰弗里·罗伯逊：《弑君者：把查理一世送上断头台的人》，徐璇译，新星出版社 2009 年版，第 158 页。

[2]　同上书，第 150 页。

[3]　对此详见洛克：《政府论》（上篇），叶启芳等译，商务印书馆 1983 年版。

涂沫上了神圣的色彩，同时也借助于上帝的力量使自己的专制统治具有了正当性和合理性。这样的三种理论都为国王权力的存在找到了合法性。所以，当国王被处死之后，必须在理论上来论证国王被处死的合法性，或者说，议会对国王被处死的理由如国王犯下了"叛国罪"是成立的。

　　因此，面对这样的理论困境，必须要有思想家来回答这样迫切的问题，在理论层面上对此进行思考并做出解答。按照历史学家昆廷·斯金纳的说法，在英国革命中，1649 年国王被送上断头台，新政权随即宣布成立共和国，这是一个史无前例的事件，对此需要进行合法性的辩护。[1] 而就在此时，以霍布斯与共和派代表哈林顿、弥尔顿和洛克为代表的思想家们站了出来，从理论上为革命作出了辩护性的阐释。

　　1642 年 4 月，仅仅在革命爆发后的一个月，霍布斯就发表了《论公民》，而就在国王被处死，宣布英国为共和国之后，他又于 1651 年 4 月出版了《利维坦》一书，为主权权威的必要性进行辩护。站在保王党人但又不是正统的保王党人的基本立场，[2] 霍布斯既不同意革命派的主张，[3] 也不赞同保王党人的观点，形成了他自己独特的理论，成为了 17 世纪一位伟大的思想家。

　　霍布斯从社会契约的维度出发，认为正是通过订立契约，进行权

［1］　Quentin Skinner, *John Milton and the Politics of Slavery*, In Vision of Politics, 2 Volumes, Cambridge University Press 2002, p. 287.
［2］　详见塔克《论公民》英文新译本导言，载霍布斯：《论公民》，应星、冯克利译，贵州人民出版社 2003 年版，附录部分。
［3］　霍布斯将这些革命者称为"民主的绅士"（democratical gentlemen），提出独特的理论来支持国会反对国王，并论证了在 1649 年处死国王的合法性。详见 Quentin Skinner, "A Third Concept of Liberty", *London Review of Books*, 4 April 2002, p. 17。

利转让的方式，人们才建立起了国家。这样的国家具有以下几个特征：第一，国家的起源不是来自于通过"自然之力"的征服，也不是家长制的扩大，更不是上帝的神授，而是人们相互之间订立的契约。对这样的国家，霍布斯称之为政治的国家。第二，国家不是一个具体的人，就如革命前国王常常说的"朕即国家"，而是一个抽象的人格，承担这一人格的人就称为主权者，具有主权。也就是说，国家不是一个实体，更不等同于一个具体的人，即使是国王，他也只是"主权代表者"，承担国家的人，而不是国家本身。第三，国家的目的就是对内谋求和平，对外御敌。这是人们在订立契约时达成的约定，也是人们进行权利转让的根本原因。可以设想，人们只是在避免战争，保全自身的条件下达成了契约。否则，他们为什么要让渡自己的权利，订立这样的契约？

从社会契约论中，可以看到，当所有的人均参与订约，形成了一个国家，而代表这个国家来行使权力的人被称之为"主权者"，在这一意义上，主权的承担者不是一个"自然人"，他只是被授权来承担这一权力和代表与管理这个国家，因此，他是一个"人工人"（artificial person of the state）或"法人"（legal person）。当霍布斯论证到这里时，实际上已经回答了现代国家的一个基本问题，国家既不是自然的国家和父权制国家，也不是"朕即国家"，而是通过人们订立契约而建立的国家。由此，霍布斯理论的独特与新颖之处已经呈现在世人面前，他彻底解决了革命中反抗国王、审判国王以及处死国王的理论难题，为处死国王作了合法性的论证。同样，他也将原来的君主专制统治的国家转变成了没有了君主的现代国家。而这样的国家完全就是一种"新"的国家建构范式。从此，统治者的权力和作为实体的国家完全分离了，这种理论的新颖性也正如思想史家斯金纳所说，国家的权力而不是统治者的权力，开始被设想为政府的基础，从而使国家在独特的近代术语中得以概念化——国家被看作是它的疆域之内的法律和合法力量的唯一源泉，而且是它的公民效忠的唯一恰当目标。[1] 同样，他还说："到 17世纪初叶，国家概念——它的性质、它的权力、它要求臣民服从的权利——已经开始被认为是欧洲政治思想中最重要的分析对象。霍布斯在所著《哲学入门》一书的序言、1642 年首次发表的《论公民》中声称：'国家科学'的宗旨是'对国家的权利和臣民的责任进行更为刨根究底的探讨'，从而就反映了这种发展。"[2] 而"随着这种对国家作为一个全能的、可又是客观的权力的分析，我们可以说进入了近代世界"。[3]

霍布斯之后，另一位思想家洛克发表了《政府论》，以全新的角度来论证新式政治权力合法性这一紧迫且尖锐的问题。由于洛克的《政府论》发表于 1689 年，也就是在"光荣革命"后的第二年，因此，人们常常认为洛克在为"光荣革命"而辩护，但事实上，英国思想史家拉斯莱特认为，《政府论》写于"光荣革命"的前 10 年，他不是在为"光荣革命"辩护，而是在迎接一场革命。[4]

同样，洛克也是从社会契约论的角度出发，认为人们愿意订立契

[1] 昆廷·斯金纳：《近代政治思想的基础（上卷：文艺复兴）》，奚瑞森、亚方译，商务印书馆 2002 年版，第 2 页。
[2] 昆廷·斯金纳：《近代政治思想的基础（下卷：宗教改革）》，奚瑞森 等译，商务印书馆 2002 年版，第 495 页。
[3] 同上书，第 508 页。
[4] 彼得·拉斯莱特：《洛克〈政府论〉导论》，冯克利译，生活·读书·新知三联书店 2007 年版，第 61 页。

约，建立国家和政府的目的就在于
"只是为了人民的和平、安全和公
众福利"[1]。随后，洛克又将这
一概念解释排列为"生命、自由和
财产"。在思想史的系谱中，正是
洛克第一次把"生命、自由和财
产"排列在了一起，称之为一种权
利，并作为现代社会和政府存在的
目的，也是评判政治权力合法性的
唯一标准。著名思想史家斯金纳教
授指出，在洛克之前的一批思想家
已经对此作过了详细阐述，但洛克

图 2 约翰·洛克
（戈弗雷·内勒于 1697 年绘，
现藏于埃尔米塔日博物馆）

首次将之排列成为了一种标准句式。[2] 随后，我们可以在美国的
《独立宣言》和法国的《人权宣言》[3]中看到这一排列句式的影响，
并且一直持续至今。

在《政府论》一书中，洛克反复论证了国家和政府存在的目的，
即一个政府存在的合法性是来自于人民的同意，而在这样的同意中隐
含的政府存在的目的就为了人民的利益。联系到英国革命前的实际，
当国王在不经议会的同意而随意征收吨税、磅税和船税时，就是完全
侵犯了人民的财产权，侵害了人民的生命、自由和财产。这样的政府

---

[1] 洛克:《政府论》，叶启芳、瞿菊农译，商务印书馆 1983 年版，第 80 页。
[2] Quentin Skinner, *Liberty Before Liberalism*, Cambridge University Press, 2001, p. 21.
[3] 在美国的《独立宣言》中写道:"我们认为这些真理是不言而喻的:人人生而平
等，他们都从他们的'造物主'那里被赋予了某些不可转让的权利，其中包括生命权、
自由权和追求幸福的权利。"法国的《人权宣言》中就有:"任何政治结合的目的都在
于保存人的自然的和不可动摇的权利。这些权利就是自由、财产、安全和反抗压迫。"

难道还是一个具有合法性的政府吗？正如洛克所说："如果任何人凭着自己的权势，主张有权向人民征课赋税而无需取得人民的那种同意，他就侵犯了有关财产权的基本规定，破坏了政府的目的。"[1]所以，在审判查理一世时，审判者对国王这样说："查理·斯图亚特违背国民的信任和托付，召集军队发动讨伐议会的战争，未带来全民福利，反而带来流血和苦难。他雇佣爱尔兰叛军挑起第二次内战，他的所作所为违反了国民的自由，破坏了本王国的基本法和自由"[2]，"受委托行使的有限统治权力是国家法律所赋予的，此外并无其他来源。从他接受托付时起，他就应实践为人民谋利益的誓言、履行维护人民权利和自由的职责"[3]。值得注意的是，在当时的政治理论中，流行着这样一种关于政治权力的委托说，这里所用的"委托"——词意为人民作为一个整体，同意或者订立契约将政治权力有条件地委托给君主，或君主和议会（在混合君主制理论中），或议会（在议会主权中）。当统治者滥用这种信任时，信任就会被破坏，权力将归还于人民。[4]所以，洛克在《政府论》一书中反复地论证这一问题，并且他在书名中用的是"公民政府"（civil government），言下之意这样的政府就是人民的政府，而不是国王一个人的政府。

当政府产生后，如何保证这个政府始终都在保障和增进人民的利益，而非侵害人民的利益？从政治权力的起源中，洛克推导出，政府的官员，也就是人民的受托人，洛克称之为人民的"公仆"，他们理

---

[1] 洛克：《政府论》，叶启芳等译，商务印书馆1983年版，第88页。
[2] 杰弗里·罗宾逊：《弑君者：把查理一世送上断头台的人》，徐璇译，新星出版社2009年版，第140页。
[3] 同上书，第150页。
[4] 詹姆斯·塔利：《语境中的洛克》，梅雪芹等译，华东师范大学出版社2005年版，第22页。

所当然地要保障人民的利益，这是他们的职责所在。洛克一再表达道，这些公仆是国家的象征、表征或代表，依照国家的法律所表示的社会意志而行动。所以他们没有自己的私意与权力。有的只是法律的意志和法律的权力。[1] 也就是说，政府官员体现与代表的只是公共意志，而不是自己的私人意志，他是人民的代表，是一个公共人格。

尽管洛克运用自然法理论这一非历史性的逻辑假设来进行论证，但他成功地为"现代政治权力"找寻到了合法性的理论依据，由此实现了从传统政治权力向现代政治权力的转换，也就是说，在洛克那里，政治权力的"现代性"得以诞生，一种现代政治权力合法性的理论开始得以建立。从思想史演进的维度来看，这不仅成为"现代政治思想的基础",[2] 而且也是洛克留给后人最重要的思想遗产。

---

[1] 洛克：《政府论》，叶启芳、瞿菊农译，商务印书馆1983年版，第93页。
[2] 这里借用昆廷·斯金纳的书名《现代政治思想的基础》，尽管作者已澄清使用"基础"一词不是很妥当，改用"起源"会更能体现他想表达的含义。

第四节　"权利法案"与现代国家的形成

在共和体制建立之后，英国于 1653 年组建了新的共和国议会，同年又通过"护国约法"，规定：英吉利共和国最高权力由护国主和国务会议共同掌握，护国主终身任职，兼任英格兰、苏格兰和爱尔兰陆海军总司令；立法权属于护国主和议会，议会法令须经护国主同意后方能生效。从这些规定中可以看出，护国主个人拥有很大权力，共和国实际上徒有虚名。最初的护国主由享有声望的克伦威尔担任，后来他就将此职位改为世袭，这意味着共和体制名存实亡。1658 年克伦威尔去世后，由其子理查继任。在任期间，理查由于能力不足，引发很多不满，结果导致 1660 年斯图亚特王朝复辟。被处死的国王查理一世的儿子查理二世继任国王。1685 年，查理二世因病去世，其弟弟继任王位，称詹姆士二世。1688 年，詹姆士二世的妻子生下儿子，这意味着未来的国王将会是天主教徒。为了避免这种情况的发生，议会决定邀请荷兰执政威廉和玛丽入主英格兰，同年 12 月威廉率军进入英国，赶跑了自己的岳父——国王詹姆士二世，成为英国的国王。由于政权的更换没有像以前那样通过"内战"流血的方式进行，实现了政权的和平更换，故史称"光荣革命"。

在 1649 年建立共和国之后，经过在政治体制上的几次反复，最终通过 1688 年的"光荣革命"确立了君主立宪的政治体制。1689 年，为了确立人民的权利至高无上，议会又通过了"权利法案"，规定：

议会两院经依法集会于西敏寺官，为确保英国人民传统之权利与自由而制定本法律。

凡未经议会同意，以国王权威停止法律或停止法律实施之替越权力，为非法权力。

近来以国王权威擅自废除法律或法律实施之替越权力，为非法权力。

设立审理宗教事务之钦差法庭之指令，以及一切其他同类指令与法庭，皆为非法而有害。

凡未经议会准许，借口国王特权，为国王而征收或供国王使用而征收金钱，超出议会准许之时限或方式者皆为非法。

向国王请愿，乃臣民之权利，一切对此项请愿之判罪或控告，皆为非法。

除经议会同意外，平时在本王国内征募或维持常备军，皆属违法。

凡臣民系新教徒者，为防卫起见，得酌量情形，并在法律许可范围内，配置武器。

议会议员之选举应是自由的。

议会内之演说自由，辩论或议事之自由，不应在议会之外之任何法院或任何地方，受到弹劾或讯问。

不应要求过多的保释金，亦不应强课过分之罚款，更不应滥施残酷非常之刑罚。

陪审官应予正式记名列表并陈报之，凡审理叛国犯案件之陪审官应为自由世袭地领有人。

定罪前，特定人的一切让与及对罚金与没收财产所作的一切承诺，皆属非法而无效。

为伸雪一切诉冤，并为修正、加强与维护法律起见，议会应时常集会。

彼等（即教俗两界贵族与众议员等）并主张、要求与坚持上开各条为彼等无可置疑之权利与自由；凡上开各条中有损人民之任何宣告、判决、行为或诉讼程序，今后断不应据之以为结论或先例。[1]

综观这些条文，其实质就是，未经议会同意，国王不得停止法律效力，国王的征税为非法，议员有在议会内演说、辩论或议事之自由，确立了"议会至上"的宪政原则。英国通过没有流血的"革命"方式解决了持续多年的政治体制安排的问题，从传统的"王在议会"，到革命前国王试图凌驾于议会之上，最后实现了"议会至上"和"法律至上"，建立起了包括"有限政府"等安排的现代宪政体制。也就是说，任何个人的权力都不能够凌驾于法律的规定和人民的权利之上。正如法学家耶里内克所说，所有这些规定都不是个人的权利，而是政府的义务。因此，自由的权利只建立在法律至上的基础上——至上的是法律，而不是个人权利。也就是说，英国对人的权利的维护和保障来自对政府权力的限制，来自法律的至上，而不是来自自然法的传统所强调的人的自然的天赋的普遍权利。或者也可以说只是重申了"大宪章"中的自由和权利。

毋庸置疑，"光荣革命"具有着重要的意义，也成为了一个历史

---

[1] 董云虎、刘武萍编著：《世界人权约法总览》，四川人民出版社1990年版，第241—242页。

的转折点，对此需要给予足够的关注。从学术上讲，今天历史学家对"光荣革命"也有了一些新的解释，例如，耶鲁大学的史蒂文·平克斯在 2009 年出版了《英国光荣革命：1688—1689》一书，认为"光荣革命"并非以前所说的是场不流血的达成妥协的共识革命，是一次没有革命的革命。相反，"光荣革命"带来了流血和死亡，到处都有战斗、骚乱和财物的损毁，和一个世纪后法国革命中攻占巴士底狱发生的情景很相似。也就是说"光荣革命"也充满了暴力和血腥。不管历史学家对此的解释有多么不同，我们首先要理解的是"光荣革命"的意义和作用，"光荣革命"解决了英国的政治体制的安排问题，确立了君主立宪的政治体制，与此也确立起了相关联的现代政治原则。同样，在王位继承方面也做出了安排，为了避免以后天主教徒继承王位，规定国王必须信奉国教，未经议会许可不得离开英国。在经济上，国王的一切生活费用都要得到议会的预算批准，由此变成了国王依靠议会生活，也就是说，国王不再能够随意征税，而这些权力都是由议会来掌握，由议会来决定。正是这些原则奠定了现代国家的基础，使其告别了国王"个人专断"的体制，向现代国家迈出了第一步。

回到英国革命本身来说，尽管历史学家从多种视角对英国革命做出了很多解释，但如果从政治体制的维度来看，透过国王和议会之间反复出现的冲突可以明晓，国王决意要突破原先的"王在议会"的政治体制，实现个人的专断统治，从而凌驾于法律之上，独断专行。这不仅是打断了原先既有的历史传统与政治的架构，也反映出更为深层次的问题：是以国王为代表的行政权为国家的最高权力，还是以体现和代表人民意愿和权利的议会为国家的最高权力机构？一个国家的政治体制又如何能够增进和保障人民的权利？特别是当一个人拥有着极大的权力，甚至是专断性权力的时候，人民的权利又如何得到有效的保障？这些问题都是建立现代国家的基本问题，正如在"光荣革命"之后英国思想家洛克在《政府论》中所说，只有建立起三权分立的政治体制才能确保人民的权利不受侵害。如果用描述现代政治体制的术语来说，就是要建立起"有限政府"。同样，这样的政治体制也是一个代议制，是来自于人民的同意，人民推举自己的代表，而议会则成为人民权利的代言人，在决定诸如征税、预算等公共政策方面，议会拥有着最后的决定权，由此也就实现了"预算民主"等公共政策的民主化。而这一切的背后蕴涵着一个最为简单的道理，或者说这样政治体制构建的基础就在于：任何政治权力存在的目的只是为了保障和增进人民的权利。

回顾英国革命的历史历程，可以说，英国革命确立了现代文明的两个基本原则，即国家与自由。[1] 就国家而言，现代国家的基础是通过社会契约理论的逻辑建构，从而切断了"朕即国家"的传统命题，发展出了非人格化的国家理论，建立起了现代政治体制。由这一理论出发，又推论出，人民的自由或者权利才是现代国家存在的合法性基础，而人民的权利只能是在没有"个人专断"的体制中才可以得到保障与增进。除了这两个原则之外，还有一个重要的原则，那则是法律至上。从英国革命中可以看到，无论是国王与议会的冲突，还是各种法案的通过，其实质都是法律的问题。是遵守法律还是要破坏法律，或以个人的意志与权力凌驾于法律之上，这是评判和衡量是否

[1] 历史学家昆廷·斯金纳曾对这两个主题展开了研究，并发表了系列学术演讲。详见李强、张新刚主编：《国家与自由：斯金纳访华讲演录》，北京大学出版社 2018 年版。

属于现代国家和成为文明社会的基本原则和标准。

上述原则似乎还只是一种理论或者过于抽象，其实当我们在考察国王与议会于革命前的反复冲突和博弈时，抽象的理论就已经贯穿在历史中，就体现在每一次为了征税等问题的斗争中。从这里也不难看出，现代政治体制不是天上掉下来的"馅饼"，而是议会顽强地反抗和坚持的结果，甚至是那些议员们冒着失去生命的危险才得以建立。回顾这段历史，议员们承担起了代表和保障人民权利的职责，敢于反抗任何侵害人民权利的行为。他们用自己的实际行动表明了"公众在公共事务中必须取得支配地位，他们都为争取自由而反对绝对权力，为争取平等而反对特权，为争取进步和普遍利益而反对居高位者的个人利益"[1]。

---

[1] F. 基佐：《1640 年英国革命史》，W. 黑兹利特英译，伍光建译，靳文翰、陈仁炳校，商务印书馆 1986 年版，第 9 页。

第二章

理性的光亮： 18 世纪法国启蒙运动

　　在欧洲近代的历史中，启蒙运动是一次发生在思想观念层面上的重要运动，对历史进程产生了重大的影响。从某种意义上说，正是从启蒙运动开始，欧洲进入了"现代世界"。从学术维度上来看，启蒙运动是一个学术积累丰厚，百家争鸣的研究领域。自 20 世纪 80 年代以来，学者们日益拓展了启蒙运动的研究领域，其表现特征有三：第一，打破了过去以法国启蒙运动为中心的旧有范式，将启蒙运动看作为"复数"，重新发现了启蒙运动在各个国家展开的不同样式，如苏格兰启蒙运动、意大利启蒙运动、德意志启蒙运动等。第二，注重各个国家启蒙运动自身内部的差异性和多样性，辨析其丰富复杂的多重话语，例如，伏尔泰和卢梭虽然同属于启蒙思想家这一阵营，但两人在很多思想内容上却大相径庭。第三，从学术研究的进路上看，出现了不同维度的研究范式，有的注重哲学性的分析，有的长于历史化的考察，也有的学者将两者相互结合。值得注意的是，在针对启蒙运动的研究不断拓展深化的同时，随着后现代主义的兴起，启蒙运动也遭受到了严厉的批判，相应观点认为，以"理性"为中心的启蒙思想观念带来了诸多灾难性的社会问题，甚至要为 20 世纪极权主义的出现负责。因此，时代语境的不同自然带来了历史解释的变化。时至今日，同样需要对 18 世纪的启蒙运动进行重新审视，特别是面对着后现代主义对启蒙运动近似于"污名化"的批判，更是需要重思与回答什么是启蒙运动，启蒙运动的内在涵义是什么，以及它在今天所呈现出的意义。

第一节　什么是启蒙运动

从时间和空间上讲，启蒙运动指的是 18 世纪法国启蒙运动。学界一般将 1789 年法国革命的爆发视为启蒙运动结束的标志，但启蒙运动从广义上讲，其覆盖的历史时空范畴也有所不同。例如，有学者就认为，启蒙运动也应该包括 17 世纪的霍布斯和洛克等思想家，也有学者将下限移至 19 世纪的德意志。不过学界主流的观点还是认为启蒙运动发生在 18 世纪。

对于理解什么是启蒙运动来说，最为重要的是概念内涵的界定问题。"lumières"（启蒙运动）在法文中是"光明"的含义，英文则为"Enlightenment"。实际上，在法语中找不到一个专指启蒙或启蒙运动的名词或动名词，通常只是用"lumières"（光的复数）来表述，[1]意为"光"或者"光明"。这是因为当启蒙运动实际发生时，法国人并没有将其称为启蒙运动，并给出一个定义，[2] 我们今天所说的启蒙运动是从德语的"Aufklarung"翻译而来。

18 世纪的法国启蒙思想家为什么会用"光"来比喻他们所展现的思想内容，主要还是受到了自然科学，特别是牛顿的发现的影响，

---

[1]　张芝联曾在文章中这样写道："奇怪的是在法语中找不到一个专指启蒙或启蒙运动的名词或动名词，通常是用 lumières（光的复数）来表述。"详见张芝联：《关于启蒙运动的若干问题》，载陈崇武主编：《法国史论文集》，学林出版社 2000 年版，第 2 页。详见 Maritin Fitzpatrick，Peter Jones，Christa Kenellwolf and Ina McCalman，eds.，*The Enlightenment World*，Routledge，2007，pp. 159–160。
[2]　Dorinda Dutram 在 *The Enlightenment* 一书中提及启蒙运动有着不同的定义。详见 Dorinda Dutram，*The Enlightenment*，Cambridge University Press，2007，p. 1。

将其科学成果比喻为给人们认识自然带来的"光亮"。当然，也有将理性比喻为"神圣的光亮"，因为在当时还存在着对宗教的信仰。因此，在18世纪法国启蒙运动发生时，很多启蒙思想家就使用了"光""光明"这些词语。例如，"光的时代之前是蒙昧时代，走出蒙昧时代后，思想的重生，如果能这样说的话，注定要创造不同于人类初始状态的图景"。"我（伏尔泰）诚恳地拥抱您（达朗贝尔），向您致敬，这世纪之光。"魁奈也这样表达道："如果有人问我，什么是公正的权力，若理智地答复，我会说，那是根据自然和主权原则确定什么是属于自己的或属于他人（的规则），并为理性之光（智慧）所认可。"[1] 狄德罗也曾经说过："我们的任务就是扩大光明照射的范围，或是多制造一些光源。"伏尔泰还说："十二年来，思想发生了一场革命。光明显然已传播到了各处。"[2]

　　什么是启蒙运动，是一个非常重要但也难以给出唯一定义的问题，从字面含义进行理解只是解答这一问题的维度之一。正因为如此，当时受到启蒙运动影响的德意志思想家们也就此展开讨论。1783年，《柏林月刊》以"什么是启蒙运动"为题进行公开征文讨论。一批思想家都踊跃参与，各抒己见，其中思想家康德的文章最具影响力。1784年，康德在《答复这个问题：什么是启蒙运动?》的文章中对什么是启蒙运动给出了这样的回答："启蒙运动就是人类脱离自己所加之于自己的不成熟状态。不成熟状态就是不经别人的引导，就对运用自己的理智无能为力。当其原因不在于缺乏理智，而在于不经别人的引导就缺乏勇气与决心去加以运用时，那么这种不成熟就是自己

[1]　徐前进：《启蒙全球史的起源与方法：兼论哲学家的启蒙与历史学家的启蒙》，《世界历史评论》，2019年冬季号，第79、80、82页。
[2]　张茜茹：《18世纪百科全书成书及出版历史研究》，载《2019年博士后研究工作报告》，第17、23页。

所加之于自己的了。Sapere aude！要有勇气运用你自己的理智！这就是启蒙运动的口号。"[1] 他在这篇文章中明确地将运用"理性"看作启蒙运动的核心内容，而当时的思想家门德尔松也认为"理性"是启蒙运动的中心，当然他们的这种理解也的确符合法国启蒙运动的主旨。对此，从18世纪人们的表述也可以看出，他们也认可这些思想家的表达就是在运用"理性"，或者说其本质就是"理性"，以及在"理性"之下所达到的目标。例如，"理性启发我们，她散播智慧，将人类引向自由"[2]。"在这个世界上，从没有人合法成为其他人生活里的主人，只是因为缺少智慧和理性，一些法律才认可独裁与奴役的合法性。当今的教育让人与人更平等，那些被称为第三等级的人大有智慧。写这些信的人想追溯社会进程，从原始生活到政治奴役，并以此证明，每一次进步，人类的状况会更好，智慧升华，美德与幸福一同改善。"[3]

目前，我们对"启蒙运动"这一概念基本上是按照康德的表述来理解的。从敢于运用"理性"的方面来说，这是法国思想家哲学家笛卡尔留下的思想遗产，或者说，是他开启了敢于运用"理性"的大门。人们通常把法国的启蒙运动及所引起的思想震荡的18世纪称之为"理性时代"，而这个时代的开创者，其思想奠基人则是笛卡尔，是他创立了理性主义哲学，从此也使"理性"成为了18世纪法国启蒙运动的思想起源。

[1] 康德：《历史理性批判文集》，何兆武译，商务印书馆1991年版，第22页。
[2] 徐前进：《启蒙全球史的起源与方法：兼论哲学家的启蒙与历史学家的启蒙》，《世界历史评论》，2019年冬季号，第77页。
[3] 同上书，第79、82页。

第二节　从笛卡尔到启蒙运动

　　笛卡尔出生在法国图赖讷拉海的一个贵族家庭，母亲生下他不久即病故，他由一位保姆抚养长大。早在童年时期，笛卡尔就显现出了卓尔不凡的探索能力，他八岁时被家人送入当时欧洲最有名望的教会学校——王家大亨利学院读书。入学不久，笛卡尔便以他超群的聪颖而备受关注，校长特许体弱的笛卡尔可以睡到他想走进教室的时候。在王家大亨利学院的几年中，笛卡尔因有此"特权"而获得了充裕的时间，使他能够饱览群书。成名后的笛卡尔还不无留恋地说："在那里静静地读书真是一种享受，这些课外书籍才是我学术的真正来源。"

　　1612年，笛卡尔来到巴黎，喜欢独自沉思的他很快便厌倦了巴黎喧嚣的生活，他退避到郊区的一处寓所研究几何学。1617年，笛卡尔参军入伍，选择了这种最简便与最经济的方式开始了他的游学生涯。一次，在荷兰的布雷达，他看到许多人正盯着城墙上的一道数学难题出神，他请旁边的一个人将它译成法文或拉丁文，那人不相信这个年轻的军官能解开这道难题，便用不屑一顾的讽刺口吻给他翻译了一遍。两天后，当笛卡尔带着解好的答案再次来到城墙边时，人们不由得对他刮目相看，尤其是那位翻译者——鼎鼎大名的学者贝克曼。笛卡尔跟随部队走过许多地方，所见所闻增长了他的见识，激发了他的思考。喜欢沉思与追索的笛卡尔涉猎并研究了数学、力学、天文学和哲学，出版了《哲学原理》《方法谈》《第一哲学沉思录》等著作，开创了近代理性主义的全新哲学。

　　黑格尔曾经说过，由于笛卡尔，哲学从完全哲学化了的神学那里完全分离出来了。近代的文化、近代哲学的思维，是从他那里开始的。"从笛卡尔起，我们踏进了一个独立的哲学，这种哲学明白：它自己是独立地从理性而来的，自我意识是真理的主要环节。"这里，黑格尔指明了笛卡尔哲学所具有的开创性的新意义。它是理性与信仰的对立，是理性与哲学化了的神学即经院哲学的对立。众所周知，经院哲学作为中世纪神学的婢女，它完全抛弃经验、科学和一切关于具体事务的知识，而从上帝创造世界和宇宙体现神圣意志等空洞抽象的命题出发，来论证宗教和神学教条的合理性，并将其作为亘古不变的真理。在经院哲学家那里，世界上的真理来源于天启，来自于神谕，宗教和神学就是真理。人的任务、人的理性只能是理解和论证既存的宗教教条，而不能发生疑问，更不能否定。假如有人说太阳里有黑子，经院哲学家则会说，读遍亚里士多德的著作，都没有发现他提到过黑子，因此，人所看见的黑子只在人自己的眼里，而不在太阳那里。这样，人们必须盲从与信仰既存的真理，不能抛开神的启示独立地探索自然、探索世界。信仰与理性相比，信仰是首要的，是第一位的，理性则是次要的，理性的作用只不过是阐明并让人们确信信仰。因此经院哲学与神学、宗教教条和信仰完全融合在一起，并成为神学的婢女，人的理性的敌人。对经院哲学，笛卡尔表示了他的不满，认为经院哲学不能给人以真正的知识，只能给人以怪诞的材料。实际上，哲学应当为现实服务，应当发现各种技术，认识水、火、空气、星、天和我们周围一切物体的力量和作用，使我们成为自然的主人和统治者。

　　那么，要如何打破经院哲学的藩篱，让人的理性之光重放光芒，并照亮一切自然及人的认识领域呢？在笛卡尔看来，这一任务既艰巨又简单，其首要之点是应当建立起普遍怀疑的新哲学。由此，怀疑便成为笛卡尔新哲学的起点。

怀疑，并非为笛卡尔首创，从某种意义上讲，笛卡尔的哲学起点正是比他早一代的法国哲学家的启蒙终点。蒙田是 16 世纪后期法国著名的哲学家，曾任波尔多市市长，因攻击宗教晚年曾遭巴黎天主教联盟监禁，著有《随笔》，涉及宗教、哲学、政治、历史，以及自然科学。在经院哲学、宗教神学甚嚣尘上的中世纪法国，在信仰与盲从弥漫的法国，他毫无忌惮地倡言怀疑，认为盲目虔信的时代已一去不返，科学的发展正日益启发人们用怀疑的眼光重新审视一切。他号召人们要从自然的事实出发来认识自然，努力探索自然，他揭露经院哲学只是琐琐空洞、自相矛盾的胡说，是窒息人性的精神枷锁。在宗教问题上，他主张宗教宽容，反对宗教狂热。蒙田的怀疑精神受到当时人们的欢迎，他的《随笔》拥有一大批读者，他的批判精神也深深地影响了笛卡尔。

笛卡尔把蒙田的怀疑精神发展成为"普遍怀疑"原则，并进一步发展成为以人的理性为基础的新的哲学体系。在笛卡尔看来，生活在这个世界上的每个人通过各种方式接受了很多知识，形成了一整套的观念或曰真理。在这一过程中，人们从未想到过要去怀疑或思考一下他们接受的这些知识、真理的真实与正确与否。人们所接受的这些东西全都正确？笛卡尔认为未必如此。他指出，只有经过自己的怀疑与思考之后所接受和形成的东西才是正确的、真实的。所以，笛卡尔强调必须遵守的第一条规则是："决不把任何没有明确地认识其为真的东西当作真的来接受。……只把那些十分清楚和十分明白地呈现在我的心智之前，使我无法有任何怀疑的东西包含在我的判断中。"[1]

---

[1] 北京大学哲学系外国哲学史教研室编译：《十六—十八世纪西欧各国哲学》，商务印书馆 1975 年版，第 144 页。

据此，他订立了一条总则，即"凡是我们领会得十分清楚，十分分明的东西都是真实的"。这样，人们必须怀疑，怀疑那些教条、偏见或意见，凭借理性来判断和辨别。我怀疑，就是我思，从我思，证明了我的存在，一旦我停止思维，"我"的存在便没有证据了。于是，笛卡尔得出他的主要哲学原理：我思故我存。他说："那么我究竟是什么呢？是一个在思维的东西。什么是一个在思维的东西呢？那就是说，一个在怀疑，在领会，在肯定，在否定，在愿意，在不愿意，也在想象，在感觉的东西。"[1] 由此，笛卡尔把怀疑与理性提高到了至高无上的重要地位，并以此为核心，创建了他的崭新的哲学体系。

在现实世界中，人们能怀疑一切事物吗？笛卡尔认为不仅能怀疑，也必须去怀疑，因为以往我们所接受的知识都是不可靠的。他说："直到现在，凡是我当作最真实、最可靠而接受过来的东西，都是我从感官或通过感官得来的。不过我有时觉得这些感官是骗人的，为了小心谨慎起见，对于一经骗过我们的东西，就决不完全加以信任。"[2] 他曾举例说："我能不能怀疑我正穿着睡衣坐在炉火旁？能，完全能怀疑；因为有时候我实际上赤身睡在床上。即便对于算术和几何这些并非由感官得来的知识仍可以怀疑，因为说不准我在算二加三时，神就叫我出错。这就表明，人们必须运用自己的理性，去辨析与裁判一切。"

在笛卡尔那里，普遍怀疑与运用理性就是反思、重申和破除陈旧的知识、偏见和教条，并将它们一扫而光。他说："可是说到我自己一向相信的那些意见，我却没有别的好办法，只有把它们一扫而空，然后才能换上好的，或者把原有的用理性校正后再收回来。"[3] 沿

［1］ 笛卡尔：《第一哲学沉思集》，庞景仁译，商务印书馆1986年版，第27页。
［2］ 同上书，第15页。
［3］ 笛卡尔：《谈谈方法》，王太庆译，商务印书馆2000年版，第13页。

着这样的思路，笛卡尔在确立了清楚明白的观念为真的原则之后，就对一切观念进行了分类。他认为观念有三种："在这些观念里边，有些我认为是与我俱生的；有些是外来的，来自外界的；有些是我自己做成和捏造的。"在这三类观念中，外来的即通过感官得来的观念是可以怀疑的，有可能也是假的。而自己造出来的观念往往也会同自然本身或者说真理本身相距甚远，即不可靠，应当怀疑，因为不同的人会根据不同的情况制造出不同的观念。只有天赋观念才是无可怀疑的，才是我们进行推理的正确前提和可靠基础。所谓天赋观念，是与生俱来的，从我们自己的自然本性中得来的。因此，天赋观念是我们开始时不知其来源的、自身作为观念实在存在的东西。这即天赋的理性。理性是天赋的，是人天然均等的。所以，在这三类观念中，人们应当高扬自身的天赋理性，扫除通过前两种错误观念获得的一切陈旧的、错误的知识，重建真理的知识。

笛卡尔哲学体系所弘扬的理性与怀疑具有着革命性的意义，在一个宗教神学和经院哲学占统治地位的时代，在一个理性遭受压抑与遮蔽、只知信仰与盲从的时代，笛卡尔呼吁理性，号召人们运用自己的理性去怀疑、思考、裁判，语重心长地告诉人们，只能依靠理性才能发现知识，只有理性的生活才是人的生活。在历史的演进中，正是笛卡尔的理性哲学奠定了18世纪法国启蒙运动的哲学思想基础，成为批判现实社会的锐利武器。也就是说，当笛卡尔已经高扬起理性批判的旗帜的时候，这即预示着理性的批判不会到此终结，它将继续扩展其批判的领域，而这一任务即是由18世纪启蒙思想家来完成的。正是在这批哲学家那里，理性批判的对象指向了"旧制度"。

第三节　启蒙思想家群像

　　到了 18 世纪，启蒙思想家将理性的分析与批判的对象扩展到了笛卡尔不敢涉及的宗教和社会等方面，即当时的"旧制度"。也就是说，在这批哲学家看来，理性的批判绝不应仅限于纯思辨的哲学领域，而应扩展到宗教、政治、社会等一切领域。于是，他们高举起理性的旗帜，要用理性来批判一切，裁判一切，重构一切。在政治领域，他们要求改变旧制度下的专制制度，要消灭专制主义、封建特权和不平等，建立新体制，实现和保障人的权利、自由和平等；在宗教领域，他们反对教会权威，反对宗教迷信，要用人的理性取代神的意志，彻底打碎强加给人民的宗教枷锁；在知识领域，他们倡导科学知识，进行科学探索，推动科学实验和发现，把人民从蒙昧无知的状态下解放出来。总之，"他们不承认任何外界的权威，不管这些权威是什么样的。宗教、自然观、社会、国家制度，一切都受到了最无情的批判；一切都必须在理性的法庭面前为自己的存在作辩护或者放弃存在的权利。……以往的一切社会形式和国家形式，一切传统观念，都被当作不合理的东西扔到垃圾堆里去了……从今以后，迷信、偏私、特权和压迫，必将为永恒的正义、为基于自然的平等和不可剥夺的人权所排挤"[1]。这批哲学家所进行的全面深刻的理性批判便是我们所称的启蒙运动。

---

[1]　中共中央马克思恩格斯列宁斯大林著作编译局编：《马克思恩格斯选集》，第 3 卷，人民出版社 2001 年版，第 56—57 页。

在探索真理的道路上，理性的分析在认识与思维方式上必然是批判性的、革命性的，它要去重新审察一切，度量一切，裁判一切。狄德罗疾呼："应当毫无例外地大胆地检查一切，动摇一切，应当把所有这些空洞无益的幼稚的东西踏在脚下，把不是理性设置的障碍物统统推倒，给科学和艺术以珍贵的自由。今天，哲学正在阔步前进，它把受其裁制的一切对象都置于它的统治之下，它的声音是最强音，人们在开始挣脱权威和陈规旧例的羁绊，以坚持理性的法则，几乎没有一本原理和教条的书使他们完全满意。"[1] 达朗贝尔在《哲学原理》一书的卷首把他所在的世纪称之为哲学世纪，其含义为理性的批判要涉及一切领域。他说："哲学不是别的，就是理性之应用于它能够对之发挥作用的对象。具体来讲，十八世纪从世俗科学的原理到宗教启示的基础，从形而上学到鉴赏力问题，从音乐到道德，从神学家们的烦琐争辩到商业问题，从君主的法律到民众的法律，从自然法到各国的任意法，……这一切都受到人们的讨论和分析，或者至少也被人们所提到。"[2]

自中世纪以来，人们的天赋理性一直受到宗教神权和世俗王权的控制和压抑，现在，要以哲学的名义把人的理性呼唤出来，恢复它的合法权利，要在批判之中倡导理性这种新的思维方式，确立起理性至高无上的地位。伏尔泰在给达朗贝尔的信中写道："理性的时代已经到来""这个时代要求确认以理性来反对种种想象和别的时代的偏见，并取得胜利。"[3] 可以想象，要确立起理性的地位在当时来说

[1] 中国社会科学院哲学研究所西方哲学史研究室编：《外国哲学史研究集刊》（第三辑），上海人民出版社1980年版，第2页。
[2] E. 卡西尔：《启蒙哲学》，顾伟铭等译，山东人民出版社1988年版，第44—45页。
[3] 王养冲、王令愉：《法国大革命史》，东方出版中心2007年版，第51页。

不啻是一场伟大的革命，更是人类精神的伟大革命。伏尔泰在给狄德罗的一封信中说："我们正处于人类精神革命的前夜。"狄德罗也说："这是在人的精神上和民族性中进行的一场革命。"18 世纪启蒙思想家一致认为，他们的主要使命在于使人们不只是获取和扩展具体有用的知识，而是捍卫、强化和巩固这种新的思维方式。狄德罗在编辑《百科全书》时就表示，编写此书的目的不仅是提供系统和大量的知识，而且要改变人们的思维方式，确定以理性为基础的新思维，以探索世界，获取真理。[1]

　　早在笛卡尔那里就曾论证了人的理性的天赋存在，对此，法国启蒙思想家赞同笛卡尔对理性概念的理解，并加上了自己的阐释。狄德罗在《百科全书》"理性"条目中指出：理性，一是指人类认识真理的自然能力，二是指人的精神不先靠信仰的光亮的帮助能够延期达到的一系列真理。这样，理性不仅是先赋的，而且是一种能力，是一种引导人们去发现真理、建立真理和确定真理的独创性的智慧力量。18世纪的启蒙思想家始终坚持，"理性"最重要的基本功用就是发现同一性和普遍性，没有它，就不可能合理地把握和概括经验材料。在现实世界中，无论经验材料多么纷繁与复杂，理性的力量都能穿透进这些多样性之中，建立起普遍有效的原理。因此，"理性"就是要达到和构建起同一性和普遍性。更为重要的是，理性的这种特性不仅表现在人们的认识过程中，更重要的还在于它是作为认识主体的人所共有的。所以，启蒙思想家认为，理性是天赋的，它存在于一切民族、一切思维之中，无论时代的变迁或文化的差异都不能抹杀和取消理性的

[1] Martin Fitzpatrick, Peter Jones, Christa Krellwolf and Iain McCalman, eds., *The Enlightenment World*, Routledge, 2007, p. 431.

这种普遍性和永恒性。从本质而言，理性的存在与运用便是揭示世界的普遍性和同一性。[1] 正是坚持着这一理念，法国的启蒙思想家所提出的一系列政治和社会理论都贯穿着这样的一种内含，秉承着这一传统，包括在人权等问题的理解上，启蒙思想家们都坚持其普遍性的特征，而不接受特殊性的理解，认为这不单单是法国人的权利，而是作为不分任何民族与国家的"人"的普世性的基本权利。

在 18 世纪，这批启蒙思想家被称为哲学家、智者，意指以批判和寻根问底的精神去探讨一切问题，哲学家的气质在于按秩序精神和理性来行动。这批哲学家赋予了自己独特的属性和使命，如斗争性和批判性，具有强烈地改造社会和改善人的命运的责任感等，并要在理论的思考和实践的批判中展示这种特性，实现其使命。"哲学家只有使自己能对他的同类作出贡献时，他才有权利对自己作出估计。"哲学家并不为自己，而是为别人。"只对自己有好处，就是一无好处。""智者在抨击干扰理性或阻碍理性发展的谬误中，智慧会感受到有朝一日将如此正当地为减轻甚或消灭曾使人备受痛苦的各种灾难作出贡献的那种光荣。""哲学也比充分或有效的神的恩惠能使更多的人得到好处。"[2]"因此让我们自由写作，也自由行动吧；让我们从写作和行动中显示出一个共和主义者引以自豪的独立性吧。一个顾虑重重、畏缩胆怯的作家，是不能为人类的精神和为他的祖国效劳的；……一个哲学家必须以崇高的坚毅进行写作，或者就应预计到像

---

[1] E. 卡西尔在其《启蒙哲学》一书中对"理性"的这种特性作了详细地分析。详见 E. 卡西尔：《启蒙哲学》，顾伟铭译，山东人民出版社 1988 年版，第一章。
[2] 王养冲编：《阿·索布尔法国大革命史论选》，华东师范大学出版社 1984 年版，第 144 页。

并非哲学家那样的人去阿谀奉承。"[1] 从这些哲学家自己写的这些文字里，分明可以看出这些自称为哲学家的特性和由他们所掀起的启蒙运动的特性。

在这批哲学家中，最为杰出者要数伏尔泰、孟德斯鸠、狄德罗和卢梭。这里先依次介绍一下这些"启蒙哲人"。

伏尔泰，真名为弗朗索瓦·马利·阿鲁埃，伏尔泰是他的笔名。在长达 84 年的生命中，他挥笔写下了《哲学通信》《哲学辞典》《路易十四时代》等伟大著作，成为了启蒙运动的"泰斗"。他一生崇尚理性，认为"人的本性就是理性，做人就是施展理性"。去世前几个月，富兰克林带着孙子到法瑞边境的菲尔内拜见这位启蒙泰斗，请求他为自己的孙子赐福。这位行将辞世的长者摸着孩子的头，语重心长地说

图 3　伏尔泰
（尼古拉斯·德·拉吉利埃于
1724 年左右绘，现藏于
卡纳瓦雷博物馆）

道："上帝和自由"（God and liberty）。同样，他以满腔的热情呼唤自由与平等，反对宗教迷信，伏尔泰也因此遭到了专制统治者及教会当局的忌恨与迫害。甚至在伏尔泰死后，他们还不准在公墓下葬伏尔泰的遗体。伏尔泰的朋友们只能偷偷地把他的遗体秘密运出巴黎，安葬在香槟省的一个教堂里。1791 年，法国大革命中的制宪会议做出决

---

[1]　王养冲编：《阿·索布尔法国大革命史论选》，华东师范大学出版社 1984 年版，第 143 页。

议，将伏尔泰的骨灰迁回巴黎，葬入先贤祠。迁葬这一天，巴黎有10万人为之送葬，60万人伫立街头迎送灵柩。灵车上赫然写着：诗人、哲学家、历史学家，他给人们的心灵以巨大的震动，他引导人们走向自由之路。1878年5月30日，法国作家雨果在伏尔泰去世100周年的纪念活动中发表演讲盛赞道："伏尔泰不仅是一个人，他是一个世纪。他行使过一个职能，他完成过一个使命。很显然，他生来就被选定从事这件借助他在命运的法则和自然的法则中最高尚的愿望所完成的事业。他活过的八十四年，经历了登峰造极的君主政体和曙光初现的革命时代。他出生的时候，路易十四还在统治，他死的时候，路易十六已经戴上了王冠。所以，他的摇篮映照着王朝盛世的余晖，他的灵柩投射着大深渊最初的微光……他战胜了古老的法典、陈旧的教条，他战胜了封建君主、中古时代的法官、罗马天主教式的神甫。他把人的尊严赋予黎民百姓。他教导人、安抚人、教化人。他为西尔旺和蒙巴伊斗争，如同他为卡拉斯和拉巴尔斗争。他承受了一切威胁，一切侮辱，一切迫害、污蔑、流亡。他不屈不挠，坚定不移。他以微笑战胜暴力，以嘲笑战胜专制，以讥讽战胜宗教的自以为是，以坚毅战胜顽固，以真理战胜愚昧。"[1]

孟德斯鸠，原名叫查理·路易·德·色贡特，后来当他继承了伯父的职务和爵位后才改称孟德斯鸠。就是这位贵族，丰裕的生活并未束缚住他的求知的渴望，相反却使他有条件博览群书，钻研知识，从事研究和写作。1721年，他发表了第一部著作《波斯人信札》，这是一本书信体小说，也是一部闪烁着启蒙思想的哲理作品。

---

[1] 王春来、卢海生主编：《16—19世纪世界史文献选编》，上海辞书出版社2010年版，第14页。

不久，孟德斯鸠又写下了历史著作《罗马盛衰原因论》。此后，孟德斯鸠便集中精力投入《论法的精神》一书的写作工作，凡二十年，几易其稿，终于完成。该书一经出版，立刻轰动了巴黎和欧洲，两年内连续印刷了 22 次，并被译成多种文字出版。书中提出了诸如"三权分立"等一系列现代国家的宪政原则，成为 18 世纪影响最为深远的政治理论著作和经典作品。当然，孟德斯鸠的思想不仅仅只是提出了"三权分立"，他对"公民自由的呼吁，对公正和法治的信仰，对思想和结社自由的捍卫，对权力分立和制衡的阐释，对宪政制度的倡导"，[1] 使其成为了对"旧制度"进行批判"启蒙哲人"。

图 4　狄德罗
（由路易-米歇尔·范·洛
于 1767 年绘，现藏于卢浮宫）

图 5　狄德罗的《百科全书》
（1751 年版，扉页，现藏于
渥太华大学图书馆）

[1]　王令愉：《孟德斯鸠和〈法的精神〉》，载华东师范大学历史学系编：《王令愉教授纪念文集》，黄山书社 2021 年版，第 174 页。

丹尼·狄德罗，出生在一个制刀工匠的家庭，自幼聪颖过人，19岁便获得巴黎大学的硕士学位。承继了笛卡尔的思想传统，狄德罗坚信，怀疑是迈向真理的第一步，也就是要质疑批判现存的"旧制度"。1745年，一位出版商钦佩他的才华，盛情邀请他主编一部百科全书。狄德罗接受了邀请，并将这部书定名为《百科全书》或《科学、艺术和工艺详解辞典》，他一再表示，要通过这部书去改变人们现存的思想方式，要让它成为一个介绍科学知识，破除宗教迷信，反对专制制度的巨型炸弹。为了这一目标，狄德罗邀请哲学家和数学家达朗贝尔任副主编，还邀请了许多志同道合的启蒙思想家如霍尔巴赫、爱尔维修等参加该书的编写。这样，以狄德罗为中心，围绕编写《百科全书》形成了一个"百科全书派"。1751年，《百科全书》第一卷正式出版。至1780年，共计35卷的《百科全书》全部出齐。这部书的出版历经艰辛，不仅狄德罗曾经被捕入狱，而且其书稿也面临被查抄销毁的危险。例如，在第一卷出版后，政府禁止出版第二卷，并且要查没这部书稿。就在这危急时刻，负责书报检查的马尔泽布尔则对狄德罗说要将书稿放在他的家中。对此，狄德罗的女儿曾经这样记载道："马尔泽布尔先生说，你把书稿放在我家里，没有人会查抄到那里。事实上，我的父亲把他的半个书房都送到了那位下令查抄的人家中。"[1] 正是通过艰辛不懈的努力，《百科全书》出版了17卷之巨。恩格斯曾这样评价狄德罗说："如果说有谁为了'对真理和正义的热忱'而献出了整个生命，那末，例如，狄德罗就是这样的人。"[2] 在狄德罗那里，他力主人的自由。他说，作为一个人，除了那些真正

[1] 罗杰·夏蒂埃：《法国大革命的文化起源》，洪庆明译，译林出版社2015年版，第38页。
[2] 中共中央马克思恩格斯列宁斯大林著作编译局编：《马克思恩格斯选集》，第4卷，人民出版社2001年版，第228页。

不可剥夺的天赋权利之外，我没有其他的人权。除此之外，狄德罗还认为，为了要实现人的自由，确保人的权利，还需要改变人的思维方式，确立其理性的思考方式。因此，他所主编的《百科全书》宗旨也就是如此。为此，他在《百科全书》的前言中这样写道："我们的主要目标是搜集过去时代的一切发现。在不违背这个基本目标的同时，我们认为这几大卷古代知识宝库所贡献的新知识，也是很有价值的。让我们设想：一场革命的种子可能会在地球某些未知的地方生长起来，或在一些文明国度的中心悄悄地萌芽，它将在未来猛然爆发，毁灭城市，瓦解国家，使世界再次陷入愚昧和黑暗。但只要这部著作有一套能完整地保存下来，一切就可以得到挽救。"[1]

卢梭，1712年出生于日内瓦一个钟表匠的家庭。他幼年丧母，当过学徒、教堂唱诗班成员和家庭教师等，饱尝过人世间的辛酸。1749年的夏季，狄德罗被囚禁在文新尼城堡。有一天卢梭步行到那里去看望狄德罗，路上休息时，他拿出随身携带的《法兰西信使》，正巧看到刊登的第戎科学院的征文题目：科学与艺术的进步是否有利淳化道德的作用。卢梭事后回忆说："在读到这个题目的一刹那间，我看到了另外一个世界，而我也

图6　卢梭
（莫里斯·昆廷·德·拉·图尔于1753年绘，现藏于安托尼·库莱耶博物馆）

[1]　斯·坚吉尔：《丹尼·狄德罗的〈百科全书〉（选译）》，梁从诚译，辽宁人民出版社1992年版，第107页。

变成了另外一个人。"当卢梭见到了狄德罗后，把这个意图告诉了他，狄德罗让卢梭赶紧把自己的想法写出来，并大声叫道："没有什么可犹豫的，你一定会写出新意，表达出与别人不同的观点。"为此，卢梭挥笔写下了《论科学与艺术》，这也是他的第一部著作，并获得了征文一等奖，由此卢梭一举成名，声誉鹊起。但也有人攻击卢梭，认为他在写这篇文章时，受到了狄德罗的启发，卢梭原来观点是主张科学与艺术的进步实际上起到了改善道德的作用。由于狄德罗喜欢奇说异论，感觉到卢梭的观点过于平凡，劝他应当标新立异，一鸣惊人，并向卢梭讲述了自己的一些想法，然后卢梭在文章里对此加以发挥。狄德罗后来在"反驳《关于人的博物学》一书"中，曾明确地说道："卢梭作了他应当作的事，因为他是卢梭，我可能什么事都没有作，或者可能作了别的事情，因为我毕竟是我。"卢梭晚年在《忏悔录》中认为，在所有出于他笔下的写作里，这是论证最薄弱、文笔最不协调的作品。此后，卢梭又撰写了《论人类不平等的起源和基础》，指出了人类不平等的根源。经数年苦思之后，他又写作出版了《社会契约论》，此书的中心是探讨如何实现人的自由，提出了"天赋人权""主权在民"的思想，目的是要推翻君主制度，建立共和国，实现人的自由。

在批判"旧制度"中，到了18世纪50、60年代左右，最为重要的启蒙运动思想家的著作纷纷问世：1748年孟德斯鸠的《论法的精神》；1749年狄德罗的《关于盲人的书简》；1749年毕丰《博物学》第一卷；1751年伏尔泰的《路易十四时代》；1754年孔狄亚克的《论感觉》；1755年卢梭《论人类不平等的起源和基础》，摩莱里《自然法典》；1756年伏尔泰《论各民族的风俗和精神》；1758年爱尔维修《论精神》；1761 年卢梭《新爱洛伊丝》，1762 年《社会契约论》和《爱弥儿》；1764 年伏尔泰匿名出版了《哲学辞典》。另外，狄德罗主编的《百科全书》也在 1751 年至 1757 年间出版了 7 卷，到 1765 年出版了 17 卷。尽管在当时的法国存在着出版检查和限制，因此启蒙运动思想家的很多著作都是在瑞士的日内瓦和纳沙泰尔（Neuchatel），以及荷兰的阿姆斯特丹出版，然后再偷偷地运回法国销售，因为瑞士和荷兰是当时最为自由的地方。由此可见，启蒙运动的兴起和思想得到传播与当时存在着一个自由的外部环境密切相连，可以说，正是外部自由空间的存在，才使得启蒙思想家有了更多的思想生成与传播的空间。

这一自由的外部空间对启蒙运动的重要性还可以从伏尔泰的经历中得到验证。由于受到"旧制度"的迫害，伏尔泰只好逃出法国，被"流放"在了英国，正是在英国，伏尔泰亲眼目睹了英国的自由，写下了《哲学通信》，他以信札的方式向法国人民介绍英国人民所享有的各种自由。例如，言论自由、出版自由和宗教信仰的自由等，在人民享有权利的同时，权力则受到了制约。通过这些介绍，实际上是让法国人民知晓，在法国的专制统治下，人民没有享有这些自由，从而激发起人民争取自由的热情与力量。因为既然英国人民可以拥有如此多的自由，为什么法国人民不可以呢？正是在这一意义上，我们可以说，启蒙运动的形成与外部环境息息相关，与对外部的认知密切相连。因此，对一个身处专制体制国家的人民来说，存在着这一自由的外部空间绝对是一件好事。

启蒙思想家不仅通过出版传播了新思想，另外一个思想源泉的来源地即是沙龙。这些沙龙都是由贵族夫人主持，启蒙运动思想家即是其座上客，他们在此以文会友，高谈阔论，相互砥砺，新见叠出。沙龙还有另外一重意义，即启蒙思想家的思想诞生在贵族的沙龙中也得到了贵族的支持和保护。而这也体现了法国旧制度的特点和悖论。启蒙思想家的思想指向是批判旧制度和贵族体制，而作为个人的开明贵族个体则接受着启蒙思想，并且保护着这些启蒙思想家。

在历史学家看来，启蒙运动思想家有三代人，伏尔泰是第一代，狄德罗属于第二代，而孔多塞等人则属于第三代。历史学家彼得·盖伊总结道："可以说，启蒙运动乃是相互交叠而联系密切的三代人的共同成就。"[1] 由于他们基本上生活在整个18世纪，因此也就将18世纪和启蒙运动紧密相连，这才有了18世纪启蒙运动这一提法。当然学界也常常另外用"理性的世纪""哲人的世纪"等称谓称呼这一时代。

---

[1] 彼得·盖伊：《启蒙时代：现代异教精神的兴起》（上），刘北成译，上海人民出版社2015年版，第14页。

第四节　启蒙运动的意义

1792 年，当被关在监狱里的国王路易十六阅读了启蒙思想家伏尔泰和卢梭的著作后，不禁长叹道，是他们灭亡了法国。同样，在革命中也曾经广泛流传着一首歌谣，其中唱道："这都是伏尔泰的错，这都是卢梭的错。"就连当时的德意志人也都看出了这一点："无知和迷信的王国正越来越走向崩溃，启蒙的光芒取得越来越大的进步，黑夜的产物在黎明时分嚎叫，他们那种痉挛的姿势足够清楚地表明：他们自己对胜利感到绝望，只是在振作精神做一次最终的疯狂反攻。然后，在法国的混乱突然爆发，现在他们又高耸起他们空洞的头颅，高声尖叫：瞧瞧启蒙的骇人听闻的结果！瞧瞧哲学家，这些煽动暴乱的布道者！每个人都逮住这个堂皇的机会来对启蒙的支持者喷溅毒药。"[1] 因此，1789 年法国革命的爆发，特别是雅各宾专政出现之后，启蒙运动和革命就被自然地等同在了一起。启蒙运动引发了革命，或者说，革命是在启蒙思想家的理论指引下而展开的。

在某种意义上说，启蒙运动要对法国革命负责实际上是革命的反对者利用修辞所建立起来的一种神话。当然，这里也涉及了启蒙思想的传播和引发革命这一问题。对此，法国历史学家罗杰·夏蒂埃说道："这类谴责性的批判作品的大规模扩散——旧制度最后二十年间其流通量和尖锐性都极大地提升，破坏君主制赖以立基的神话、嘲讽

---

[1]　詹姆斯·施密特：《启蒙运动与现代性：18 世纪与 20 世纪的对话》，徐向东、卢华萍译，上海人民出版社 2005 年版，第 12 页。

君主制表现权威的礼仪仪式，并让法国人相信自己是一个专横衰落政权的受害者，从而根本性地改变了君主制的表象。因此，'哲学书籍'——不论其意图如何，对旧制度构成了真正的'意识形态侵蚀'，从而为革命裂变铺平了道路。"[1] 托克维尔在《旧制度与大革命》一书中考察了启蒙思想的传播，并研究了启蒙思想家和革命特征之间的关系，他说，作家们不仅向进行这场革命的人民提供了思想，还把自己的情绪气质赋予了人民。全体国民接受了他们的长期教育，没有任何别的启蒙老师，对实践茫然无知，因此，在阅读时，不免就染上了作家们的本能、性情、好恶乃至癖性，以至当国民终于行动起来时，全部文学习惯都被搬到政治中去。[2] 这样便造就了法国革命的某种激进性。当代研究法国革命史的历史学家索布尔也通过研究报刊宣传、年历等多种形式，认为启蒙思想家完成了对人民的革命教育。[3] 同样，罗杰·夏蒂埃也考察了启蒙思想如何从"精英"到"低层"大众的传播过程。[4] 美国历史学家罗伯特·达恩顿则在其名著《启蒙运动的生意》一书中通过以《百科全书》的销售为个案研究了启蒙思想的传播，他得出结论，启蒙思想家的思想首先被"旧制度"的统治基础如贵族等阶层所率先接受，[5] 这样的结论就和前面提到的观点有所不同。因此，启蒙运动与革命的关系远比我们想象得要更为复

---

[1] 罗杰·夏蒂埃：《法国大革命的文化起源》，洪庆明译，译林出版社 2015 年版，第 83 页。

[2] 托克维尔：《旧制度与大革命》，冯棠译，商务印书馆 1992 年版，第 182 页。

[3] 详见王养冲编：《阿·索布尔法国大革命史论选》，华东师范大学出版社 1984 年版，第 192—196 页。

[4] 详见 Roger Chartier, Lydia G. Cochrane trans. , *Cultural History*: *Between Practice and Representation*, Cornell University Press, 1988。

[5] 详见罗伯特·达恩顿：《启蒙运动的生意》，顾航等译，生活·读书·新知三联书店 2005 年版。启蒙运动首先就开始于路易十四时期的宫廷，然后才慢慢扩散开去。

杂。[1] 但不论如何评价，启蒙思想家对理性的高扬，并运用理性来对现实"旧制度"进行彻底的批判，其意义不言而喻。

如果回到 18 世纪历史的语境中去，我们还是要对高扬理性以及运用理性所进行的现实批判给予充分的肯定。可以毫不夸张地说，正是由于启蒙运动，我们才进入了现代世界，这意味着它不仅将人的主体性从陈旧的知识体系和盲目的宗教信仰中解放了出来，而且也将人从专制统治的社会制度中解放了出来，人们获得了他们已经丢失的各种权利。更为重要的是，启蒙思想家运用理性对"旧制度"下的专制王权、封建特权与宗教神权进行了批判，高扬自由、平等与宽容等理念，力主要在理性的指引下建设一个新的社会制度，借以使人的权利和人的解放能够获得体制性的保障。正是在这一意义上说，启蒙运动不只是在思想观念上推动了法国的现代转型，更是在现实的社会体制建设等方面开启了从"旧制度"迈向现代世界的历程，成为了走向现代世界的标志。

应该看到，启蒙运动是一场声势浩大的思想解放运动，在启蒙思想的引导下，民众改变了观念。它以理性为中心在根本上改变了人们对世界的思考方式，例如，在旧制度下，人们是以专断的权力与社会的特权来思考问题，而现在则是要按照自由、平等来进行，请看这样一段对话：

问：什么是专制？

---

[1] 例如，Dorinda Dutram 就认为启蒙思想并没有渗透到全社会，启蒙思想家也不希望引发社会革命。详见 Dorinda Dutram, *The Enlightenment*, Cambridge University Press, 2007, pp. 137–138。

答：专制是一种事态，其中统治者或统治团体实行着所有的权力，而没有任何法律限制他们的意愿、反复无常或特殊的利益……

问：民族单独拥有制定法律的权利吗？

答：有，因为主权属于民族，它单独就可以将那些构成主权的权力授予……

问：那么，什么是最好的宪法？

答：是基于人权和公民权的宪法。

问：这么说是什么意思呢？

答：一个人拥有着自然的、不可剥夺的权利，没人能放弃它，无论以何种借口，都没有人可以剥夺它。

问：人一直享有这些权利吗？

答：不幸的是，在太长的时间里，人们被剥夺了这些权利。

问：这种剥夺是如何、在什么时候出现的呢？

答：通过划分三个等级：教士、贵族和第三等级。在野蛮和无知的时期，一直是最强大的前两个等级，用它们暴政统治的枷锁奴役着第三等级。

问：什么最终使我们睁开了双眼？

答：哲学启蒙了民族，民族集合了起来，取回了它应有的位置……

问：一种所有公民都服从法律的社会形态将是什么样的呢？

答：人间天堂。每个人将因为自由、公正和源于他们的财富或劳动的富足而幸福。[1]

---

[1] 梅尔文·里克特：《政治和社会概念史研究》，张智译，华东师范大学出版社2010年版，第164—165页。

正如上面对话所说，"哲学启蒙了民众"。也许启蒙运动的意义就在于此。法国"最后一位启蒙思想家"孔多塞说道："难道不是出版业把人们从所有政治和宗教枷锁中解救出来吗？专制主义枉然地想侵入所有的学校；专制主义枉然地想要其严酷的体制永久地固定下来，以规定和裁定用哪些错误去污染人类精神，哪些真理是下令予以保存的；专制主义枉然地严令那些对人民的道德教育或青年在哲学或科学方面的教育的讲席，除了有利于这种双重暴政的学说而外，其他一律不得传播；但印刷术却仍然能够散发出一道独立而纯洁的光明，每个人都可能在沉默和孤寂之中从书上接受到那种教育，他们是不可能被普遍地腐蚀的；只要还有一角自由的土地，出版业就可以在那里发行它的印张，这就够了。"[1] 也如当代法国历史学家丹尼尔·罗什所说，"在 18 世纪，法国人像伏尔泰那样思考，这就意味着他们开始反思平等、天赋人权、摒弃束缚、反对习俗、宗教和道德的相对主义、人类理性至上等问题"[2]。马尔泽布尔在 1775 年的谏诤书中写道："印刷时代业已无可挽回地改变了权力行使的条件，它会让整个国家喜欢上并且习惯于通过阅读来进行自我教育。"[3] "正是印刷品的流通，使一个人民彼此分割而居、各自按自己的方式形成思想的国度形成统一的公众成为可能。这个集体已经转变为一个集体的匿名的观念实体，这个实体是抽象的、同质的。"[4]

---

[1] 罗杰·夏蒂埃：《法国大革命的文化起源》，洪庆明译，译林出版社 2015 年版，第 60 页。

[2] 丹尼尔·罗什：《启蒙运动中的法国》，杨亚平等译，华东师范大学出版社 2011 年版，第 538 页。

[3] 罗杰·夏蒂埃：《法国大革命的文化起源》，洪庆明译，译林出版社 2015 年版，第 40 页。

[4] 同上书，第 29 页。

另外，对启蒙运动的认识不要仅仅局限于思想观念的认识，还应扩大到知识体系，特别是规范层面来理解。假如从规范层面上来讨论，启蒙运动不仅是理解表达世界的方式的转换，也是建立了一整套新的世界知识体系，无论是思想系谱，还是知识秩序，以及社会规则与规范的标准。总之，它为新世界重新确立了一套秩序与标准。这种规范性的标准可以体现在制度设立、知识秩序、个体与社会的行为规范上。

正是这一以思想观念为核心的知识生产以及由此形成的整套知识体系的支撑，现代体制或现代社会才得以创设与运转。如果从知识生产和社会规范的意义上进行讨论的话，18 世纪的启蒙运动则是这一划时代的分界，正如很多学者在谈到"启蒙运动"的意义时表达道：启蒙运动改变了人们对世界的认知，并按照这一新的认知重新编排了思想谱系与知识世界和实体世界的秩序。对于这一知识的更新和重新建构，以及知识秩序的确立，特别最典型的代表就是狄德罗的《百科全书》。由此会发现从培根的新工具到狄德罗的知识系统，在西方整个的知识体系的演进来讲是非常重要的几个环节，在狄德罗这里有一个集大成。

回顾 18 世纪启蒙运动，可以总结出三个体现启蒙运动内在精神的面向。第一个面向，敢于（dare to）运用理性。第二个面向，理性的指向是法国当时的"旧制度"。启蒙思想家怀着对人类进步的理想，饱含热情地呼吁必须改善人的状况，人类的境况，真诚地启发民智，召唤出潜藏于每个人自身之中的理性，挣脱任何外在权威的束缚，使人类走出不成熟的依附和被奴役状态，成为敢于运用自己理性的、独立的、自由的人。伏尔泰认为，必须要按理性行事，不能让人陷于无知中，挣扎于谬误中，生活在暴政下，过不幸的日子。要实现每个个体的独立和自主，确立每个个体的权利，实现每个人的价值，让他们过上有尊严的生活。要让所有人都得到幸福，进而使人类实现进步。他们相信，理性的阳光必将冲破迷信与专制的漫漫长夜，给人们带来光明与幸福。[1] 狄德罗说，哲学正以巨人的步伐向前迈进，光明即随之而来。[2] 这种光明就是理性之光，它是一种"自然的光亮"，也即"启蒙"。在法文中，启蒙（lumières）就是"光明"的含义。因而启蒙思想家所掀起的启蒙运动，使18世纪成为了"哲学的时代""理性的时代""光明的时代""批判的时代"。

由此引出启蒙运动的第三个面向，在理性的批判之后，则是为了实现一个保障人的自由和权利的社会，犹如苏格兰启蒙运动思想家休谟所说的"人的科学"（the Science of Man）。的确，应当重视的是，近年来，随着对启蒙运动研究的不断推进，学界对启蒙运动思想内涵的认识也发生了改变，也开始将启蒙运动的思想核心从原先的"敢于运用理性"转向了"人的科学"，认为18世纪启蒙运动的本质是对"人"的理解和阐发，思考"我是谁，我来自哪里，我处于何种状况，与生活在何种状态"。正如罗伊·波特指出，在启蒙思想家追求的种种目标中，最为重要的就是寻找一种真正的"人的科学"。[3] 这是"启蒙运动这一思想冒险活动的核心"。[4] "启蒙运动诞生了和创造了人的各种类型。"[5] 约翰·罗伯特森指出，18世纪启蒙思想

[1] 王养冲：《十八世纪的法国启蒙运动》，《历史研究》，1984年第2期。
[2] 中国社会科学院哲学研究所西方哲学史研究室编：《外国哲学史研究集刊》（第三辑），上海人民出版社1980年版，第158页。
[3] 罗伊·波特：《启蒙运动》，殷宏译，北京大学出版社2018年版，第21页。
[4] 同上书，第22页。
[5] Roy Porter, *Flesh in the Age of Reason：How the Enlightenment Transformed the Way We See Our Bodies and Souls*, Penguin Press, 2004, p. 323.

家对人在世界中的地位做出了一种崭新的与确定性的现代理解与描画，他们急切地要改善人的状况。[1] 意大利思想史家费罗内说："如果我们必须在启蒙运动的思想领域中找到一个共同因素、一个统一原则的话，那就是 18 世纪的人道主义。"因此，真正需要研究的，真正决定启蒙运动思想方式特点的，不仅仅是具有各种历史变相的批判理性，而且首要的还是人对自身勇敢的、无偏见的反思。我们必须将重心从"批判理性"转移到作为决定性的人身上。[2] 安东尼·帕格登也认为，"启蒙计划"的核心不外是努力发现对人类本性的全部定义，最终它将会引导创立 18 世纪所称的"人的科学"，将会替代此前所有的，尤其是神学家试图解释的人之所以为人的尝试。[3] 因此，启蒙运动的口号并非仅为"敢于认识"，或"敢于运用自己的理性"，而是"我是人"。这里的"人"不再是生物学意义上的自然人，而是具有人的尊严、权利和自由的社会人，并努力去追求自己的权利，实现自己的幸福。

上述对启蒙运动的理解不仅是一种研究范式的转换，更是对启蒙运动思想内涵的全新洞察与把握。如果从启蒙运动这些思想家的思想表述来看，这一解读确实符合启蒙运动的要旨。狄德罗说过，人是唯一的出发点，也是一切事物的最终归属。"为什么不将'人'引入我们的作品之中，就像他被安放在宇宙中那样？为什么不让他成为共同的中心？"伏尔泰反复说道："牢记你作为一个人的尊严。"狄德罗

---

［1］ John Robertson, *The Enlightenment: A Very Short Introduction*, Oxford University Press, 2015, p. 1.

［2］ 文森佐·费罗内：《启蒙观念史》，马涛译，商务印书馆 2018 年版，第 169 页。

［3］ 安东尼·帕格登：《启蒙运动：为什么依然重要》，王丽慧、郑念、杨蕴真译，上海交通大学出版社 2017 年版，第 21—22 页。

说："作为一个人，除了那些真正不可剥夺的天赋权利之外，我没有其他的人权。"孔多塞首次对人权给出了定义，认为其包括了人身、财产的安全，公正的司法制度，以及参与制定法律的权利等。除此之外，伏尔泰的下列表述基本上代表了那一代启蒙运动思想家对人的权利和自由的向往，与对"人的科学"的理解。他在《哲学通信》中这样写道：成为自由，那就是只受法律支配。[1] 他还详细地介绍了英国的政治体制，由此来昭示法国人民也应该享有这些权利。他阐释道，在英国

> "给予每个人以天赋的权利，差不多在所有的君主政体里，他们这些权利是被剥夺的。这些权利乃是：人身和财产的全部自由；用笔向国家提意见的自由；只能在一个由自由人所组成的评审员会面前才可受刑事审问的自由；不管什么案件，只能按照法律条文的明确规定来裁判的自由；放弃英国圣公会信徒对某些职位的特权，信仰的自由。下列种种才叫作特权。在你睡觉的时候，你能获得保证第二天醒来时，你的财产还和昨天一样，没有丝毫变动：这是很大、很幸福、超乎许多国家的特权；你又获得保证你不会在半夜三更，从你妻子的怀抱里，或从你小孩的拥抱中，被人家拖出去，押入城楼，或驱入沙漠：这也是特权；你又获得保证当你一梦初醒，你有权发表你的一切想法：这是特权；你又获得保证当你被人控告了，或者做了坏事，或者讲了鬼话，或者写了闯祸的文章，你将依照法律来被裁判：这是特权。这个特权普及于一切居住在英国的人。在英国，一个外国人享受同样

---

[1] 伏尔泰：《哲学通信》，高达观等译，上海人民出版社1986年版，第191页。

的财产自由与人身自由；倘使被人控告了，他可以要求在审他的陪审员中，一半是外国人，就是说不全是英国人。我敢说：倘使我们召集人类来制定法律的话，人类必然为了自己的安全，订出这样的法律。那么，为什么别的国家不采取这些法律呢？"[1]

因此，伏尔泰勇敢地站了出来，为了人的权利而呐喊，如果说上述引文只是列出了人的权利清单，那么下列这段话更可以体现出伏尔泰为了人的权利与自由而振臂高呼，甚至使用了"铁链"这一极具象征性的隐喻。"我的可怜的人哪，倘使你是总督、大臣、大人的话，你千万不要相当愚蠢地横行霸道，来勒紧你的国家的铁链。你想一想：你越是加紧对人民的束缚，你的子孙（他们不全是总督）越是要做奴隶。怎么！可怜虫哪！为了逞一时之雄，贪图几天的小暴君的快乐，你就牺牲了你的后代，使他们呻吟于手铐足镣之下！"[2]

的确，在18世纪法国启蒙运动中，启蒙思想家无一不是在思考人的特性，人的权利与幸福。在此借用启蒙思想家孔多塞的表述来做一概括。孔多塞认为，要将人作为思考研究的对象，将人的状况作为认识对象；把科学的方法应用于这个新的研究对象；并建立起像应用科学那样的关于人的科学，其目的就是实现人的权利，促进人的幸福。可以说，这些思想家怀着对人类进步的理想，饱含热情地呼吁必须改善人的状况，人类的境况，要实现每个个体的独立和自主，确保每个个体的权利，实现每个人的价值，让他们过上有尊严的和富裕的生活。总之，要让所有人都获得幸福，实现人类进步。因此，摧毁王

[1] 伏尔泰：《哲学通信》，高达观等译，上海人民出版社1986年版，第192—193页。
[2] 同上书，第193页。

权、特权与神权，改变现有的体制安排，追求与实现人的权利便是启蒙运动的主要内容，也是启蒙的内在精神，同时也成为了 18 世纪的时代精神。由此，是否历经"启蒙"自然就成为判断一个国家能否走向现代世界的标志。

今天，回顾启蒙运动的历史，重温启蒙思想家的话语表达，翻阅学界的诸种研究成果，目睹现实的种种困境，自然激发起我们重新追问，我们是否依然需要启蒙精神？这里，我非常赞同罗伊·波特的观点，启蒙运动虽然帮助人们摆脱了过去，但它并不能杜绝未来加诸人类之上的枷锁。我们仍然在努力解决启蒙运动所促成的现代化、城市化等工业社会里出现的各种问题。在努力的过程中，我们势必大量利用社会分析的技术、人文主义的价值观，以及哲人们所创造的科学技能。今天我们仍然需要启蒙运动的哺育。[1] 可以说，要让启蒙精神保持鲜活，使启蒙精神永续长存，即罗伊·波特所说的"持续的光明"（lasting light）。的确，虽然"启蒙运动属于过去，然而，它不可能'过去'，因为它最终指明的不再是一种历史定位的学说，而是一种关于世界的态度"[2]。

---

[1] 罗伊·波特：《启蒙运动》，殷宏译，北京大学出版社 2018 年版，第 120 页。
[2] 茨维坦·托多罗夫：《启蒙的精神》，马利红译，华东师范大学出版社 2012 年版，第 159 页。

第三章

从特权到人权： 1789 年法国革命

1789 年的法国革命是人类历史进程中非常重要的一个节点，英国历史学家霍布斯鲍姆将此和英国的工业革命相提并论，称之为是"二元革命"，充分肯定其对现代社会的意义。值得注意的是，以前我们习惯于将其称为"法国大革命"，突出其从封建社会到资本主义社会过渡所起到的标志性作用，其实仔细探究，这一提法来自于苏联的《联共布党史》。1949 年之后，中国历史学界全盘学习苏联，也就因袭了这一提法。现在为了和国际学术界相一致，还是统称为"法国革命"为好。需要提出的是，其实这一改动，并不影响我们对法国革命地位和作用的评价。

法国革命从爆发至今一直受到历史学界的关注。2015 年国际历史学科大会仍然还有关于法国革命的专题论坛，当然，现在的研究已经从对革命原因的探讨开拓出了很多新的研究领域，如从英国、美国和法国等"大西洋革命"的跨国史视角来讨论，从情感史等视角讨论。在这些新的视角下，可以看出，应该将文化与政治史以及社会史相结合，或者说，将修正派的政治话语和政治危机与马克思主义学派的社会形态变革或社会危机结合起来进行考察更为妥当，从而回答：革命的必然性和偶然性之间的关系，以及在 1789 年那样的时刻，一个社会结构在遇到危机时如何有克服危机的能力，而这场危机又是如何被制造出来的，革命是因为启蒙运动的传播带来了整个"国家价值观的变化"，以及由此所导致的危机，还是由专制体制国家与那个等级"特权型"社会内在逻辑发展的结果。

第一节 革命的爆发

对于革命的爆发，究其实质而言，涉及危机的形成与克服危机的方式，执政者最终为何没有克服危机，反倒是引发了革命，并且是一场激荡非凡的革命。正如卢梭所说，"任何一个对重大危机毫无防范的国家，每一次（政治）风暴来袭之时都可能遭受灭顶之灾"。[1]可以说，法国革命就是这样一种类型的革命。

有的历史学家认为，法国革命是一场关于建立新的政治体制与社会体制的一次实验，过去的一切社会组织原则都应该被自由平等所取代，并照此来重新组织。其实这一社会转型运动早已在法国社会内部发生，并导致了社会危机。因此，法国革命前就已出现了国家危机和社会危机，如果把启蒙运动算进去，那在社会价值观念方面也出现了危机。可是在这些危机面前，以国王为代表的和以贵族为代表的阶层没有与时俱进，蜕变为新的社会的力量，实现如英国那样的贵族资产阶级化，反而却是愈发守旧。因此，两个不同阶层的冲突与对立造就了一场革命。

若要简练地描述和概括革命前的法国，那便如很多法国历史学家所说，这时的法国是处于经济繁荣的阶段，同时启蒙运动的兴起也带来思想文化繁盛的时期，并存在一个不断寻求改革、为现代性创造条件的政治体制，但悖论是，此时整个社会又处于危机四伏的状态。正

---

[1] 丹尼尔·罗什：《启蒙运动中的法国》，杨亚平等译，华东师范大学出版社 2011 年版，第 421 页。

如历史学家孚雷所说，当时既非贫困时期，亦非压迫太重，而且相对政治来说，社会还有一定的自由度。对于这一点，几乎所有的法国历史学家都予以认可，革命前的法国社会远非人们想象的那样贫困与压抑，相反，正是在相对繁荣与自由的状态下却爆发了革命。

那么革命究竟是如何爆发的呢？或者说为什么革命就这样发生了？为此，需要从法国革命前的政治与社会体制谈起，这一体制被1789 年的革命者称之为"旧制度"（The Ancien Regime，法文为 L'ancien Regime）。这一概念首次出现于 1788 年，随后在革命后成为流行。这是法国的革命者们发明的一个术语，借以表达他们要建立的是一个新制度，既然是新制度，那么要推翻的体制则应该被定名为"旧制度"。其主要包括着这样一些基本内容：

政治上，法国从原先的君主制蜕变为了君主专制的暴政统治，是国王一个人专权的专制统治体制，取消了原已存在的三级会议，没有了代议制，全部的统治权、管辖权、法律的创制权等一切权力都集中于国王一人手里，其所作所为只向上帝负责。从 17 世纪开始，国王路易十四就建立起了这一专制体制，后到路易十五得到进一步强化。1766 年 3 月，路易十五的这番话就是对这一体制最为生动的写照："最高权威在朕个人……法院的存在及其权威皆源自朕本人。法院的全部权力都只是以朕的名义来行使的，一直都源于朕，永远也不能用来反对朕。立法权只属于朕个人，这一权力不需任何其他依赖，也不容分享……公共秩序皆系于朕，民族的权利和利益……必须与朕的权利和利益紧密相连，且只掌握在朕手中。"[1] 正是在这一体制下，

---

[1] T. C. W. 布兰宁：《法国大革命：阶级战争抑或文化冲突》，梁赤民、刘昊译，北京大学出版社 2020 年版，第 58—59 页。

可以想象人民的权利毫无保障，随意受到侵害与剥夺。对这一专制体制，革命前的社会公共舆论已就此达成共识。"体裁千变万化的政治小册子都谈论同一个主题：法国君主制业已退变为专制主义。它们并未呼唤革命或预见到 1789 年，甚或没有对让君主制毁灭成为可能的深层次的社会政治问题给予太多的讨论。然而，在不经意间，它们通过剥除象征体系的神圣面纱和消解意识形态神话——这两种东西是君主制在其臣民眼里具有合法性的重要来源，为这个事件准备的条件。"[1]

社会结构上，整个社会被分为三个等级，教士为第一等级，贵族为第二等级，而除此之外的"其他人"则统统被称为第三等级。这一社会结构的特质是等级制，是一个教士和贵族享有特权的等级制社会，其特征是世袭性和封闭性，没有社会流动，也谈不上平等。

在宗教方面则是天主教占据主导地位，宗教迫害盛行。例如，发生在革命前的著名的"卡拉斯事件"，即 1761 年，法国南部小城图卢兹法院判处了一名叫卡拉斯的人死刑。事情经过是这样的：卡拉斯和他儿子安东都信仰新教，安东在大学法律系毕业后因为没有天主教徒的证明书，没有资格当律师。他感到前途渺茫，一念之差便寻了短见。当地警方不经调查就认定是卡拉斯为阻止儿子改信天主教未果而吊死了儿子。头发斑白、年近古稀的老人怎能吊死一个年轻力壮的小伙子？"谋杀"之罪显然难以成立。但审判长滥施权力，逼迫卡拉斯供出同谋。卡拉斯义正辞严，断然地说："既然没有犯罪，何来同谋？" 1762 年 3 月 10 日，法庭不顾一切无罪的证据，粗暴地判决卡拉

---

[1] 罗杰·夏蒂埃：《法国大革命的文化起源》，洪庆明译，译林出版社 2015 年版，第 75—76 页。

斯车裂之刑。临刑前，老卡拉斯悲愤地说："我已经说明真相，我死得无辜……"这就是曾经震惊欧洲的"卡拉斯冤案"。在18世纪时期的法国，这样的事例层出不穷。因此，伏尔泰愤怒之下为卡拉斯辩护，并响亮地喊出，"踩死败类！"意为推翻天主教会的统治。

实际上，"旧制度"是宗教与精神，以及作为一种政治和社会秩序。[1] 这里我们着重从社会结构和体现这一等级结构力量的贵族谈起。什么是贵族，就是有别于平民，具有某种头衔和特权，因此，贵族的本质在于其享有特权和世袭性。[2] 按照我们现在的用语即为身份权。这一特权体现在，拥有免税的权利，担任政府官员、法院职位、军队军官等权利全部都由贵族垄断；拥有法律上的豁免权，等等。显然，这些特权是不公正的，也违背了自然的正义。这正如革命前政论家和政治家西耶斯在1788年11月所写的《论特权》这一小册子中所说：

> 任何人也不应对法律未予禁止的事物拥有独一无二的特权；否则就是夺走公民们的一部分自由。我们亦已指出，凡法律未予禁止的都在公民自由的范围之内，都是属于大家的。让某一个人对属于大家的东西拥有独一无二的特权，这等于为了某一个人而损害大家。这种做法既表现了不公正的思想，又表现了最荒诞悖理的思想。
>
> 因此，按照事物性质来说，所有特权都是不公正的，令人憎恶的，与整个政治社会的最高目的背道而驰。[3]

［1］ William Doyle, *The Ancien Regime*, Palgrave, 2001, p. 4.
［2］ 详见西耶斯：《论特权 第三等级是什么》，冯棠译，商务印书馆1990年版。
［3］ 同上书，第2—3页。

……这里绝无任何符合普遍利益的东西。

到现在为止，我把所有特权混在一起，没有区分世袭的特权与人们自己取得的特权；这并不是说，它们在社会中同样有害，同样危险。如果恶事与荒谬有先后次序的话，毫无疑问，世袭特权应该居首位，我不会费脑筋去证实一个如此明显的真理。把特权变成为一种可以世代相传的财产，这就等于把为赋予特权强辩的那些微不足道的借口也抛在一边了，这无异于丢弃一切原则，一切理性。[1]

（特权者）他们并不因自己的阴谋伎俩娴熟而高枕无忧；由于他们担心，在某些短暂的时刻，大臣会因想到公众利益而一时清醒，所以他们及时利用某些行政官员的无能或背叛；他们终于通过一些手续完备的法令或一套相当于专属法的行政制度，使他们的垄断得到了认可。

这样就使政府屈从于那些对整个国家经济破坏性最大的原则。尽管国家经济要求在各方面都任用最能干、最便宜的公仆，而垄断却强行选择最昂贵因而最低能的公仆，因为垄断的明显作用在于制止那些在自由竞争中本来能够显示才能的人有所发展。

问题并不在于特权等级已经是王国中无人匹敌的首富；也不在于几乎所有的土地和财富都属于这个阶级的成员；而是挥金如土的嗜好、挥霍无度的乐趣远远超过了他们的支付能力。

一旦平民等级中的某一个人凭仗劳动与勤奋积累起一份让人眼红的财富；一旦税务局的代理人，以较为轻易的手段，终于积

[1] 西耶斯：《论特权 第三等级是什么》，冯棠译，商务印书馆1990年版，第9—10页。

蓄下各种财宝，所有这些财富立即为那些特权者所占有。

看来我们不幸的百姓注定要为着特权阶级而无休止地劳作，自己却日益贫穷。农业、制造业、商业，以及所有手艺行业，为了维持、扩展，并为了国家的繁荣昌盛，都要求分享由他们出力积累起来的巨额资金，但是毫无结果；特权者吞下了钱，也吞下了人；而这一切都有去无回地奉献给不事生产的特权者了。

总有一天，我们那些愤怒的子孙们读到我们的历史时，将会惊得目瞪口呆，并将以最难以想象的痴狂，给这段历史以应得的描述。[1]

从这一描述中可以看到，贵族享有一切特权，而第三等级在社会中则毫无权利可言，没有得到应有的尊重，更无可以流动与上升的空间，这显然违背了社会正义原则，即平等。正是这一封闭性的社会结构，加上启蒙思想的传播，导致了第三等级的觉醒，认为这个社会不是一个"正常的社会"。在随后1789年1月所写的《第三等级是什么》这本小册子中，西耶斯理直气壮地喊出了第三等级的心声：

本文的计划甚为简单，我们要向自己提三个问题：

1. 第三等级是什么？是一切。

2. 迄今为止，第三等级在政治秩序中的地位是什么？什么也不是。

3. 第三等级要求什么？要求取得某种地位。[2]

[1] 详见西耶斯：《论特权 第三等级是什么》，冯棠译，商务印书馆1990年版，第17页。
[2] 西耶斯：《论特权 第三等级是什么》，冯棠译，商务印书馆1990年版，第19页。

谁敢说第三等级自身不具备组成整个国家的一切必要条件？第三等级犹如一个强壮有力的人，他的一只臂膀还被绑在锁链上。如果除掉特权等级，国家不会少些什么，反而会多些什么。因此，第三等级现在是什么，是一切，是被束缚被压迫的一切。没有特权等级，第三等级将会是什么？是一切，是自由的欣欣向荣的一切。没有第三等级，将一事无成，没有特权等级，一切将更为顺利。我们已经证明，特权等级不但远不能为国家造福，反而只会削弱国家，危害国家；但这还不够，还必须证明，贵族阶级根本不在社会组织之内；它对国家只是一种负担，而不会成为国家的一个组成部分。

第三等级要求按人头投票而不按等级投票；平等承担赋税；要求制定一部宪法；组成自己的三级会议，即国民议会。（第三等级的代表是国民意志的真正受托人）。[1]

这里，从西耶斯所代表的第三等级的宣言中可以看出，在一个等级制的特权社会中，第三等级毫无社会地位而言。这也突显了这一事实，社会的治理出现了严重的问题。的确，当特权阶级垄断了社会的一切资源时，当等级制造成严重的阶层区隔时，这个社会就是一个封闭和停滞的社会，第三等级则失去了任何向上流动的可能性。因此，从西耶斯义愤填膺的表达中可以看出，第三等级要求今后的社会应是一个要为才智之士开放前程的社会，要建立起社会流动机制的社会。

面对第三等级对等级制的批判，这一时期的贵族的态度是什么，我们可以从一些"陈情书"中看到，贵族阶级在其递交的"陈情书"

---

[1]　西耶斯：《论特权　第三等级是什么》，冯棠译，商务印书馆1990年版，第22页。

中，依然坚决地要求维持教士和贵族特殊等级的地位。"陈情书"甚至要求多方设法保持贵族等级的完全纯粹；因而禁止以金钱为代价获取贵族头衔，在某些场合不许再授予，唯有长期为国家立功效力，方可荣膺。"陈情书"希望对假贵族进行追查和起诉。所有"陈情书"最后都要求维护贵族的全部荣誉。甚至有一些"陈情书"要求给贵族颁发一种从外表即可认出的特殊标记。

正如贵族们在革命前的 1788 年给国王的一份请愿书所说："国家处境危急，政府的方针正激发起一场革命。所有权不久将遭到攻击，财富不均也将成为改革的目标……第三等级应该停止攻击其他两个等级的权利，而只应当要求减轻它可能负担过重的税额。"

革命前的法国，不仅社会结构本身出现了问题，而且在这一社会结构下，直接催生出的另外一个棘手的问题就是国家财政的危机日趋严重。1789 年 5 月 5 日，召开了自从 1614 年就停开的三级会议（Le États généraux）。国王为什么如此急切地要召开三级会议？其意图就是为了解决国王的奢侈与贵族的免税所导致的国家财政危机。自路易十四开始，以国王为代表的贵族特权等级就过着无比奢华的生活，到了路易十五时更是有过之而无不及，历史上广为流传的就是他的那句名言："我死后，哪管它洪水滔天。"意即现在有钱就赶快花掉。因此，路易十五甚至为了情妇一掷千金，并且举国上下都要按照其妻子的生活方式过着奢华的生活。据当时人记载："我们现在只根据蓬巴杜尔夫人的好恶生活；马车是蓬巴杜尔式，衣服的颜色是蓬巴杜尔色；我们吃的炖肉是蓬巴杜尔风味；在家里，我们将壁炉架、镜子、餐桌、沙发、椅子、扇子甚至牙签都做成了蓬巴杜尔式！"对外方面，七年战争和美国独立战争导致了巨大开支，国库入不敷出。更为严重的是，税收成为核心的问题。由于贵族免税和第三等级的税负过重，造成了严重的不公平，数次的改革也未能够改变贵族的纳税问题，因此只好期待召开三级会议来解决国家的财政危机。其实，第三等级也想利用这一契机来表达自己的意愿，因为三级会议在路易十四时代的1614年就已经停开，至今已有一百多年了，此时召开第三等级自然要提出自己的主张，期望废除贵族特权，建立一个更为公正的社会。因此，在三级会议召开时，第三等级的代表认为："我们只想成为税收的主人而进行这场革命的。"

由此，我们就可以理解为什么启蒙运动的思想家以及社会中开明人士会在法国提出自由、平等与宽容（后改为博爱）这样三位一体的理念。当然，革命爆发的社会原因和革命爆发的即时原因并非完全等同，法国革命爆发的直接起因与三级会议的召开密切相关。因此，我们需要考察这一历史的"重要时刻"。这一考察的意义在于重新思考革命的起源与动力。作为一场革命，其既有的社会结构内部隐含着激发革命出现与形成的动力，这是历史事件发生的深层力量；但这并不意味着革命作为一种历史事件是必然的，要从革命的参与者和被推翻者所形成的互动关系出发来进行考察，从中可以理解，正是这一过程中的许多人和事造就了革命的爆发。因此，革命是一种建构，一种偶然。如果当时没有发生很多事项，也许革命就不会发生。当然，历史没有如果，直陈这一点实际上是想表达，这次革命的发生是各种要素综合叠加的结果。

1789年5月5日，三级会议正式召开，共有1139名代表，第一等级教士291名，第二等级贵族270名，第三等级578名。开幕时刻，国王亲自莅临会议，当国王走进会场时，全场热烈鼓掌。随后国王发表了热情洋溢的讲话："诸位先生们，我殷切期待的这一天终于来到了，现在在我的周围，是我荣幸地统领的国家的各方代表。自从上次三级会议召开以后，已经过去了很长一段时间；尽管召开这样的大会似乎有点过时，但我仍然坚持要恢复旧传统召开三级会议，因为王国可以从中吸取新的力量，因为它可以为国家开辟新的幸福源泉。"

他还说："人们所能期望的一切，从最小利益到公众的幸福，都可以指望得到我的关切。诸位先生们，我希望会议能够和衷共济，希望这个时期对于王国的繁荣幸福将永远成为不能忘怀的时期，这是我衷心的愿望，最热忱的祝愿；这是我，由于我的正直意图和对人民的爱所期待得到的报偿。"

尽管所有与会代表都对国王的讲话给予热烈的掌声，但在随后的会议中，却未能实现国王所期待的那样——大家和衷共济。参会的代表们为会议议程发生了严重的分歧。首先是三个等级的代表就围绕表决权问题发生了分歧，以致对立。第三等级提出按照人数来进行投票，而贵族则认为，如果按照这一规则来进行，第三等级的人数远多于贵族，再加上贵族有人会反水，从理论上说，无论怎么投票都是第三等级会获得多数票。因此，贵族坚持按照原先三级会议投票表决权的传统规则办事，即一个等级一票，这是从三级会议成立时就形成的规则，现在不能够更改。这一争执一直在持续，以至于会议进行了一段时间后还没有进入到实质性的议事程序中。6月10日，在三级会议召开一个月后，贵族对第三等级的代表说道："若按照人头来表决，我们在人数上将被压倒，我们的领主权利将被剥夺……如果你们没有消灭我们的计划，那开会表决的方式对你们来说有什么重要的呢？我们是一个拥有特权的阶级，应该有保护特权的手段。如果生不能为贵族，我们宁愿被消灭。"[1]

一些大贵族还联名给国王写信表达其基本的立场：

> 如果不分等级地按照人头表决，将会摧毁三个等级之间长久确立起来的明智的平衡。陛下，情况已经表明，维持三级会议的唯一合乎宪法的形式（这一形式因法律和传统而变得神圣），维持等级差异、三个等级分厅议事、表决权相等这些法国君主制度不可动摇的基础多么重要。我们无法掩饰对第三等级要求的惊骇，他们提出的对三级会议组成方式的革命将带来可怕的后果……[2]
>
> 第三等级应停止攻击前两个等级的权利，这些权利同君主制度一样古老，像国家的宪法一样不可更动；第三等级应限于恳请税收之降低，他们也许税负过重；而前两个等级也承认第三等级中有他们珍视的同胞，并出于自己的慷慨情怀，放弃金钱方面的特权，同意以最完美之平等方式承担公共捐税。我们请求为国家利益、为巩固我国各等级之团结而做出牺牲之表率。
>
> 但愿第三等级认识到，混淆等级差异之后果，法国势必将因此而堕落为专制主义或民主主义。
>
> 对国王的爱戴，爱国主义激发了我们英雄主义的崇高举动，以及法律所要求的克己与牺牲。[3]

英国的一位旅行者阿瑟·扬6月11日在和一些贵族谈话后这

[1] 黄艳红：《法国旧制度末期的税收、特权和政治》，社会科学文献出版社2016年版，第318页。
[2] 同上书，第302页。
[3] 同上书，第303页。

样写道："贵族十分固执于他们所有古老的权利，尽管这些权利对人民而言难以承受；他们不同意对自由精神做丝毫让步，除了支付同等的土地税这一点，他们认为这是人们能向他们提出的唯一合理要求。"[1]

面对贵族阶层的固执与顽愚，第三等级也毫不退让。为了避开贵族的纠缠，6月16日，西耶斯建议将三个等级会议改名为"国民议会"（Assemblée nationale），后被通过，上报国王批准。他们认为："国民议会这个名称是现今情况下唯一适合这个会议的名称，因为组成这个会议的成员是唯一合法的、公认的和经过审查的代表，因为他们几乎全是由国民直接选派出来的；最后，还因为国民代表是统一不可分的，任何一位代表，不论他是由哪一个等级或阶级选举出来的，都不能够离开现在这个会议而行使其职务的权利。"乍看起来，这一举动是策略性的，实际上，这完全是种革命性的行动，它改变了三个等级会议的本质属性，从此，代表们不再是等级的代表，而是全体国民的代表。教士和贵族等级要么服从，要么就被剔除在外，这实际上也就等于宣布，"国民议会"成为了国家的最高立法机构，原先的"三级会议"显然名存实亡。

贵族们自然也看穿了第三等级的意图以及背后的权利体系的转移，当然不会同意。于是，以西耶斯、巴伊为代表的第三等级决定彻底与贵族断绝关系，成立"国民制宪议会"。6月20日，在巴伊的带领下，第三等级的代表来到了凡尔赛宫附近的一个网球场单独举行集会。会上，"国民制宪议会"主席巴伊率领大家高声朗读："国民议

---

[1] 黄艳红：《法国旧制度末期的税收、特权和政治》，社会科学文献出版社2016年版，第318页。

会鉴于被召集来制定王国宪法，从事更新公共秩序，维护真正的君主制原则，没有任何东西能够阻止它在被迫决定的任何地方继续议事，而且它的成员无论在哪里集会，哪里就是国民议会所在；现决定这个议会的所有成员应立即庄严宣誓：决不与国民议会分离，在王国宪法制定和巩固于坚实的基础之上之前，势必集会于环境所要求的任何地点。在这样的宣誓之后，全体成员应分别地在这不可动摇的决议上签名以示确认。"宣誓之后，与会人员都纷纷在此签名，这即著名的"网球场宣誓"。"网球场宣誓"表明第三等级与第一和第二等级从此彻底决裂，标志着第三等级要成为国家的主人和全体国民的代表。

图 7　网球场宣誓

（雅克-路易·大卫于 1791 年绘，现藏于凡尔赛宫）

第三等级举行"网球场宣誓"的消息很快便传到了国王那里。6月 23 日，国王亲率一小队卫兵来到第三等级开会的地方，厉声说道：

"先生们，你们已经知道从我的安排和我的想法中所得出的结论；结论是符合于我谋求公众利益的强烈愿望的；而如果由于我不曾想到的不幸，你们竟在这一如此美好的事业中抛弃我，那么，我将独自为我的人民造福，我认为我自己就像是他们的真正代表。

先生们，请考虑一下，你们的任何方案，你们的任何计划，没有我的特别批准，就不会有法律效力。因此，我是你们各自的权利的自然保证人；而各个等级可以对我们的公正无私充满信心。

先生们，我命令你们立即分开，明天早上，你们各自到你们的会议场所去开会。"

面对国王的恐吓，代表们默不作声，在国王离开后，米拉波立即站出来说道：

> 这是一个什么样的凌辱性的独裁政权呢？配备武器，侵犯民族殿堂，这样来迫令你们去获致幸福！谁给你们发出这个命令的呢？你们的受托人！谁给你们发布这种专横的法律的呢？你们的受托人！先生们，他原应从我们这里接受命令和法律，而我们是负有政治的和不可侵犯的神圣职责的；毕竟2500万人只能从我们这里得到一种确凿无疑的幸福，因为这种幸福应当为所有的人所同意、给予和接受。我宣布：如果有人派你让我们从这里出去，那你应当请求给你使用武力的命令；因为只有靠刺刀的力量，才能使我们离开我们的座位。

米拉波的讲话得到了大家的呼应，第三等级决意不会再回到三级会议中去，也不会再和其他两个特权等级共商国是。到了7月9日，第三等级干脆成立"国民制宪议会"。这一举动彻底标志着第三等级成为了国家的一切，要为国家，要为民族立法，成为国家的最高权力机构。

　　国王带着自己一小队卫队来到网球场，恐吓与威慑第三等级代表的消息也迅速传开，巴黎人民群情激昂，无比愤怒。人民迅速集结队伍，上街游行。到了 7 月 14 日，激愤的人民攻占了象征"旧制度"的巴士底狱。于是，震惊世界的法国革命爆发了。而国王在当天的日记中却记载着，"今日无事"。

图 8　攻占巴士底狱
(让-皮埃尔·胡尔于 1870 年绘，现藏于法国国家图书馆)

　　这场革命爆发的原因，引发了无数历史学家的讨论。在革命爆发之后的 1792 年，亲身参加了革命的法国政论家巴纳夫对革命的起因作出了这样的解析："当工艺和贸易得以深入到人民之中，并且为劳动阶级创造出新的致富手段时，一场政治法律范围的革命便开始酝酿了，新的财富分配导致新的权力分配，如同占有土地使贵族阶级提高了地位一样，工业财产正在使人民的权力增加。"[1] 在他看来，革命只是社会阶层和社会结构变化的结果和显现。正如在三级会议召开时，第三等级的代表就理直气壮地认为："我们只想成为税收的主人而进行这场革命的。"

也有学者从经济-社会与心态的视角来进行阐释，法国的一些历史学家认为，革命不是爆发在经济危机的时刻，也不是因为人们的处境越来越坏。正如马迪厄所说，革命不是爆发在一个贫穷的国家里，反而是在一个正在极度繁荣的国家里。贫困有时可以引起骚乱，但不能造成伟大的社会激变。社会的激变往往是起于阶级间的不平衡。也可以说是在权利和义务之间的严重不平等。而正是这样的不平等导致了资产阶级对现行体制的怨恨与革命。对此，法国 19 世纪中期的思想家托克维尔精辟地解析道，革命之所以发生，往往并非因为人们的处境每况愈下。那些忍受高压强权毫无怨言，甚至毫不自知的人民，往往在压迫稍有放松之时奋起反抗，挣脱枷锁。历史的经验证明，毁于革命的政权几乎总是优于其前任政权，对于一个坏政府而言，最危险的时刻通常就是它开始改革的时候……法国封建制度正是在其行将灭亡之时激起了法国人心中最为强烈的仇恨。[2] 这一论断打破了以前国内历史教育的惯常理解，认为革命都是在经济危机、民不聊生等情况下而爆发的，实际上，法国革命并非如此。

在此，还有两点需要提出：第一，革命的社会原因。法国历史学家丹尼尔·罗什就将革命前的法国描写为双重的危机，即"国家的危

---

[1] 安托万·巴纳夫：《法国革命引论》，王令愉译，华东师范大学出版社 1989 年版，第 8 页。

[2] 托克维尔：《旧制度与大革命》，冯棠译，商务印书馆 1992 年版，第 210 页。

机"和"社会的危机"。[1] 对此，法国历史学家孚雷这样分析道，自路易十五之后，法国一直受到等级制和社会流动这两种对立方式的制约。就社会流动的界限来说，特别是贵族和资产阶级之间流动的界限来说，这条青云直上的福运线在 18 世纪变得太僵硬了，难以满足日益加大的需求，但它同时又太柔软、太容易被金钱买通了，不值得去捍卫它。[2] 由此，他得出结论："在我看来，18 世纪社会政治危机的关键答案并非如某些人假定的那样是由于贵族关闭门户，或者贵族假某种想象的"封建性"之名而全面与资产阶级为敌；恰恰相反，关键答案在于贵族本身的开放，放得太宽危及等级内部的凝聚力，放得太窄则不利于时代的繁荣。法国历史的两大遗产，即等级社会和专制主义，已经陷入没有退路的冲突。"[3]

第二，由于在"旧制度"下，社会等级制度和政治体制相互耦合，密切关联，这些制度性要素又和统治者紧密不可分。因此，就有必要考察当时承担国家治理的这个群体。托克维尔在 1848 年 1 月 29 日的众议院演讲中说道：

> 当我终于要通过不同时代、不同时期、在不同人民身上，探求导致统治阶级崩溃的真正原因时，某个事件、某个人物、某个偶然或表面原因，我看得很清楚，但请相信，导致那些人失去权力的真正原因，就是他们已经变得不配拥有这种权力。

---

[1] 丹尼尔·罗什：《启蒙运动中的法国》，杨亚平等译，华东师范大学出版社 2011 年版，第 420 页。

[2] 弗朗索瓦·傅勒：《思考法国大革命》，孟明译，生活·读书·新知三联书店 2005 年版，第 159 页。

[3] 同上书，第 160 页。

　　请想想旧王朝吧；它比你们强大，强在根源久远，它比你们更善于依靠传统道德、悠久习俗、古老信仰；它比你们强大然而它却土崩瓦解了。而它为什么崩溃了呢？难道你们相信是出于某个特殊的偶然事件？难道你们认为这是出于某人的行为、财政赤字、网球场宣誓，是拉法耶特、米拉波？不，先生们，还有另一个原因，那就是当时的统治阶级，由于麻木不仁、自私自利、腐化堕落，因而既无能力又无资格治理国家。这就是真正的原因。[1]

由此提出一个关键性的问题，统治阶级已经无"资格"，也无"能力"来治理国家了。"资格"涉及合法性问题，能力关系到治理"技艺"等。

　　什么是当时的"统治阶级"，细数一下，它包括了以国王为代表的政府官员系统，和支持其力量贵族阶级等。为什么这些人都未能预见到革命的爆发，反而助推了革命。法国历史学家从国家治理与社会变革之间的关系入手来考察，认为关键性的问题在于，这个旧制度对于它所包含的现代性成分来说太过于陈旧了，而对于它本身那种古老过时的东西来说，或者说，从旧制度视角来看这些现代性的内容又是太新了。18 世纪，路易十四死后重重扩大起来的就是这个基本的矛盾。而这个制度对立的两极，即国家与社会，越来越难以相容了。[2] 这也是托克维尔在《旧制度与大革命》这部著作中所说道

[1]　托克维尔：《回忆录：1848 年法国革命》，周炽湛、曾晓阳译，上海人民出版社2005 年版。

[2]　弗朗索瓦·傅勒：《思考法国大革命》，孟明译，生活·读书·新知三联书店，2005 年版，第 164 页。

的，文明社会与政治社会之间的关系。在第三等级看来，当文明社会越发展，以国王为代表的政治社会就显得越发野蛮与陈旧过时，这样，以第三等级为代表的新的文明社会与以国王为代表的政治社会之间就存在着巨大的矛盾，事实上，这一内在的矛盾与冲突是无法避免的。因此，在这样一个新旧杂陈的社会组织体制中，如何进行危机管理与引导社会冲突将是对统治者的严峻考验。其实这也是托克维尔忧心忡忡所提出的又一悖论，越是政府开始改革的时候，就越是容易爆发革命的时刻。托克维尔还指出："很长时间以来，它们都在寻找一条发泄的途径。一旦途径打开了，它们就会盲目地冲过去。那不是它们的自然道路，却是第一条出现的道路。一时间，对专断的仇恨变成为法国人唯一的激情，政府成为了共同的敌人。"[1]

对此，法国历史学家索布尔曾经这样写道，1760 年至 1788 年间君主国家一次次改革尝试都归于失败，其主要原因并不在于路易十五的麻木不仁及其后任的软弱无能。实际上，是国家的发展逻辑与君主制的贵族阶级性质这两者之间的矛盾所致。而另一位历史学家孚雷则做出了更为犀利的分析，并在一定程度上也是为"统治阶级"做出了某种程度的辩护，他认为，18 世纪的君主制国家远不是反动的或被私利束缚住的国家体制，而是变革乃至普遍进步的伟大原动力之一，可以说是一个长期的"开明的"改革工地。而吊诡的是，正是君主所着力推进的改革，最终的结果却是带来了革命。

于是，如何把握改革的节奏，如何平衡社会的各种力量，如何化解冲突，满足不同阶层的利益诉求就显得至关重要。当然，作为最高

---

[1] 托克维尔：《论革命：从革命伊始到帝国崩溃》，弗朗索瓦·梅洛尼奥编，曹胜超、崇明译，上海三联书店 2016 年版，第 23 页。

权力拥有者的国王面对已是危机四伏的时局，该如何化解危机更至关重要。那么问题随之而来，当时的国王路易十六对于革命的爆发应该承担起什么样的责任？

1774 年，路易十六登基执政，此时，他才 20 岁。面对贵族享有特权的这种困境，路易十六也看到了现存的专制"旧制度"的弊端，认为必须要进行改革。在他当政后，首先任用了 73 岁的重臣莫尔帕，想借他的威望和经验来帮助他理顺现存体制的混乱，但这样的目标没有实现，国王旋即起用有新思维的杜尔阁。上任后，他制定了一个宏大的计划，准备取消一切奴役、一切特权。具体来说，他建议免除农民的徭役，取消省界的壁垒，废除贸易的关卡，振兴工业的发展，最重要的是让贵族和僧侣同第三等级享受一样的税率。在政治上，他想利用现存的省议会的途径，扩大政治开放，让人民能够获得政治权利，参与国家的政治生活。这项改革，按照路易十六的说法，杜尔阁和他自己就是想要为人民谋求利益。但是，这项改革计划由于受到特权阶级的反对而无法推进，在特权阶级的一片反对声中，杜尔阁只得辞职，路易十六也只好让马尔泽布尔来担任这一职位。与杜尔阁一样，马尔泽布尔也是主张要给每一个人以权利。在法律上，取消拷打逼供，给被告人以辩护的权利；在政治上，取消国王的"密札"和新闻出版检查权，让所有人都有人身安全，让人们有言论出版自由；在宗教上，反对宗教迫害，实现宗教自由。由于他的改革与杜尔阁设想的计划差别不大，依然无法进行，他也就同样落了被赶下台的结局。随后克吕尼走马上任，但好景不长，仅仅六个月他就被免职。继任者为大名鼎鼎的瑞士银行家内克，接受了前任的经验教训，他的改革目标不像前任那样操之过急，立马要革除一切弊端，而是仅仅限于财政问题和与财政相关联的一些内容。具体指导思想为：紧缩开支，量出为入。平时的国家开支主要靠税收，在紧急情况下，才发行公债；税率由省级会议来决定。事实上，聪明的内克把对体制的改革隐含在了财政的改革之中，因为要发行公债，必须要有信用，这就要求行政公开；同样，税收要人民同意，也就意味着人民要分享政权，参与政治。于是，财政的问题也就自然关联到国家的政治体制问题。尽管内克在改革方案的设计和措施上都已经是非常谨慎，但仍然不能为特权阶级所容。1781 年，就在他抛出财政改革报告书几个月后，他也被迫辞职，再次成为改革的牺牲者。内克之后，相继又有两位财政大臣接手，但都毫无成效。1788 年 8 月，国王重新召回了内克，希望以他的行政管理能力来解决这场财政危机，并重新推进改革。

内克上台后，面对贵族的反抗，只能采取新的方法。这样，我们看到，从莫尔帕到内克，其方针的指导思想是希望贵族们能够识大体，顾大局，主动放弃一些自己的特权和利益。但是，令人惋惜的是，贵族们根本不愿意这样做。在这样的情况下，要想拯救危机中的国家，只有召开多少年已是停顿、没有行使过权力的三级会议了。1788 年的 8 月 8 日，国王同意在第二年的 5 月召开三级会议。1789 年的 5 月 5 日，三级会议如期召开。但令国王万万没有想到的是，他希望能够在现有的体制和程序内解决问题，却由此拉开了革命的序幕。

时至今日，人们还在为路易十六之死而感到扼腕痛惜，但历史总归无法退回原先的起点。回顾路易十六的一生，他的确是一个悲剧性的人物。从 1774 年开始执政一直到 1789 年的革命爆发，路易十六一直不停地在进行改革，因为他看到了"旧制度"的弊病，他要顺应时代发展的潮流，除旧布新，希望通过体制内的渐进改革来完成体制的新旧转换。所以，他将改革的重点指向了"旧制度"的中心：贵族及其特权。但恰恰在这里，困难最大，阻力最大，由于贵族的反对致使改革无法推进。究其原因，这是路易十六的个性使然，或者说也是他的错误。因为在路径的选择上，他没有首先在外围进行改革，然后直指中心，同时，他也没有使用铁腕来保证改革的进行。历史告诉我们，改革既要先选择好目标，同时又要有权威来作为保障。对此，正如法国著名历史学家米涅所说："路易十六，以他的胸怀和品德来讲，是最适合于他那个时代的君主。当人们对独断专制的政治体制不满时，他就自愿地放弃这种专制的做法；当人们对路易十五的宫廷的荒淫挥霍感到愤恨时，他品行端方，生活俭朴。人们要求做一些必要的改革时，他也能够体察公众的需要并立意要给予满足。但是，改行仁政和继行暴政都是困难的，因为要改革，就要有力量使贵族特权阶级服从改革。在这一改革的过程中，路易十六缺乏一种极端坚强的意志，实际上只有这样的意志才能完成国家的重大变革。他头脑清楚，心地正直、善良，但是性格不够坚定，在他的所作所为中缺乏坚持到底的精神。他的改革计划所遇到的阻力是他所意想不到的，也是他未能加以克服的。因此，正如一个拒绝改革的君主而遭到毁灭的结局那样，他是由于尝试改革而毁灭了。"的确，任何一个君主，一旦当他启动了除旧布新的体制改革后，无论过程如何，其改革的终极目标也都将是旧体制的自我毁灭。

应该看到，正是由于路易十六持续的改革，在这一时期，法国经济也迎来了长期的繁荣。由于新技术的使用，工业得到了快速地发展；农民获得了土地所有权，大大激发了他们的生产积极性，农业产量持续增长；金融贸易业这一时期也都有明显的进步。经济的发展带来了人们生活水平的提高，人们的住房、饮食和穿着都比以前要好。但遗憾的是，在推动体制改革和创新的过程中，路易十六本可以成为一个君主立宪体制下的君主，但历史的结局却是将他送上了断头台。尽管如此，这丝毫不影响他是一位伟大的历史人物。正像当时为路易十六辩护的德塞慈慷慨陈词："路易在位时，其品行堪称楷模，公正廉洁，没有任何缺失，没有贪污腐化；他一惯爱护百姓。百姓要取消一项重税，路易把它给蠲免了；百姓要废除苦役，路易把它给停止了；百姓要求改革，路易实行了改革；百姓希望修改法律，路易同意了；百姓要恢复千百万法国人的权利，路易把权利还给了他们；百姓要自由，路易给了他们自由。路易舍己为民的美名是不容争辩的。"从这里，难道不是凸显了一个因为启动了体制改革而埋葬了自己，以及整个王朝的路易十六的另一种形象？所以，历史是异常丰富复杂的，我们需要在更为宽广的视野中来理解和把握，构建起多维的人物形象。因此，可以说，路易十六既要为革命的爆发负责，但又要在社会结构和社会运行的逻辑中来理解革命爆发的动因，从而才能准确地为路易十六找到其历史定位。

1751 年，法国的阿尔让侯爵天才般的预见到了革命即将到来，他写道："一股崇尚反对君主制的自由政体的哲学之风，正从英格兰向我们吹来。它不断吹进人们的大脑，人们便知道了舆论是如何统治世界的。这一政体可能早已在人民的头脑中成形，只要一有机会就付诸实施；革命爆发所伴随的冲突也许比人们想象的要少。所有的社会阶层都心怀不满……一次混乱可能变成一次叛乱，一次叛乱可能变成一场彻底的革命。"[1] 但自革命爆发后，对革命如何爆发，或者说

[1] T. C. W. 布兰宁：《法国大革命：阶级战争抑或文化冲突》，梁赤民、刘昊译，北京大学出版社 2020 年版，第 58—59 页。

对革命的起源的探究却始终困扰着历史学家，因为这的确是件异常困难的工作。19世纪的思想家托克维尔曾经指出："因为伟大的革命一旦成功，便使产生革命的原因消失，革命由于本身的成功，反变得不可理解了。"[1] 法国著名历史学家夏蒂埃甚至给出这一结论："大革命没有确切的起源"[2] "对于法国革命为什么会发生，以及它究竟是什么，我们还没有达成理论上的共识——而且将来也不会有"。[3] 因而人们不应该去认定革命有其自身的发生机理和动力。尽管如此，探讨法国革命的起源仍然还是为历史学家锲而不舍地追寻。例如，以莫尔内、夏蒂埃为代表的对大革命思想文化起源的探讨；[4] 以马克思主义者索布尔为代表的"正统派"，坚持从封建主义向资本主义过渡与转型这一维度来讨论法国革命的起源，这也可以视为社会史的研究路径；[5] 在1989年法国大革命两百周年之际，以孚雷为代表的"修正派"横空出世，批评"正统派"的解释范式，从"政治文化"与"政治话语"来解释革命的起因，形成了带有后现代特征的"政治文化"研究范式。[6] 目前，一些历史学家也不满意于这些研究范式，开始在"个人与社会"这一框架下，特别是个人的"体验"与

[1] 托克维尔：《旧制度与大革命》，冯棠译，商务印书馆1992年版，第44页。
[2] 罗杰·夏蒂埃：《法国大革命的文化起源》，洪庆明译，译林出版社2015年版，第182页。
[3] 乔纳森·伊斯雷尔：《法国大革命思想史：从〈人的权利〉到罗伯斯庇尔的革命观念》，米兰译，民主与建设出版社2020年版，第6页。
[4] 详见达尼埃尔·莫尔内：《法国革命的思想起源》，黄艳红译，上海三联书店2011年版；罗杰·夏蒂埃：《法国大革命的文化起源》，洪庆明译，译林出版社2015年版。
[5] 详见阿尔贝·索布尔：《法国大革命史》，马胜利等译，中国社会科学出版社1989年版。
[6] 详见弗朗索瓦·傅勒：《思考法国大革命》，孟明译，生活·读书·新知三联书店2005年版。

"情感"两个方面来找寻革命的动力，认为革命的动力应当是一系列政治事件和人的选择的逐步推进，因此，人作为政治实践的行动主体应该回归到研究者的视野。[1] 当然同时也还是有一些学者继续沿着思想史的路径来进行新的探讨，例如，从激进的启蒙运动入手，思考革命观念的形成与革命爆发之间的关联。[2]

---

[1] 详见庞冠群、查少琛：《体验革命：反思法国大革命的新路径》，《史学理论研究》，2020 年第 6 期。

[2] 乔纳森·伊斯雷尔：《法国大革命思想史：从〈人的权利〉到罗伯斯庇尔的革命观念》，米兰译，民主与建设出版社 2020 年版。

第二节　权利的平等:《人权宣言》的颁布

对于法国革命,西方有的学者认为,革命是一种闻所未闻的崭新话语和对现有一切价值的重估,革命可以激发起人们无数的历史想象。从时间性的维度来看,革命又是一次与传统的断裂,不仅制度,连人都要被转化成为一代"新人";从内容上来分析,"旧制度"时,权力掌握在国王手里,而革命则是人民的反抗,建立了"人民的主权";旧时代的法国是臣民的王国,新时代的法国则是自由的与公民的国家;旧时代的社会是等级特权不平等社会,革命则建立了平等。总之,经过革命,"旧制度"被推翻了,迎来了一个"新时代"。正如国外一位学者所说,在一定意义上,革命就被理解为一种基本的政治现象。在政治意义上,它并非仅仅是为了掌握权力的一场斗争,而是转变了整个共同体的象征意义,并在更为深远的意义上重建了社会关系的结构和运行逻辑。总之,它体现与代表了重新定义公共秩序的最大政治行动。也可以被历史地看作建构现代西方身份认同的奠基性事件。[1]

那么,具体而言,法国革命为这个社会贡献了什么,这场革命的内在深刻变革是什么。或者说对法国意味着什么,对于法国社会的改变究竟又体现在哪里?1847年,法国历史学家米什莱所写的《法国革命史》对此给出了这样的答案,他将大革命解释为"法律的来临,权利的复活,正义的反抗"。1818年10月,拿破仑在囚禁中对于法

---

[1]　文森佐·费罗内:《启蒙观念史》,马涛等译,商务印书馆2018年版,第166页。

国革命也作过这样的评价，可以说是一种中肯的总结：1789年革命是全国群众向特权阶级的总攻击。贵族们直接或间接地占据了所有的司法职位，并享有各种封建权利。他们被准许免向国家纳税，但占据了全部赚钱和体面的职业。革命的主要目的是废除这些特权，肃清这些流弊，破坏古老封建制度残存的东西，砸碎束缚人民的最后锁链，使每个公民平等负担国家的费用和赋税。革命建立起了权利的平等。[1]

从这里可以看到这样几个核心内容与指向：一是废除了特权以及等级制社会结构，二是权利的平等，三是围绕人的权利所构建起的一系列社会体制安排以及社会规范。所有这些概括起来就是实现了"人权"，从此，"旧制度"下的王权与特权被摧毁，开始以人的权利作为社会的基础与规范性原则。

在此着重论述废除贵族特权和等级制社会结构这一内容，对此有两个节点应当重视，而以往都忽略了这些历史事件与关键性的转折时刻。第一个是贵族宣布放弃自己的特权，这在历史上被称为"1789年8月4日之夜"。

当1789年7月14日革命爆发后，面对着汹涌澎拜的人民抗争，对自由和平等的渴望，在8月4日，贵族们集结开会，讨论如何应对这一紧迫的形势。会上，大贵族诺阿子爵说：

> 人民已经看到这三个月来他们的代表只关注我们所称的公共事务，但他们认为的公共事务是他们所热切期望得到的东西……

[1] 王养冲、陈崇武选编：《拿破仑书信文件选》，上海人民出版社1986年版，第538页。

事情要闹到什么地步呢？他们以为应武装起来反对强力，今天已经没有什么能约束他们了。我提议：1. 应声明，民族代表已经决定税收将由王国所有个人根据其财产按比例缴纳；2. 所有公共职位今后将可由所有人担任；3. 所有封建捐税将可由人民用货币赎买，或根据十年中的平均收益以公正的估价转换（成货币形式）；4. 领主劳役和其他奴役均应无偿废除。

艾吉永公爵也发言说：

先生们，没有人不为法国所经历的可怕场面而感到痛苦……这根本不是几伙盗匪……在好几个省，全体居民成群结队地摧毁城堡，践踏土地，特别是抢夺记录封建捐税的文件。人民试图甩掉许多世纪以来压在他们头上的枷锁；必须承认，先生们，这类暴动虽然有罪……但人民毕竟一直对这些捐税感到恼火。

为使国家再生，为证明所有人都是公民，我们的意愿是，尽快确立人与人之间应该存在的权利平等，只有这样才能保障我们的自由，我丝毫不怀疑，所有封地的所有人、所有领主都远非否认这一真理，他们都已准备好为正义而牺牲自己的权益。他们已经放弃他们的特权，如金钱上的豁免权；而此刻，人们不应要求他们完全无条件地放弃他们的封建权益。

这些权益是他们的财产……衡平的原则禁止放弃任何财产而不对其所有人给予公正之补偿。

我希望民族大会宣布，税收将由所有公民根据其财力平等负担，今后所有领地和封地的封建权益可由附庸们赎买，其利息应由大会确定，依我看……应定为 3.33%。[1]

正是由于贵族们的主动放弃，作为一种制度性安排的特权在事实上并不存在了。因此，这一夜也被称为法国历史上"神奇的一夜"。[2] 法国历史学家索布尔认为，实际上，8 月 4 日作出的牺牲主要是迫于形势压力所做的让步，并非自愿地满足农民要求。[3] 无论出于什么动机，是贵族们为公共利益原则所激发，还是害怕人民的革命将其冲垮，但其结果则是原先贵族所享有的特权从此不再存在了。

贵族的主动放弃还需要在法律上完成最后的认定，从而才能真正告别"旧制度"，迎来新社会。沿着废除特权的思路，革命中的"国民制宪议会"最终在 1791 年完成法律上的安排，宣布：永久性废除损害自由和平等权利的制度；从此再无贵族阶层或贵族爵位，再无世袭差别或等级差异，再无封建制度或领主私法，再无任何头衔之别或源于此之特权，再无骑士制度，再无任何表明贵族头衔或出身差异之实体或徽章，除公职人员执行公务外再无任何优先权；再无鬻官制，亦无公职之世袭权；举国上下或任何个体在全体法国公民之共同法面前均无任何特权或特例；再无职业、技艺或手工行会或协会；法律不再认可任何宗教宣誓，或任何与自然权利或宪法相违背之契约。

---

[1]　黄艳红：《法国旧制度末期的税收、特权和政治》，社会科学文献出版社 2016 年版，第 322—323 页。
[2]　同上书，第 319 页。
[3]　阿尔贝·索布尔：《法国大革命史》，马胜利等译，中国社会科学出版社 1989 年版，第 108 页。

在"8月4日之夜"和1791年宪法之间，还存在着一个具有里程碑意义的事件，这就是打碎"旧制度"的第二个节点，其可以被看作革命者的理念，也是未来新社会的基本原则。这即是1789年8月26日通过的《人权宣言》。

为什么在8月4日之夜后还要制定出《人权宣言》？这是因为，虽然8月4日贵族宣布放弃特权，但还是需要在法律上，特别是在国家宪法层面上的确认，即在国家制度安排上彻底清除特权，确立平等。因此，就需要这样一部立法。在讨论这一立法文件时，当时的制宪议会代表认为，为了彻底摧毁旧制度，也为了确保人的权利，有必要在宪法之前起草一项权利宣言，即要详细列出人们所享有的各种权利清单。穆尼埃说道："一部好的宪法应该建立在人权的基础上并保护人权，应该承认自然正义所赋予每个人的权利，应该重申形成各种社会基础的一切原则。宪法的每一条款都应成为一项原则的结论……这项宣言应该简短、易懂和明确。经过反复地讨论和论辩，1789年8月26日终于通过了《人权宣言》，从此其就作为国家的宪法原则，与社会体制的基本安排。"[1]

《人权宣言》并不长，除前言外，仅仅只有17条，但透过《人权宣言》，可以看到革命前法国启蒙思想家的思想被宣言的起草者们所选择，并体现在一个制度化的文本中，同时，这样一个文本的确立实际上也标志着对未来社会的基本理解和取向。[2] 当然，从历史研

[1] 关于《人权宣言》如何起草和被通过的过程，详见王养冲先生的文章，王养冲：《"人权和公民权宣言"与1789年原则》，《华东师范大学学报》，1989年第3期。当然，对《人权宣言》产生的过程还需要作更深入的研究。
[2] 法国历史学家认为《人权宣言》是旧制度的"死亡证"，新制度的"出生证"或"计划书"。详见王养冲先生的文章《"人权和公民权宣言"与1789年原则》，《华东师范大学学报》，1989年第3期。

究的视角来说,《人权宣言》也成为了重要的历史文献。

　　如果从思想观念传播与接受的视角来看,"人权"这一概念受到了英国革命和美国革命的影响。1761年,"人权"一词才在法语中首次出现,伏尔泰在《论宽容》中使用了它。1762年,卢梭在《社会契约论》中使用并将公民权和主权等词一同使用,1763年,人权已经成为了广为人知的词语。美国革命后,孔多塞首次对人权给出了定义,包括人身、财产的安全,公正的司法制度,以及法律制定的参与权。1789年革命之前,西耶斯在《第三等级是什么》这本小册子中也使用了这种概念。对"人权"作了简洁明了的表述的则是百科全书派领袖狄德罗,他说:"作为一个人,除了那些真正不可剥夺的天赋权利之外,我没有其他的人权。"因此,革命前,"人权"这一概念和其定义已被精英们所接受,因此,在革命开始后,这些革命者决意要把"人权"这一人的权利写进宪法,从而作为一项制度性安排得到确认。

　　这里,首先把《人权宣言》这一文本放置此处,然后将对照文本的条文逐一解读,从而帮助理解其内涵和其意义与不足之处。

人权和公民权利宣言

Déclaration des Droits de l'Homme et du Citoyen　26 Août 1789

Declaration of the Rights of Man and of the Citizen（August 26, 1789）

法国国民制宪议会

起草:穆尼埃

颁布时间:1789年8月26日

组成国民议会之法国人代表认为,无视、遗忘或蔑视人权是公众不幸和政府腐败的唯一原因，所以决定把自然的、不可剥夺的和神圣的人权阐明于庄严的宣言之中，以便本宣言可以经常呈现在社会各个成员之前，使他们不断地想到他们的权利和义务；以便立法权的决议和行政权的决定能随时和整个政治机构的目标两相比较，从而能更加受到他们的尊重；以便公民们今后以简单而无可争辩的原则为根据的那些要求能确保宪法与全体幸福之维护。因此，国民议会在上帝面前并在他的庇护之下确认并宣布下述的人与公民的权利：

第一条

在权利方面，人们生来是而且始终是自由平等的。除了依据公共利益而出现的社会差别外，其他社会差别，一概不能成立。

第二条

任何政治结合的目的都在于保护人的自然的和不可动摇的权利。这些权利就是自由、财产、安全（恐惧）和反抗压迫。

第三条

整个主权的本原，主要是寄托于国民。任何团体、任何个人都不得行使主权所未明白授予的权力。

第四条

自由就是指有权从事一切无害于他人的行为。因此，各人的自然权利的行使，只以保证社会上其他成员能享有同样权利为限制。此等限制仅得由法律规定之。

第五条

法律仅有权禁止有害于社会的行为。凡未经法律禁止的行为即不得受到妨碍，而且任何人都不得被迫从事法律所未规定的行为。

第六条

法律是公共意识的表现。全国公民都有权亲身或经由其代表去参与法律的制定。法律对于所有的人，无论是施行保护或处罚都是一样的。在法律面前，所有的公民都是平等的，故他们都能平等地按其能力担任一切官职、公共职位和职务；除德行和才能上的差别外不得有其他差别。

第七条

除非在法律所规定的情况下并按照法律所指示的手续，不得控告、逮捕或拘留任何人。凡动议、发布、执行或令人执行专断命令者应受处罚；但根据法律而被传唤或被扣押的公民应当立即服从；抗拒则构成犯罪。

第八条

法律只应规定确实需要和显然不可少的刑罚，而且除非根据在犯法前已经制定和公布的且系依法施行的法律以外，不得处罚任何人。

第九条

任何人在其未被宣告为犯罪以前应被推定为无罪，即使认为必须予以逮捕，但为扣留其人身所不需要的各种残酷行为都应受到法律的严厉制裁。

第十条

意见的发表只要不扰乱法律所规定的公共秩序，任何人都不得因其意见，甚至信教的意见而遭受干涉。

第十一条

自由传达思想和意见是人类最宝贵的权利之一；因此，各个公民都有言论、著述和出版的自由，但在法律所规定的情况下，应对滥用此项自由负担责任。

第十二条

人权的保障需要有武装的力量；因此，这种力量是为了全体的利益而不是为了此种力量的受任人的个人利益而设立的。

第十三条

为了武装力量的维持和行政管理的支出，公共赋税就成为必不可少的；赋税应在全体公民之间按其能力作平等的分摊。

第十四条

所有公民都有权亲身或由其代表来确定赋税的必要性，自由地加以认可，注意其用途，决定税额、税率、客体、征收方式和时期。

第十五条

社会有权要求机关公务人员报告其工作。

第十六条

凡个人权利无切实保障和分权未确立的社会，就没有宪法。

第十七条

私人财产神圣不可侵犯，除非当合法认定的公共需要所显然必需时，且在公平而预先赔偿的条件下，任何人的财产不得受到剥夺。[1]

---

[1] 董云虎、刘武萍编著：《世界人权约法总览》，四川人民出版社 1990 年版，第 295—287 页。

图 9　《人权宣言》

（让-雅克-弗朗索瓦·勒·巴比耶绘，现藏于卡纳瓦雷博物馆）

　　细观《人权宣言》的文本，其实很短，一共只有 17 条，而且每条表述得都很简练，却内涵丰富，可以说是言简意赅，集中体现了那个时代的思想观念，以及对未来社会的建构设想。在这里，起草者使用的是宣言，而不是陈情书，或请愿书，也由此可见革命者的思考。由于宣言这一概念的内涵与统治权联系在一起，因此，使用这一概念等于是要求转移权力的声明，要求将权力从原先的传统的三级会议那里转移到这一代表第三等级的新的机构之中。另外，将人权和宣言联在一起还意味着，权利不是来自统治者与公民的契约，更不是来自一份给统治者的请愿书，或者是由统治者批准的一篇宪章，而是来自人类的天性，来自自然的赋予。

　　为了更好表达保障人权的主旨，宣言的起草者特地在《人权宣言》17 条正文前加入了一个极其简短的序言，也可以说是总纲，即纲要性地表述了宣言制定者的期待与要实现的中心思想。"组成国民议会之法国人代表认为，无视、遗忘或蔑视人权是公众不幸和政府腐败的唯一原因，所以决定把自然的、不可剥夺的和神圣的人权阐明于庄严的宣言之中，以便本宣言可以经常呈现在社会各个成员之前，使他们不断地想到他们的权利和义务；以便立法权的决议和行政权的决定能随时和整个政治机构的目标两相比较，从而能更加受到他们的尊重；以便公民们今后以简单而无可争辩的原则为根据的那些要求能确保宪法与全体幸福之维护。"[1]

在这一序言中，一开头就明确地规定了人民的权利和政府之间的关系。政府的存在本身就是为了保障人民的权利，增进人民的权利。权利宣言成为政府的基础，政府对人权的保障证明自己的合法性。这一表达的思想渊源可以在英国思想家洛克和美国的《独立宣言》中找寻到。洛克在《政府论》中指出，政府存在的基础建立在人民的同意之上，也就是说，政府存在的合法性来自于人民的同意。更为重要的是，人民同意服从政府存在本身则是因为其能够保障他们的权利。从思想史的视角来看，这一结论的理论基点就是当时十分盛行的社会契约理论。这个理论认为，在国家和政府产生之前，人们生活在自然状态下，在这一状态下，每个人都拥有着"自然权利"，但由于在自然状态下无法有效地保障人们的这些权利，因此，在理性的引导下，人们通过订立社会契约而从自然状态进入了社会状态，成立了国家和政府。霍布斯说："正如人们为了取得和平，并由此而保全自己

---

[1] 董云虎、刘武萍编著：《世界人权约法总览》，四川人民出版社 1990 年版，第 296 页。

的生命，因而创造了一个人为的人。"[1] 这样，在社会契约理论中就包含着这一原则，人们同意转交原有的"自然权利"进入到社会状态，成立国家和政府，其目的就是为了使自己的权利得到更好的保障。这一观点在美国的《独立宣言》中表达得更为清晰，我们认为以下真理是不言而喻的：人人生而平等，造物主赋予他们某些不可转让的权利，其中包括生命权、自由权和追求幸福的权利。为了保障这些权利，人们建立起来被管辖者同意的政府。任何形式的政府，一旦破坏这些目标，人民就有权利去改变它或废除它，并建立一个新的政府。新政府所根据的原则及其组织权力的方式，务必使人民认为，唯有这样才最有可能保障他们的安全与幸福。因此，《人权宣言》的起草者们承继着这一思想，并增加了新的理解。那就是提出了判断政府腐败的标准。判定政府腐败的最为重要的标准就是看其是否能够保障着人民的权利，而不仅仅是其他方面，如官员的贪污等。因此，《人权宣言》中才这样说，"无视、遗忘或蔑视人权是公众不幸和政府腐败的唯一原因"，这实际上也是在警示人民，要始终记住自己所拥有的权利，从而防止政府的腐败，防止政府对人民权利的侵害。从另外一方面来说，就是能够时刻对政府的权力保持警惕，维护自己的权利。总之，说到底，就政府和人权的关系而言，人权先于国家和政府而存在，[2] 政府的产生只是为了保障和增进人民的权利。从这一标准出发，也就意味着彻底否定了旧制度下以专制王权为代表的政府，同时也为未来新政府的建立设置了其界限和目

---

[1]　霍布斯：《利维坦》，黎思复译，商务印书馆 1986 年版，第 164 页。
[2]　例如，著名政治学者张佛泉就认为，人权是先于邦国和政府的，国及政府之成立与"存在的理由"，即在保障这些"先在的"人权。详见张佛泉：《自由与权利：宪政的中国言说》，清华大学出版社 2010 年版，第 485 页。

的，这也成为近代西方国家的体制性安排的基础和政府行为的基本准则。

在序言中，为了更好地说明"权利"的合法性和正当性，宣言的起草者们还特地使用了这样一些限定词，"自然的，不可剥夺的和神圣的"。所谓"自然的"权利其隐含着的就是自然法和社会契约理论。为了论证自己的权利，一批思想家就开始提出，在国家和政府产生之前，我们是生活在自然状态中，在这一状态下，自然法，一种必须遵守的自然法则在支配着我们。其最为重要的内容则是禁止人们去做损毁自己的生命或剥夺对自己生命的保全的事情，并禁止人们不去做自己认为最有利于生命保全的事情。因此，在自然状态下，每一个人都有按照自己所愿意的方式运用自己的力量保全自己的生命的权利。英国思想家将此称为"自然权利"。也就是这样的权利是我们一开始作为人而具有的先天性的权利。例如，霍布斯就说过，自然权利的首要基础就是，每个人都尽其可能地保护他的生命。

在这里，宣言的起草者们从自然法理论出发，断定人的权利是"自然的"，既然是自然的，是在自然状态下即已经存在的，那么必定是不可剥夺的，同样也是神圣的，因为从上帝创造世界以来，这种权利就一直存在。狄德罗在其《百科全书》"自然权利"条目中写道，"在一切事情上，你都有着最神圣的自然权利，对此，整个人类是没有争议的……我是一个人，而我除了人类的不可剥夺的权利之外，别无其他权利"。[1] 显然，从自然法理论中就可以断定，人的权利是先赋的，不是后加的，是"天赋"的，而不是人赋的，一旦

---

[1] 狄德罗：《丹尼·狄德罗的百科全书》，梁从诫译，辽宁人民出版社1992年版，第267、268页。

当宗教性的上帝的创造被引入这样的权利起源之中的时候，其神圣性自不待言，即使当19世纪的一批思想家否定了自然法理论，力主人的权利是后赋，是一种社会性权利的时候，也丝毫不能否定权利的这种神圣性。读到这样的修辞，我们不由自主地感到其权利被赋予了一种宗教般的神圣与庄严。

为什么《人权宣言》的起草者们要用这种神圣宗教性的语言来论证人的权利？其原因显然在于，要摧毁强大的世俗王权，以及消除旧制度下专制王权对人权的侵犯，第三等级需要用这种神圣性来破除王权所一贯强调的"王权神授"的神圣性，用人权压倒王权，同样，也只有用这种神圣性才能成为未来社会的合法性基础与牢不可破的原则，并且在人民中间确立起对新观念和新体制认同的基础，同时也具有了唤起人民支持的神圣性力量的作用。

从自然状态出发来论证人的权利，自然便会推导出，这种权利是作为抽象的普遍性的"人"的权利，而不体现为一种具象的人的权利，和作为某个国家的"公民"的权利。毫不奇怪，思想家们在运用自然法理论来进行这样论证的时候，他们所要表述的不可能是一个单独的个人，而只能是抽象化的、普遍性的人，同样，也不是在某种既定状态下的人，而是超越时间和空间的人。因此，宣言的起草者们在谈到人的权利的时候，也是超越了具体的个人、地区、国家与社会背景下的人民，从抽象和普遍性的原则来论证人的权利，这也意味着，这种权利是一种普遍性的，并非为某一国家或者某一民族所特有。狄德罗就说过，即使有人认为人类这个物种的认识总是在不断地变动之中，自然权利的本质也不会改变，因为它总是与全人类的普遍意愿和共同要求相联系的。他也再三表达道，这是人类的普遍愿望。[1] 在此方面,《人权宣言》的起草者们既受到了英国特别是美国人民的激励:既然英国、美国人民都有了自己的权利,那么法国人民也就应该具有这种权利;同时,又超越了这种具体的仅仅局限在一个国家这样空间中的权利,将权利放大与扩展到了普遍性的层面。

运用自然法理论,一批启蒙思想家已经明确地指出,公民社会与政府的产生是来自于人民的同意,由此决定了政府的目的即是保证人民权利,因此,《人权宣言》的起草者自然要列举出人所具有的这些权利。对此,《人权宣言》第二条明确宣称:"任何政治结合的目的都在于保存人的自然的和不可动摇的权利。这些权利就是自由、财产、安全和反抗压迫。"[2] 从列举出的这几项权利和进行这样的排列明显可以看到一种历史的延续贯穿其中。洛克在《政府论》中,曾经明确地将人的权利细分为生命、自由和财产,而美国的《独立宣言》将此改换为生命、自由和追求幸福的权利。而在此排列的基础上,《人权宣言》又做出了新的添加,特别将"反抗压迫"当作为人的一项基本权利。如果比较美国的《独立宣言》的原则,可以发现,《人权宣言》的这一表述和其多么相同。1776 年 7 月 4 日通过的美国的《独立宣言》这样写道:

> 我们认为以下真理是不言而喻的:人人生而平等,造物主赋予他们某些不可转让的权利,其中包括生命权、自由权和追求幸

---

[1] 详见狄德罗:《丹尼·狄德罗的百科全书》,梁从诫译,辽宁人民出版社1992年版,"自然权利"条目。

[2] 董云虎、刘武萍编著:《世界人权约法总览》,四川人民出版社1990年版,第296页。

福的权利。为了保障这些权利，人们建立起来被管辖者同意的政府。任何形式的政府，一旦破坏这些目标，人民就有权利去改变它或废除它，并建立一个新的政府。新政府所根据的原则及其组织权力的方式，务必使人民认为，唯有这样才最有可能保障他们的安全与幸福。诚然，慎重会使得一个建立已久的政府不因微不足道的和暂时的原因而被改变，过去的一切经验也表明，人类更倾向于忍受尚能忍受的苦难，而不去为了拯救自己而废除他们久已习惯了的政府形式。但是，当滥用职权和巧取豪夺的行为连绵不断、层出不穷，证明政府追求的目标是企图把人民置于专制主义统治之下时，人民就有权利，也有义务推翻这样的政府，并为他们未来的安全建立新的保障。这就是我们这些殖民地的人民一向忍受的苦难，以及现在不得不起来改变原先政治制度的原因。

从英国革命，洛克表达出了现代政治文明的几点基本内容，即政府的建立来自于人民的同意，其目的是保障和增进人民的生命、自由和财产，如果政府违背了这一目的，人民有起义或革命的权利，重新建立一个新的政府。而美国《独立宣言》则延续了洛克的这一思想，只是将人民的其中一项权利改动为"追求幸福的权利"。而在《人权宣言》这里，将这三项权利增加为四项，但其基本的思想理念则一以贯之。正是在这一意义上，国外学者常常将英国革命、美国革命和法国革命统称为"大西洋革命"，因为它们都具有同一种逻辑，共享着同一种观念，并在此基础上不断添加推进，形成为今天人们常常所说的"西方价值"。

早在英国思想家霍布斯那里，自由就被定义为一种权利。同样，在《人权宣言》的起草者看来，如果要列数人的权利，不可能没有自由这项权利，因此，《人权宣言》的第一条就宣布：在权利方面，人们生来是而且始终是自由平等的。只有在公共利用上才显示出社会上的差别。但如何理解自由，是霍尔巴赫所说的"消极自由"，还是卢梭所说的"积极自由"？从《人权宣言》中似乎可以看到，《人权宣言》的起草者想调和这两种自由。在第四条中，《人权宣言》规定："自由就是指有权从事一切无害于他人的行为。因此，各人自然权利的行使，只以保证社会上其他成员能享有同样权利为限制。此等限制仅得由法律规定之。"[1] 这个句式明显是"消极自由"的含义。在自然状态下，每个个体都享有同等的不可剥夺的自然权利，如何保证权利之间不至于发生相互冲突，导致人与人像狼与狼一样的状态，其根本的解决办法只能是用法律来限制每个人权利的行使边界，使大家都能够在遵守法律的前提之下来实现各自的权利。当推演到这一步的时候，问题自然产生：法律如何制定？《人权宣言》明确规定，法律是公共意志的表现，全国公民都有权亲身或经由其代表参与法律的制定。在这一条文中，又体现了"积极自由"的内容，法律不是别的，正是人民的参与，人民公共意志的集中体现，这明显带有卢梭句式的风格表达了法律公共性的基础，这也是卢梭"公意"原则的体现。在卢梭的《社会契约论》中，他设定了当人们从自然状态进入到社会状态之后，人们服从于"公意"，而公意不是别的，则是这个共同体人民的公共意志。

为什么《人权宣言》要将"财产"列为人的一项基本权利，并

---

[1] 董云虎、刘武萍编著：《世界人权约法总览》，四川人民出版社 1990 年版，第 296 页。

且在第 17 条中明确写道：“财产是神圣不可侵犯的权利，除非当合法认定的公共需要所显然必需时，且在公平而预先赔偿的条件下，任何人的财产不得受到剥夺。”显然，这是针对在专制王权的统治下，人民的财产得不到有效保护的现实而起草出的条文。伏尔泰就曾经对财产权这样写道，当他一觉醒来的时候，能够发现自己房间里的财产还是完好无损。从这里也可以看出，专制的权力对财产权侵犯到了多么严重的程度。

那么，财产权是如何形成，英国思想家洛克认为劳动创造了财产权。他说，只要他使任何东西脱离自然所提供的和那个东西所处的状态，他就已经掺进他的劳动，在这上面掺加他自己所有的东西，因而使它成为他的财产。[1] 狄德罗也说，财产权是组成社会的每一个人能够享受其合法所得的财富的权利。而当这样的权利形成之后，就成为了“不可剥夺”的权利，不应当受到来自任何人、任何权力的侵犯。对此，他还写道：“人们组成社会的主要出发点之一，就是要保证他们能够占有自己所获得的或能够获得的利益，而不受干扰。他们不要任何人处在一种能够妨碍他们享受自己的财富的地位，以维护这整个社会，这被他们称为‘税收’。他们愿意为被选中的国家首脑提供手段，以保证每个个人都能享受为自己所保留的那另一部分财富。不论他们可能对自己的君王有多么热爱，也决不愿赋予后者以绝对的、无限的权力来支配自己的财富。他们决不愿被迫只为后者干活……在遵守理性原则的国家中，个人财产会受到法律保护。”[2]

在紧接着财产权之后，出现了第三项权利，这就是安全的权利。

---

[1]　洛克：《政府论》，叶启芳等译，商务印书馆 1983 年版，第 19 页。
[2]　狄德罗：《的百科全书》，梁从诫译，辽宁人民出版社 1992 年版，第 303 页。

将"安全"列入这个权利清单，这是以往没有过的。为什么《人权宣言》的起草者要特意将"安全"单列出来作为一项权利呢？回到法国的社会状况即可以理解。前面已经说道，法国是一个专制统治强大的国家，国王拥有着生杀予夺这一至高无上的权力，而且从上到下建立起了这一权力体系。人民稍有不满或者反抗，就会立即被抓捕投放到监狱。为了发展经济，国家要修建公路，正如思想家托克维尔所说，国王爱上了直线的美，因此就要拆迁人民的房屋，而且不给分文赔偿。因此，人民的财产和人身都没有安全。启蒙思想家伏尔泰也说："当我睡在城堡里，一觉醒来，发现我的东西还在；发现我还躺在床上。"大家不要以为这是"后现代"式的梦幻，这是对现实的写照与控诉，以及对未来的憧憬。要建立一个每一个人身和财产都得到安全保障的社会，免于受到恐惧，以及任何权力的实际的侵害。因此，面对着以往这样一个随时可以侵害人民权利的体制，"安全"，或者说免于恐惧自然是宣言起草者迫切关切的基本问题，因为这也是人民的最为基本的权利。

面对着专制统治下人民的基本权利得不到保障的情况，宣言的起草者不仅要列举出属于人民的那些权利清单，自然还会想到这样的问题，人民是否有权利推翻这样的专制统治，重新建立一个新的保障自己权利的政府。在起草《人权宣言》的那一刻，这不仅是个理论问题，更重要的也是一个现实的问题。当革命已经发生，当旧有的三级会议已经被只由第三等级所组成的制宪议会所取代的时候，掌握新的国家权力的等级必须要为自己所进行的这一行动的合法性进行辩护。因此，当他们在起草《人权宣言》时，自然会在表述中加入"反抗压迫"这样的内容。因为这已被前一代思想家清楚地作过论证，同时，也被包括英国革命和美国革命的历史所证明。

早在 17 世纪的英国革命时期，思想家洛克在其《政府论》中写道，政府的存在是为了保障人民的权利，但是当政府没有实现这一目的，甚至还严重侵犯了人民的利益的时候，人民该怎么办？对此，洛克明确地表达道，人民有起义和革命的权利，推翻这个政府，重新建立一个能够保障他们权利的新政府。这是人民用最后的手段来重建一个新的体制，捍卫自己权利的唯一方式。请看洛克对此的详细解释："立法机关一旦侵犯了社会的这个基本准则，并因野心、恐惧、愚蠢或腐败，力图使自己握有或给予任何其他人以一种绝对的权力，来支配人民的生命、权利和产业时，他们就由于这种背弃委托的行为而丧失了人民为了极不相同的目的曾给予他们的权力，这一权力便归于人民，人民享有恢复他们原来的自由的权利，并通过建立他们认为合适的新立法机关以谋求他们的安全和保障，而这些正是他们所以加入社会的目的。"[1] "在一切情况和条件下，对于滥用职权的强力的真正纠正办法，就是用强力对付强力。越权使用强力，常使使用强力的人处于战争状态而成为侵略者，因而必须把他当作侵略者来对待。"[2] 而英国内战的爆发就是对此最好的说明。这正如塔利所说，"洛克解决这一问题以及近代早期政府危机的方案是，人民自己必须支配他们的统治者。当（如果）他们的统治者违背信任时他们必须对其进行判决；必要时，可以通过一场革命确立新统治者，或建立一个新的政府形式来实行判决"。[3]

---

[1] 洛克：《政府论》，叶启芳等译，商务印书馆 1983 年版，第 134 页。
[2] 同上书，第 95 页。
[3] 塔利：《语境中的洛克》，梅雪芹等译，华东师范大学出版社 2005 年版，第 29—30 页。

　　洛克在《政府论》中一再表达道："政府的目的是为人民谋福利。试问哪一种情况对人类最为有利：是人民必须经常遭受暴政的无限意志的支配呢，还是当统治者滥用权力，用它来破坏而不是保护人民的财产的时候，人民有时可以反抗呢？"[1] 而这样的问题同样也适合于当时的法国。当在旧制度下，人民的权利遭到了来自专制王权、封建特权侵犯的时候，或者说这些权力存在本身就是不以人民的权利为依归的时候，人民难道不可以通过革命来建立新的政府，保障自己的权利吗？正是在这样的思想指导下，《人权宣言》的起草者们明确地将"反抗压迫"列入了人的四项权利之中，这不仅是对洛克思想的承绪和延伸，而且也更具有革命性的意义，这一意义就在于第一次将其正式表达为一项人民不可剥夺的自然权利。或者说，《人权宣言》中对反抗权的明确规定第一次给实证法注入了个人权利可以对抗作为一个整体的国家观念，而这一思想以前只在自然法中存在。当然，也有人认为，《人权宣言》的颁布对攻占巴士底狱之后席卷全国的无政府混乱状态起到了推波助澜的作用。因为《人权宣言》的抽象表述是含糊不清因而是危险的，脱离了政治现实并缺乏实践的政治艺术，其空洞的哀怜搅乱了人们的头脑，破坏了冷静的判断，掀起了激情，并阻碍了人们的责任感，因为其中没有提到责任这一字眼。也就是说，只是将反抗权列入了权利清单之中，而没有声明人们应该承担的责任。

　　无论怎样评价反抗权，有一点可以肯定，人民要时刻切记，革命只是人民的诸项权利中的一种，并且，这是一种自然性的"天赋权利"。同时，在另一意义上说，保留着人民有起义和革命的权利也是

---

[1] 洛克：《政府论》，叶启芳等译，商务印书馆1983年版，第139页。

对政府官员、统治者最好的制约，是保证政府为人民谋福利的最好方式，也是人民维护自己权利的唯一和最后的方式。因此，我们不可轻言"告别革命"。

值得注意的是，《人权宣言》的全称是《人权和公民权利宣言》，从这一名称中可以看出，宣言的起草者将人的权利与公民的权利分开来进行表达，其中表达了两个含义，突出"人"的权利的重要性，正如思想史家所说，这里的人主要是与公民相对而言，指权利本属于每个个人，并非只属于与政府相对应的"公民"。[1] 而与此同时，由于人生活在现实的政治共同体中，因此，他又要作为一个拥有政治身份的公民而存在，这也就是为什么《人权宣言》要将"公民"的权利单独突出出来的原因。那么，作为公民，他的权利该如何规定，其含义又意味着什么？

要理解其内含的意义，必须回到革命前的"旧制度"当中。在"旧制度"的专制统治下，人民没有任何权利，也不是一个独立自主的人，只是依附于权力的"臣民"。因此，现在所提出"公民"的概念完全是与原先的"臣民"相对立，并要将此作为现代政治体制的基础。作为公民，他拥有参与政治的权利，正如宣言中所说"全国公民都有权亲身或经由其代表去参与法律的制定"。并且，"在法律面前，所有的公民都是平等的，故他们都能平等地按其能力担任一切官职、公共职位和职务，除德行和才能上的差别外不得有任何差别"。这种平等性也正是对"旧制度"下不平等体制的彻底摧毁。正如随后的 1791 年的宪法的序言所指出的那样，"决不存在任何贵族，任何

---

[1]　张佛泉：《自由与权利：宪政的中国言说》，清华大学出版社 2010 年版，第484 页。

爵位，任何世袭的差异，等级的差别，封建制度，承袭的法庭，骑士
制度，……没有任何贿赂腐败，没有任何承袭公职的原则，在所有法
国的法律面前，没有国家的任何部分和任何个人有任何特权和例外。
不存在任何专业性的或人为形成的团体"。[1] 也正如历史学家罗杰
斯·布鲁巴科所说，"公民"这个概念紧密联系着公民和政治自由，
联系着平等的政治权利和主权。[2]"公民这个词表达了一个人作为
主权权力参与者的品质。"[3]

当然，相对于"旧制度"下的"臣民"而言，《人权宣言》在对
"公民"内容的表达和对"公民"概念的定义具有着革命性的意义，
但在对"公民"资格的认定中，我们却看到了另一种景象。它首先
表现在"积极公民"和"消极公民"的划分上。这一划分的最早提
议是来自于在革命中要为第三等级争取权利的西耶斯。在讨论关于公
民身份的时候，西耶斯说："一个国家的所有公民都应该享有消极公
民的权利：大家都有使自己的人身、财产、自由等得到保护的权利，
但并非所有人都有积极参与公共权力的权利，并非所有人都是积极公
民。妇女（至少在目前状况下）、儿童、外国人及所有不对公共机构
作任何捐助的人，均不得对国家施以积极的影响。所有人都能享受社
会的好处，但唯有赞助公共机构的人才能成为社会大企业的真正股
东，唯有他们才是真正的积极公民，真正的社会成员。"[4] 随后这
一提议得到了认可，并且成为了革命中的一种实践。1789 年 12 月 22

[1] Quentin Skinner and Bo Strath, eds., *State and Citizens: History, Theory, Prospects*, Cambridge University Press, 2003, p. 132.
[2] Rogers Brubaker, *Citizenship and Nationhood in France and Germany*, Harvard University Press, 1996, p. 8.
[3] Ibid., p. 9.
[4] 高毅：《法兰西风格：大革命的政治文化》，浙江人民出版社 1991 年版，第 111 页。

日，制宪议会通过法律把选举权只给予有产者。于是公民被划分为三种类型。第一种类型，"消极公民"，是指因为没有财产权而失去了选举权。这些"消极公民"仅仅拥有"保护自己的人身、财物和自由"的权利，这如同伯林所说的"消极自由"。但是，他们没有"积极组成公众权力"。这样的人数大约为300万。第二种类型为"积极公民"，人数约为400万，他们组成"初级议会"以推选出市政府和选举人。第三种类型，组成"立法议会"的代表必须拥有一些地产，并缴纳"银马克"的税金。

前文已指出，从近代初期开始，财产权一直成为建立未来新社会的根本性基础，同时也是作为人的独立与自主的条件，因此，从这一视角出发，财产权自然就成为了公民能否参与政治的标准。在这一标准的后面，隐含着这样的立论，如果一个人不能够独立和自主，他将会处于一种依从的状态，在这样的状态下，如果给予他参与政治的公民权利的话，他很容易受到别人的控制和支配，不能够表达自己的意志。这样，如果说公民要有权利参与政治的话，那只能是这些"积极公民"的事情。针对这样的一种原则，后来雅各宾派的领袖罗伯斯比尔坚决反对，认为把财产权作为衡量公民各项权利的尺度，把9/10的国民排除在选举之外，这样的做法违背了人权宣言的原则，剥夺了人民应该享有的自由和权利，这明显是在恢复以前的旧制度。[1] 他明确指出，把财产作为衡量公民各项权利的尺度，把公民权利同人们称为直接税的东西连在一起，它就背离了这条准则，背离人的权利是

---

[1] 王养冲、陈崇武选编：《罗伯斯比尔选集》，华东师范大学出版社1989年版，第1—9页。

神圣的原则。因此，财产权不是享有完全的公民权的根据。[1] 在革命中，整个民主派也对此进行了激烈的批评。马拉在 1789 年 11 月 18 日的《人民之友报》中指出，这样的选举制度会给人民各阶层带来有害后果。他说："这样，与直接税额成正比的代表制把帝国交到了富人手里。而一向被控制、压迫和奴役的亲人，他们的命运永远不可能通过和平的方式得到改善。这里，钱财对法律的影响无疑得到了触目的证明。但是，只有当人民甘愿服从时法律才能具有权威。如果说人民已经砸碎了贵族的枷锁，那么它也必将砸碎阔老们的枷锁。"德穆兰也说："你们时常重复的'积极公民'一词到底意味着什么呢？积极公民应是攻陷巴士底狱的人，是开拓土地的人。而僧侣和宫廷中的游手好闲之辈，尽管他们有大片领地，他们却只像福音书中所写的那棵树一样，是不结果实的植物，只配被付之一炬。"[2]

　　同样，广大的妇女也被排除在"公民"资格之外，从理论上来说，这也明显不符合《人权宣言》所体现出的基本原则，但这也真实地反映了当时的法国社会，特别是在进行制度设计中占居主导地位的这些人们的基本观念。因此，当《人权宣言》通过之后，1790 年 7 月，被誉为"最后一位启蒙思想家"的孔多塞就发表了《论承认妇女的公民权》(*On the Admission of Women to the Rights of Citizenship*)，认为人权的发展只遵从这样的事实，它们是情感的存在，能够获得道德信念和对这些观念的推理。既然妇女们有同样的特性，她们就必须享有同等的权利，而不能从宗教信仰、肤色和性别来讨论人的权利。

───────────────

[1] 详见王养冲、陈崇武选编：《罗伯斯比尔选集》，华东师范大学出版社 1989 年版，第 20 页。
[2] 索布尔：《法国大革命史》，马胜利等译，中国社会科学出版社 1989 年版，第 134—135 页。

女剧作家和政治活动家奥兰朴·古日也对《人权宣言》没有列出女性的权利而感到不满。1791 年 9 月，她亲自起草完成了《妇女和女公民权利宣言》(*Déclaration des Droits de la Femme et de la Citoyenne*)，并呈交给制宪会议，同时也呈交给了玛丽王后一份。在她所起草的宣言中，明显地突出了妇女的地位，女人要和男人享有一样的权利。例如，第一条，女人生来是自由的，在权利的享有方面和男人是平等的。社会地位的差异，只能根据对公益所做的贡献来评定。第二条，一切政治结合的目的，都是为了维护女人和男人的自然权利，这些权利是：自由权、财产权、安全权，尤其是反抗压迫权。第三条，国家的主权的本原，实质上存在于由女人和男人联合而成的国民。任何团体和任何个人均不得行使未经国民明确授予的权力。

由此，我们可以理解，当《人权宣言》把人的权利用抽象的普遍性原则加以阐述时，权利是先于社会和国家而存在的，这一方面凸显了它的神圣与庄严，显示其永恒的价值。另一方面，透过其普遍性的背后，我们又能看到，一旦从自然权利进入社会权利时，权利并非那么抽象和普遍，反而表现得那么具体和实在，它成为有产者的一种权利，同时又成为了以男性为中心的有产者的权利，成为捍卫有产者自己权利的一种规定与安排。由此，我们也看到了在打碎旧制度，确立近代政治体制的过程中，拥有财产的"资产阶级"用他们的力量重新定义了公民的概念，并且按照这样的定义构建了以他们为中心的政治体制。这就是我们通常所说的"资产阶级"的政治体制。从历史的进程来看，这样的一种政治体制实际上是在摧毁了原先"旧制度"下的分裂的同时而又形成了新的一种分裂的政治体制。这样的一种分裂也使人们看到，人权的自然性，也就是天赋的神圣的不可侵犯的权利和在具体的社会现实状态下实施之间具有着差异性，如何平衡这一复杂的关系，不仅需要思想史的考察，而且还需要结合社会史来进行，研究在什么样的社会现实能够提供人权实现的最大可能，不同的阶级和阶层在博弈中如何进行让步和妥协。它不仅要在和国家之间进行，提防国家等行政性权力对人的权利的侵害，而且还要在社会关系的纬度上建立起保障人的权利的基本准则。

尽管如此，我们不能忘却《人权宣言》所具有的历史意义，正如历史学家拉吉罗所说，建立在自然法基础之上的天赋权利，不仅意味着这种与中世纪世界的对立，也意味着另一种与新兴君主制国家的直接对立。自然法则论事实上主张，属于个人的权利最初独立于国家之外；国家非但不能创造它，而且惟能对它予以承认。依据当时抽象的理性主义观点断言，无论从世俗的角度还是从逻辑的角度，个人都先于国家；这种断言在认识历史方面未免粗鲁，却成功地推翻了现存政治制度的基础。首先是个人，继之有人与人之间的关系，而后才出现政治有机体；因而，政治有机体不能摧毁或压制它自己的创造者，相反，个人之所以设计政治有机体，正为了巩固和扩张自己的权力，因而这政治有机体必得服务于个人的目的。[1] 正由于此，尽管《人权宣言》已经属于200多年前的过去，可依然像其所阐述的原则那样，超越着时间和空间，具有永恒的价值，并时刻激励着人们去实现自己的权利。

在国民制宪议会通过《人权宣言》后，根据当时政治体制的规则，须要得到国王的批准才能生效。当这份文件送到路易十六那里

---

[1] 圭多·德·拉吉罗：《欧洲自由主义史》，杨军等译，吉林人民出版社2001年版，第22—23页。

时，起先国王拒绝批准，声称"我永远不会批准剥夺我的教士和贵族的法令"。后来迫于压力，不得不批准。正如国王所说，《人权宣言》规定了人的权利，也就意味着废除了贵族的特权，"旧制度"的终结。因此，历史学界将《人权宣言》评价为"旧制度的死亡证书"，同样，它也是"新制度的出生证书"。从此，一个社会不是建立在国王的专权、贵族的特权和教会的神权基础之上，而是建基于"人权"基础之上。就社会转型而言，法国革命实现了从"旧制度"到"新社会"的转变，将原先的社会基础和基本原则，以及社会运转的逻辑进行了彻底的改变。

应该看到，虽然法国通过了《人权宣言》，但法国人从不认为人权的原则仅仅只是限于法国这一空间，也不认为这是法国人独自享有，相反，他们却认为，"人权"这一原则应该是超越民族、阶级、种族、空间和时间，具有普遍性，是全人类都应该享有的基本权利，实现的基本目标。原先在英国革命中，英国人援引"生而自由的英国人"这一自由的传统来为自身的权利进行辩护，而到了法国革命时期，革命者将这种权利的特定性转变成为了权利的普遍性，看作是"人类的权利"（the rights of man）。他们提出了这样十分豪迈的宣告：只要世界上还有人没有人权，我就没有人权，只要世界上还有人没有自由，我就没有自由。而这一理念后来也就成为法国的思想文化传统，将人权看作现代社会的基本原则。正因为此，法国也自豪地认为，《人权宣言》是法兰西民族对世界的贡献。1989年，在法国大革命两百周年纪念活动中，法国人用直升飞机在巴黎上空播撒《人权宣言》，提醒与告示人们不要忘记这个世界上还没有完全实现"人权"理念，《人权宣言》仍然将激励着人们去为此而呐喊与斗争。

在 1789 年《人权宣言》通过后，随后法国还围绕人的权利来构建社会安排和社会规范。例如，在 1790 年，法国国民议会废除了长子继承制，监禁专制授权令，这项法令原来规定家长或者家族可以不经过任何审讯，就可以将孩子投进监狱。同年 8 月，立法议员代表们建立了家庭议事会来听取父母和年满 20 岁的孩子们之间所出现的争议，而不容许父亲独自压制与管理自己的孩子。1791 年 4 月，国民议会宣布，男女都享有平等的继承权，1792 年，宣布可以离婚的政策，男女双方依据同样的法律理由来进行离婚，实现个体的自由。确立起了离婚是人的天赋权利的原则，追求幸福的权利中就包括着离婚权。对孩子的教育发生了转变，孩子不再裹在襁褓中，不再使用让孩子走路的牵引带；也尽早地对孩子进行独立地大小便的训练；房间的增加让孩子有独立的自己的房间，到 18 世纪下半期巴黎 2/3 的房屋开始有了单独的卧室，而 1/7 的房屋有专用的餐厅。废除酷刑。1789年，法国革命政府终止了各种形式的司法酷刑；1792 年，法国首次采用断头台，减少痛苦。因为即使死刑犯"亦是血肉之躯"。[1]

在关于人权的问题上，以《人权宣言》为个案，可以理解现代社会的一些基本原则，也可以将其看作现代社会的思想起源与基础。从理论上说，"人权"有这样三个密切相关的特征：第一，权利一定是与生俱来的，即天赋权利，第二，权利对每个人来说都是平等的和相同的；第三，权利先于国家和社会存在，有其优先性，既使在确立政治权威的过程中，和此之后，个人仍然保持着属于自身的生命、自由和财产等自然权利，不会被消弱和贬损，因此，自然权利理论为人权体制提供了安全与支持的属性。具体到《人权宣言》来说，其对

---

[1] 林·亨特：《人权的发明：一部历史》，沈占春译，商务印书馆2011年版，第54页。

人权的如何实现问题上，在天赋权利和社会权利之间做出了区别，思考如何建立起保障人权的体制和机制。《人权宣言》可以被视为第一代的人权，它以天赋人权为核心，将人从"王权"和"特权"等不平等和外在的权力下解放了出来，要求避免来自国家和政府的侵害。因此，人权不仅仅是一种观念，而是重建社会的一种安排，它重建了社会的基础，确立了以人享有普遍性权利为核心的社会运行原则。当然，就《人权宣言》条款中的内在矛盾而言，当 1948 年在讨论《世界人权宣言》时，起草者就明确表示，"我们必须仍继续改进 18 世纪的人权表达，确保'人'（human）在《世界人权宣言》中不留下任何在'人权'的范畴内'人'（man）的歧义"。[1] "在这个意义上，人权的真理可能是自相矛盾的，但是它们依然是不言而喻的。"[2]

[1] 林·亨特:《人权的发明:一部历史》，沈占春译，商务印书馆 2011 年版，第 162 页。
[2] 同上书，第 163 页。

第三节　革命的悖论：雅各宾专政与"恐怖统治"

法国革命是全欧洲范围内的革命，影响巨大，将整个欧洲拉向了自由、平等与宽容的方向，但历史的吊诡和悖论之处在于，这场革命又走向了恐怖与暴力，这即是 1793 年 6 月 2 日人民起义之后的雅各宾专政。正是雅各宾专政展现了法国革命的内在悖论，革命者在追求自由、平等与宽容的道路上实行了全面的"恐怖统治"，建立起了暴力的国家化与体制化，而这恰恰走向了平等和自由的反面。对此，生活在法国革命之时的法国思想家斯塔尔夫人在她的《思考法国革命》中作出了深刻的分析；当代思想家阿伦特在其《论革命》一书中也阐释了革命与自由和解放之间的悖论。这一问题的实质是关涉到国家对暴力的控制与使用，个人在国家暴力面前完全失去了任何权利，哪怕是一点点表达意见的权利。对此，正如法国历史学家孚雷所说，法国大革命是当代极权主义的母体。

为了更好地理解雅各宾专政，这里先简要梳理一下革命爆发后到雅各宾专政之前的一些较为重要的大事件，从而确立起时间的谱系，构建起一个历史语境，以有助于更好地理解这一阶段。

1789 年，当国王批准《人权宣言》之后，革命者还是在正常的"革命"轨道上行进，其基本指导思想是"民族、国王、法律"，其主旨是，要在君主立宪制的政治体制框架下来推翻"旧制度"，建立起自由和有限君主制，在法律统治的原则下实现民族的新生，重建一个崭新的法兰西国家。但后来形势的发展越来越偏离这一轨道和目标。

也就是说，各种人与事的交织，各种行动、反应以及随之的决策混合相加导致了革命慢慢滑向革命者自己也没有事先设定的目标中去了。

这些事件大体上有以下这些：1791 年 6 月 21 日，国王路易十六觉得在革命者云集的巴黎没有安全，充满人身危险，于是密谋逃出法国。在 6 月 21 日晚上，他在化妆后偷偷逃跑，没有想到在法国和比利时边境的瓦伦这个地方被检查站的工作人员认出，于是便被押送回巴黎，史称"瓦伦事件"。这一事件表明，国王无意于支持革命，并要和国外反法势力勾结来反对革命。随后发生的情况也表明的确是如此。1792 年 3 月，面对法国革命，欧洲大陆还处于"旧制度"统治的奥地利和普鲁士等国一起组成"反法联军"，决意用武力来围剿法国革命。面对这一危急形势，立法议会 7 月 11 日通过决议，宣布"祖国在危急中"。声称"大批军队正向我们的边境迫近，所有仇视自由的人都武装起来反对我们的宪法。公民们，祖国在危急中"。7 月 25 日，普奥联军总司令不伦瑞克公爵向法国进攻，并发表"不伦瑞克宣言"。面对反法联军的进攻，巴黎人民开始准备武装起义，并且宣布："立法者们，我们本来把拯救祖国的荣誉给了你们，如果你们拒绝这样做，那么为了祖国的安全，我们就要自己动手了。"8 月 4 日，起义者在位于市郊圣安托万的盲人院区做出决定：如果立法议会到了 8 月 9 日晚 11 点仍不做出废黜国王的决定，就要敲响警钟，吹响集合号，立即起义。8 月 9 日晚，巴黎 28 个区的 84 名代表聚集开会，子夜时分，法兰西剧院区率先鸣起警钟，8 月 10 日起义开始。起义者攻占了杜伊勒里宫，并将国王押送到丹普尔监狱。由此，王政倾覆，君主立宪政治体制结束，同时，政权转移到了吉伦特派之手。历史学家将这次起义称为"第二次革命"，即平等的革命。这样，平等的革命取代了原先的自由的革命，由此，革命进入到了一个新的阶段。凭借人民的力量，法国于 9 月在瓦尔密战役中击退普鲁士军队。当时，在普鲁士军队中担任战地新闻官的歌德目睹了这场战役，情不自禁地说道，此时此地，开始了世界历史的新纪元。

9 月 21 日，吉伦特派主导下的"国民公会"开幕。22 日，正式宣布废除王政，成立共和国，史称"第一共和国"。同时，正式提出"自由、平等、博爱"的口号。既然成立了共和国，就不可能还保留着国王。那么如何处理国王路易十六就成为一个中心的问题，但也是非常棘手的问题。11 月 20 日，在王宫秘密壁橱里发现了大量材料，证明路易十六与逃亡国外的反革命贵族密谋勾结。为此，"国民公会"开始审议审判国王。12 月 3 日，罗伯斯比尔发表演说："从前路易是国王，而现在成立了共和国……法国人民认定，叛乱者就是路易本人，因此，路易应该受到审判，否则共和国就没有存在的理由。路易应该死，因为祖国需要生。我要求国民公会现在就宣布他是法兰西民族的叛徒，人类的罪人。"[1] 1793 年 1 月 16 日，"国民公会"进行表决，以 387 票对 334 票多数宣判了国王死刑。并决定在 24 小时内处决。得知这一消息，路易十六没有惊慌，反而十分镇静，1 月 20 日这天晚上，他从 2 点睡到 5 点，早上起床后，他说："我重新获得了力量。"1 月 21 日上午 9 点，路易十六被押送到革命广场，走上断头台。临刑前，国王说："我的死是无辜的，我宽恕我的敌人们，我希望我的血会对法兰西人有益，并平息上帝的愤怒。"10 点 10 分，路易十六被处死。

---

[1] 王养冲、陈崇武选编：《罗伯斯比尔选集》，华东师范大学出版社 1989 年版，第 120 页。

图 10　处决路易十六
（版画，由伊西多尔-斯坦尼斯拉斯·海尔曼于 1794 年雕制，现藏于法国国家图书馆）

　　得知路易十六被处死，1793 年春，欧洲大陆的反法联军便再次集结力量进攻法国，法军在前线一再失利。而在国内，"反革命"的力量也逐渐壮大。旺代等西部省份的大规模叛乱，持续不断的经济危机，以及人民不断爆发抗议等，使吉伦特派陷入困境。面对内忧外患，吉伦特派无力组织有效的行动，于是，1793 年 6 月 2 日，巴黎人民再次举行起义，推翻了吉伦特派统治，建立起了雅各宾专政。革命又迎来了新的阶段。

　　雅各宾派面对着内外的危机，特别是人民群众的压力。例如，当时物价飞涨，有产阶级囤积居奇，普通民众忍饥挨饿。代表下层人民利益的扎克·卢说，当一个阶级能使一个阶级挨饿时，自由仅仅是一种空洞的幻想；当富人用囤积居奇面对自己的同胞、把持生死大权时，平等也只是空洞的幻想；当反革命势力一天一天操纵着产品的价格，面对 3/4 的公民买不起这些产品无动于衷时，共和国也同样是空洞的幻想。因此，如何执政，这是摆在雅各宾派领袖罗伯斯比尔面前的一大难题。

由于依靠着人民而上台，因此也就需要首先满足人民的利益。对此，罗伯斯比尔有着非常清楚的认识。他说："社会的首要目的是什么？是维护人的不可剥夺的种种权利。这些权利中最首要的权利是什么？是生存的权利。因此社会的第一项法律是保证所有社会成员拥有生存手段的法律，所有其他的法律都从属于这一项法律。人所必需的食物和生命本身同样神圣。一切为保存生命所必不可少的东西，是全社会的一种共同财产。只有剩余的东西才是一种个人财产，并且可以由商人去经营。凡我所做的、靠损害我的同类生命的唯利是图的投机，不是一种交易，这是一种抢劫和一种对兄弟姊妹的杀害。"[1]因此，在他看来，雅各宾派是依靠人民上台，就必须要满足人民的利益。只有关心保存人民生存的权利和自由的权利才是其存在的目的。同样，他也痛斥这些在革命中利用革命而发财的新贵们："在封建废墟上生长起来的新统治者是同样恶毒、同样贪婪的，他们攫取了旧统治者的财产，又沿着罪恶的道路继续走下去。他们掌握着生活必需品，这些人民的敌人口头上叫着自由的字眼，却阻挠着生活的进程，他们不顾你们那些慈善性的立法而关起了谷仓，并且冷酷地计算着饥荒、起义和战斗会给他们带来多大的收益。是你们把谷仓的钥匙和收支账目的管理权交给了这伙恶魔。"因此，目前迫切需要的是改变体制，以前制定这一体制的是大臣和富人们，也是为了保护他们的利

---

[1] 王养冲、陈崇武选编：《罗伯斯比尔选集》，华东师范大学出版社 1989 年版，第104—105 页。

益，现在为了人民的需要，就需要改变这一体制。[1] 必须要对制造饥饿者进行战争，必须要实行恐怖统治，建立体制性的恐怖。丹东说："让我们可怕起来吧，以便让人民不再可怕。"

正是在这一指导思想下，雅各宾专政开始更新体制，实行了全面的立体性的"恐怖统治"。其措施包括：第一，分配土地给人民。从6月3日到7月17日，连续颁布三个土地法令。6月3日法令规定，把贵族逃亡者的土地分成小块出售，并允许贫农在10年内分期偿付地价；6月10日法令规定，按人口平均分配农村公社的公有土地；7月17日，无偿废除一切封建权利和义务，所有封建契约一律销毁。第二，经济上实行最高限价法令，彻底废除市场交易与市场活动。其实质就是，废除市场经济，实行计划经济。1793年9月的法令规定，国民认为是首要货物的，并认定应规定其最高价格的物品有：鲜肉、腌肉、火腿、奶油、油、牲畜、咸鱼、葡萄酒、白兰地、醋、果汁、啤酒、木柴、木炭、煤、蜡烛、灯油、盐、苏打、糖、蜜、白纸、皮革、铁、铸铁、铅、钢、铜、麻、麻纱、羊毛、毛织物、帆布、用于建筑的原料、木鞋、鞋、药类、肥皂、木灰及烟草。[2] 这一规定涵盖了主要食品、纸张、皮革、金属、布匹、肥皂以及烟草等40种商品，并在全国实行统一价格，其他商品最高价格由各地实际情况制定。巴黎市政府在10月实行"面包定量供应卡"制度，保证每个人都能吃上面包，因此，人们还常常将粗粉制成的面包称之为"平等面包"。

---

[1]　王养冲、陈崇武选编：《罗伯斯比尔选集》，华东师范大学出版社1989年版，第104页。
[2]　吴绪、杨人楩选译：《十八世纪末法国资产阶级革命》，商务印书馆1989年版，第125页。

第三，在政治上实行"恐怖统治"。1793 年 9 月 17 日，通过《嫌疑犯法令》，其中规定：

第一条 对于现在共和国境内尚属自由的一切嫌疑犯，在本法令公布之后，应立即加以逮捕。

第二条 有下列情形者均视为嫌疑犯：（一）凡行为、关系、言论或著述表现拥护专制政治、联邦制及敌视自由者；（二）未能按照本年三月二十一日法令之规定来证明其生活方法及其已履行公民义务者；（三）被拒绝发给爱国证者；（四）被国民大会或其特使停职或撤职而尚未复职的官吏，特别是根据本年八月十二日法律曾予或应予撤职的那些官吏；（五）属于前贵族，无论其为夫、妻、父、母、子、女、兄弟、姊妹，或亡命者的代理人而未经常表现其热爱革命者；（六）自 1789 年 7 月 1 日至 1792 年 4 月 8 日法律公布之时其间出走的亡命者，包括该法律规定期限内或以前返归法国者在内。

第三条 根据本年 3 月 21 日法律而设立的监视委员会[1]，由驻在军队和驻在各郡的人民代表的决定或根据国民大会的特别法令为代替监视委员会而设立的那些委员会，各应在其辖区内负责编制嫌疑犯名册，对嫌疑犯发出收押票并查封其文件。接得此项收押票的武装力量司令官必须立刻将其付诸实施，违者即撤销

---

[1] 该法律规定各市、乡的每一区都应成立一个十二人委员会，责司监视嫌疑分子，尤其是外国人，因而这种委员会成为执行本嫌疑犯令的基层机构。该法律的第二篇第一条规定："凡年满十八岁的每一位公民或公民的儿子，均须在本法令公布后一星期内前往市乡会议或区十二人委员会，陈明他的出生地点、生活来源、履行公民义务情况等，并经住在该区已达一年的公民四人予以证实后，则发给他新的爱国证。"

其职务。

第四条 委员会的委员，如果没有七个人出席和过半数的票数通过，即不得下令逮捕任何人。

第五条 作为嫌疑犯而被逮捕者首先应被带到拘留地的看守所；在没有看守所时，则应在其各自的住所内加以监视。

第六条 被捕后一星期内，应将嫌疑犯解送到国家的建筑物中，郡行政机关在接到本法令后必须立即为此而指定并准备此项建筑物。

第七条 被监禁者得将其绝对必需的用具带到此项建筑物中。他们将被监管到和平时为止。

第八条 监管费用由被监禁者负担之，并应平均分摊之。监管事物最好是委托给正在前线或行将开往前线的公民们的家长和父母办理。每一看守人的看守工资定为一天半的劳动价值。

第九条 监视委员会应将其所逮捕之人的名册暨逮捕理由以及在他们身上所搜获的文件，立即送交国民大会的治安委员会。

第十条 民事法庭和刑事法庭认为必要时，得将业经宣布无须对其提起公诉的被控轻犯罪，或者对其提起的公诉已被宣告为无罪的那些被告当作嫌疑犯加以逮捕，并送至上述的看守所中加以监禁。[1]

这一法令的实质是，实行有罪推定原则，在人民和革命的名义下，可以将任何一个人视为反革命，从而送上断头台。这完全改变了

[1] 吴绪、杨人楩选译：《十八世纪末法国资产阶级革命》，商务印书馆1989年版，第123—125页。

革命之初《人权宣言》所规定的"无罪推定"原则，而一旦实行有罪推定，无疑就是一种"暴政"。在雅各宾专政短短的一年多时间里，就有数十万人被送上了断头台。有位被送上断头台的吉伦特派成员说："我在人民失去理智时死去，你们将在人民恢复理智时死去。"

结合历史过程，可以看到革命不断向激进方向迈进，最终变成了"恐怖统治"。这里再概括其一些要点：第一，从革命初期效忠国王到国王路易十六被处死，一种象征性权力的结束，从此，从国王的主权转向了人民主权。第二，旺代叛乱和贵族的阴谋，即国内的反叛，使得革命受到了威胁，从此，革命与反革命成为整个国家的二元分界。第三，欧洲的反法同盟入侵法国，使得"祖国在危急中"，由此保卫国家不仅催生了民族主义和爱国主义，也直接创造出"爱国"与"叛国"的两分法。第四，为了动员人民的力量，雅各宾专政极力推行以保证人的生存权为第一要务的平等，要实现一切人的平等，这和革命初期西耶斯等革命者所主张的代议制和财产权的自由完全不同。第五，在具体的政策举措上，颁布三个土地法令，分配贵族的土地；经济上的全面限价，取消市场；建立革命法庭，通过《惩治嫌疑犯法令》，实行"有罪推定"。从这一过程中可以看出，雅各宾专政为了要动员人民来保卫革命和国家使得人民成为主导，而卢梭的人民主权恰好又提供了这一合法性和进行动员的力量，这样，革命、爱国、自由、平等和主权在民紧密地结合在了一起，它不仅成为了修辞性力量，也成为了打击对方的实体性力量，修辞式力量仅仅还只是局限于道德性的，后者的实体性则是以体制化的强大暴力作为后盾的。因此，正是在这一意义上，雅各宾专政建立起了从道德到暴力专制的全面恐怖。而且由人民当家做主所组成的国家来控制着这一暴力的施用。

对于恐怖统治的特性，1794 年 8 月，塔里安在恐怖结束后对其作了这样的概括："靠两种办法，政府能让自己变得令人恐惧：要么就只限于监督那些不当行为，动用合适的惩戒措施威胁并对其进行惩罚；或者威胁个人，不断威胁他们，威胁他们所做的一切事情，以能想象到的最残忍的惩罚来威胁。这两种途径的效果有所不同：前者提升了一种恐惧的可能性，后者会产生不停的折磨；前者是恐惧的希望，带来的是罪行，后者是恐惧本身，植入人的灵魂之中，不管是否有罪；前者是法律带来的合理恐惧，后者则是作用于个人的毫无道理的恐惧……恐怖是永恒的、弥漫的战栗，是一种外在的战栗却能影响机体最深层的神经，是对一切道德器官的干扰，是一切观念的颠覆，是所有情感的颠倒，剥夺了希望的一切温存，是绝望的根源，恐怖是一种极端的情感，……要么无处不在，要么什么也不是……（共和国）被分为两类人，一类实施恐怖，一类感到恐怖，一类实施迫害，一类遭遇迫害……恐怖体制意味着权力将尽可能被集中起来。"[1]由此可见，恐怖统治的第一特性是两分法，国家的成员被分裂为两类；第二特性是国家控制与垄断着暴力，暴力的体制化；第三特性是以人民的名义来行使这一暴力，也为自己找寻到了一种合法性。

的确，在雅各宾专政时期，雅各宾派把人民主权和公意与人民自身等同起来了，在直接民主下，打破了原先贵族等级制下和革命初期自由主义式的不平等，创造出了一种平等的新社会，当然也形成了如托克维尔所说的多数人的暴政。原先的公民变成了人民，而人民则成为了最高的权威，所有的个体都必须服从于人民这个至高无上的权

[1] 张弛：《法国革命恐怖统治的降临（1792 年 6 月—9 月）》，浙江大学出版社2014 年版，第 1 页。

威，个人的意志要服从社会（也即大多数人民）的集体意志，个体的小我要服从于集体这个大我。这不仅体现在政治维度上，而且在社会层面上，也把整个社会与人民完全等同了起来，社会就是人民自身，并以人民的名义统治社会。犹如法国 19 世纪末和 20 世纪初的思想家奥古斯丁·古参所说："以人民的名义统治，取消公民社会和权力之间的一切距离，人民，1789 年是国王的奴隶，1791 年做法律下的自由人，1793 年变成了主人翁，自己统治自己，取消公共自由，因为公共自由不过是人民用来对付统治者的保障。取消投票权，因为由人民来统治；取消辩护权，因为人民就是法官；取消新闻自由，因为写文章的就是人民；取消舆论自由，因为有权说话的是人民；多么有条理的学说啊，恐怖政策的一张张公告和一条条法律不过是它的一通裹脚布似的长长注释而已。"[1] 简言之，人民的权利不受宪法与法律的约束，他们就是一切，通过直接民主制，通过人民所体现的公意来行使一切权力，由此，不仅国家的权力被人民的意志所掌控，而且人民等于主权，人民的意志等于公意，等于一切，整个社会也都"人民化"和"政治化"了。例如，在社会的生活方式和风俗习惯等方面都进行改造与重建，推行革命文化，从前的"先生"和"夫人"这一称谓现在都变成了"公民"和"女公民"，设立"共和历"，和创制新节日，甚至在宗教信仰上实行非基督教化运动，创立新的理性教，崇拜理性女神。

早在 1791 年，雅各宾派的领袖罗伯斯比尔就说："我们不能认为国民只能通过授权的方式来行使它的权利，我们也不能说不存在国民

---

[1] 弗朗索瓦·傅勒：《思考法国大革命》，孟明译，生活·读书·新知三联书店 2005 年版，第 275—276 页。

根本不享有的某种权利。当然我们可以规定国民不能利用权利，但是我们不能说存在一种权利是国民想用而不能用的。"在 1792 年 8 月 10 日的革命中，罗伯斯比尔又说："运用这些权利的就是全体人民，他们行使着最高的权威。"马拉说："人民当然享有审判的大权。"[1] 1793 年圣茹斯特宣布建立革命政府时说道："既然法国人民已经表达了他们的意愿，那么所有反对这种主权意志的人都不属于主权者人民，而所有在主权者之外的人都是敌人。"[2] 并且在人民和敌人之间是没有任何共同的地方，只有利剑。也像罗伯斯比尔所说："革命政府应当对良好的公民给以充分的国家保护，而对人民的敌人只应给以死亡。"[3] 因此，在雅各宾专政时，"人民的敌人"这一说辞非常流行。在这里，可以看到，卢梭思想以及《人权宣言》第三条的规定要遭到扭曲与弃用，因为人民主权不等于人民自己就是"主权"，更不表明"人民"自己就可以随时判定哪些人属于"人民"，哪些人则是"人民的敌人"。

革命本来是要实现人的权利与自由，而现在，在恐怖统治下，却走向了反面，形成了奇特的"革命的悖论"。正由于此，如何理解这一革命的悖论，有些学者认为，雅各宾专政时期所提出的民主只是表象，实际上，民主的本质远非体现为国家对人的一种激进性的改造，而是应该要通过宪政框架给公民社会以法律的地位。而法国革命未能实现这一目标，其结果，在实现所有人权利的民主或平等的名义实践

---

[1] 张弛：《法国革命恐怖统治的降临（1792 年 6 月－9 月）》，浙江大学出版社 2014 年版，第 121 页
[2] 王养冲、王令愉：《法国大革命史》，东方出版中心 2007 年版，第 465 页。
[3] 王养冲、陈崇武选编：《罗伯斯比尔选集》，华东师范大学出版社 1989 年版，第 218 页。

下，人民主权变成了对个人的压迫，从前是国王掌握的主权，而现在则是被更换为"人民"的主权；以往革命者痛恨国王凌驾于法律之上，现在革命者在推翻了国王之后，自己则凌驾于法律之上；更为严重的是，雅各宾专政取消了原先确立起来的权力与社会之间的一切边界，维系个人自由的那种公民社会的空间不复存在，造成了权力可以肆意地入侵个人权利。这就是雅各宾专政给后世留下的经验教训，权力的执掌者未能够成功地将公民的权利与义务转换为牢不可破的法律的统治。

对雅各宾专政，历史学家还对其起源做了探讨，认为雅各宾专政并非只是 1793 年的结果，而是起源于 1789 年革命伊始。历史学家泰纳就认为，1789 年 7 月 14 日就是恐怖统治的起点，甚至还可以追溯得更远，比如三级会议。他说："在三级会议开幕的那一刻，思想和事态的进程不仅决定了，而且可以看清了。"也就是说革命所带来的对立、断裂、激进与暴力早已埋藏在 1789 年的一系列行动中。例如，1789 年的革命者在"网球场宣誓"中就曾经提出"如果不依照人民的意愿行事，那就刺刀相见"。而这种革命性就已经成为一种与过去的断裂，一种激进暴力的基因，也成为日后行为的准则和记忆。革命者是用断裂性来完成自己的使命的，而这种断裂性则是英国伯克所批判的。延续传统还是反抗传统的确是这场革命留下的经验。同时，革命者都是一些没有治世经验的人，只是在依照一些抽象的原则来进行行动，这就更加助推了这一革命的暴力性与激进性。

同样，革命的激进性来源于革命本身内在的两种不同理念的冲突，即自由与平等。在攻占巴士底狱的第二天，就有革命者认为革命应该结束了，例如，布里索就说革命该结束了。但却没有结束，并在平等的名义下实行了恐怖统治，其原因在于自由与平等这两种模式的内在冲突，被不断地注入成为革命的动力。《人权宣言》提出财产权的神圣性，而又规定人人都有天赋权利；同样，人人都有权利，而获得选举权的"积极公民"只是少数；因此，恐怖统治作为代表着平等的举措，但在实际的过程中侵害甚至伤害了自由。因此，平等和自由的冲突对抗使得革命不断升级成为了激进，这种冲突也是两种共和模式的冲突。此外，对人的改造和个体的解放与脱榫也给了他们一种行动的可能性。从前，家庭、等级、王权、社会关系和网络、文化都对人的行为有着一种既定的约束，如人是文化和社会网络中的一个节点。现在则是一切都被打破，雅各宾专政时期则是打破一切"旧制度"，包括宗教信仰，要成为符合新时代的一代新人，这也为激进和暴力的行动提供了可能性。

1794 年 7 月 27 日，即"热月 9 日"，"国民公会"还像平时一样开会，殊不知，一场反对罗伯斯比尔的密谋已经形成。当罗伯斯比尔上台发言时，却被打断并被逮捕。第二天，罗伯斯比尔即被送上断头台处死。由此，雅各宾专政结束，史称为"热月政变"。同样，历史学家也认为，这也是法国大革命的结束。

对于雅各宾专政，历史上历来评价不一。法国历史学家奥拉尔说："恐怖统治并不是一种制度"，意为其只是由革命的形势所决定的。[1] 中国学者王养冲、陈崇武教授则对罗伯斯比尔给予了比较中肯的评价。[2] 而另外一位法国历史学家孚雷曾经说：雅各宾专政是一次侧滑，也就是没有行进在原先革命者所设定的轨道上，法国革命

---

[1] 王养冲、王令愉：《法国大革命史》，东方出版中心 2007 年版，第 432 页。
[2] 详见王养冲、王令愉：《法国大革命史》，东方出版中心 2007 年版；陈崇武：《罗伯斯比尔评传》，华东师范大学出版社 1989 年版。

从一开始的"民族、法律和国王"这一架构，从追求实现人的自由与权利到"侧滑"进入了革命的恐怖，滥杀无辜，实行计划经济等，并且使集体性的"人民"成为了社会的主导型力量，从此，法国革命也从有可能建立的议会自由主义变成了民主专制主义。其实，这不仅仅是对罗伯斯比尔以及雅各宾专政的评价，实际上还关联到对整个法国革命的评价。

如何理解这场人类历史上一次巨大的革命？这场革命留给了人们太多值得思考的内容，因而也一直是历史学家长久以来的研究领域。在此，简要地提示一些值得思考的要点。

第一，和前面所述的英国革命想比，可以发现，法国革命和英国革命正好相反，不是国王主动发起，而是以贵族为代表的特权等级和第三等级之间的阶级分裂与冲突而造成的。在这一社会冲突下，再加之受到了以下这两个要素的影响，造成了国家的危机。这两个要素是，法国内部的启蒙运动与国家价值观的转变，以及来自于外部的美国革命的示范。也许在这一"大西洋革命"的背景下，可以更为开阔地理解法国大革命的爆发，明晓 18 世纪是一个大变革的时代。例如，在思想观念上，民众的思想观念，包括心态都已经发生了很大的变化，迫切要求变革社会，而统治阶级似乎也看到 18 世纪发生的巨大变化，但却没有更多地顾及人民的诉求，还是寄希望于如何保全特权阶级的特权需要来进行一些改革，由此扼杀了一切制度变革和转型的可能性，或者说堵死了一切变革之路。等到三级会议召开时，包括国王在内的统治阶级又无法控制据面，随着"网球场宣誓"，第三等级的决裂和独立则宣告了革命的降临。因此，历史告诉了我们，一个僵死的"旧制度"一旦被打开一个缺口，则会将这个制度冲击得荡然无存。也就是说，这个社会是否能够躲过"人民的革命"则是一个特别值得思考的问题。

第二，面对变革的时代，代表变革力量的第三等级和反对这一变革的贵族特权阶级如何相处，并找到化解冲突的方式则是一个关键性的焦点。而在法国革命中，历史展现的却是双方没有实现妥协。因此，法国革命留给我们的借鉴就是，当权者越是抗拒，而且抗拒的时间越长，其风险也就越大，最终就会导致革命。正是在这一意义上，可以说，绝对的专制与绝对的等级特权就会造就激烈的革命性的反抗。因此，革命不是必然，更不是一种历史的宿命，它是一系列事件酝酿的结果，是必然与偶然的交集，理性与非理性的汇合。正因为此，无论是欢迎革命还是反对革命，都必须要回答这个问题，这个社会为什么非要经过"革命"才能从僵死的"旧制度"中走出来呢？

这个问题也可以转换为，为什么法国没有走上改革的道路？事实上，在路易十六当政时，他一直在进行改革，可是每一次的改革都无疾而终，甚至惨败。对此，19世纪的法国思想家托克维尔在考察了法国革命之后，也不无遗憾地指出："如果当初有专制君主来完成革命，革命可能使我们有朝一日发展成一个自由民族，而以人民主权的名义并由人民进行的革命，不可能使我们成为自由民族。"[1]

由此就引出第三个问题，革命伊始，那些革命者就满怀热情地追求自由，可是到了雅各宾专政时期则以平等作为核心走向了"恐怖统治"。因此，如何处理自由与平等的内在张力，这是对政治家们的严峻考验，也是对整个社会的考验。托克维尔曾经这样表达道，法国大革命的悲剧在于它激发了自由，然而人们却不知道该如何建造一个自

---

[1] 托克维尔：《旧制度与大革命》，冯棠译，商务印书馆1992年版，第201页。

由的社会，他们的头脑中充满了一些对于平等的美德和集权化的抽象思想，这些并没有让他们预备好开展把法国变成一个自由、独立国家的具体事业。[1] 也正如19世纪初法国思想家斯塔尔夫人对雅各宾专政曾经有过的这样的评论："政治的计算和道德的目的必须是保障每个人的权利和幸福，政治家也必须要遵守这一原则""控制大众激情的不是靠专制主义，而是法律的统治"。如何能够实现法律的统治，犹如《人权宣言》所规定的那样？对此，法国革命的历史进程会能够带给我们更多的启迪。

第四，如何确立以个人的权利作为一个社会的基础，取消一切特权和专权，并且整个社会无论在体制性的安排还是在社会行为的规范性上都能以此为中心来展开，这既是政治家的一项使命，也应是整个社会中所有人民的一种共识。

可以想见，法国革命仍然还将成为历史学家研究的课题，也仍然将会像谜一样激发历史学家们的想象，不管今后站在什么立场上对这场革命作出何种新的突破性阐释，我想法国革命史研究的权威历史学家孚雷对法国革命的评价还是比较准确的："我们既不要将1789年的革命神圣化，也不要将其否定，我们需要的是记住因为这场革命而生发出来的经验教训。例如，只有在同现行体制下一切既得利益的思想，同过去和现在的保守派做不懈的斗争，才能不断地改善社会，才能走出那种因权力滥用所导致愤怒和暴力的怪圈。继承这场革命的遗产，恰恰意味着可以避免暴力性的革命。在当时的情景下，是否可以不采用革命的方式，而是通过渐进的方式来完成这一推翻'旧制度'

---

[1] 理查德·斯威德伯格：《托克维尔的政治经济学》，李晋等译，格致出版社2011年版，第433页。

的任务，这需要很高超的智慧，也需要在特定情况下进行反应的能力，和抑制愤怒的情感性能力，这需要各方的沟通协调与妥协退让。因此，在这一意义上讲，和平的渐进依赖于我们的智慧和能力。"[1] 正是由于此，特别是在中国的语境下来讨论的话，也可以说，革命远未结束，它还活着。它不仅时刻给人们一种警醒，而且将成为一种反思性资源。正如法国历史学家雅克·索雷在《拷问法国大革命》一书中所说："我们的公共生活永远离不开由大革命提出并被后人加以发展的原则。无论我们是否喜爱它或者对它持何种评价，法国大革命都是我们的起源。"[2]

---

[1]　塞德里克·格里穆：《追踪 1789 法国大革命》，刘润恩译，生活·读书·新知三联书店 2008 年版。

[2]　雅克·索雷：《拷问法国大革命》，王晨译，商务印书馆 2015 年版，第 353 页。

第四章

英国工业革命与工业社会的形成

英国历史学家霍布斯鲍姆曾将法国革命和工业革命并列为塑造现代社会的"二元革命"，在形成现代欧洲文明的历史进程中，英国工业革命具有特别重要的意义。正如英国历史学家艾伦·麦克法兰所说："迄今没有丝毫迹象表明，即使没有英国工业革命，世界其余地区也能发生这种激变。实际上，纵有英格兰做榜样，其他民族仍然花费了50至80年，方才完成这种划时代变革。而假设没有英格兰做榜样，我们可以肯定地说，现代工业世界不可能横空出世，我们依然生活在农耕世界。"[1]"在工业化世界中，英国经济起到了关键性作用。"[2]

谈到"工业革命"这一概念时，早在19世纪中期，一批思想家就已使用了"工业革命"这一概念，[3]但最后定型成为学术界通用的概念则首先是由英国历史学家阿诺德·汤因比提出，他在1880年至1881年间，专门作了题为"工业革命史"的讲座。从此，这一概念就一直被沿用下来，用以指称18世纪50年代开始到19世纪50年代结束的100年左右的这场工业变革。既然称之为革命，就意味着英国近代工业是爆发式的发展，是与过去的完全中断，是前所未有的变

[1] 艾伦·麦克法兰主讲，刘北成评议，刘东主持：《现代世界的诞生》，清华大学国学研究院主编，上海人民出版社2013年版，第37—38页。
[2] 乔尔·莫克尔：《启蒙经济：英国经济史新论》，曾鑫等译，中信出版集团2020年版，第1页。
[3] 例如，恩格斯于1845年在《英国工人阶级的状况》德文版的第11和355页使用过；1848年英国思想家约翰·密尔在《政治经济学原理》第581页使用过；而马克思则在《资本论》1867年版中加以系统地说明。

革。1901 年，查尔斯·比尔德甚至把工业革命看成是"晴天霹雳"。但随着研究的深入，人们逐渐改变了这样一种"激进"性的观点，开始把工业革命看成是一种渐进。1926 年，约翰·克拉潘出版了《现代不列颠经济史》第一卷，指出近代工业的产生是一个缓慢的过程。他认为，直到 1830 年，在农村仍然存在着落后的工业组织形式和正在向近代工业过渡的多种不同形式。1948 年阿什顿在其《工业革命（1760—1830）》一书中指出，被称为资本主义的这种人的关系的制度，其根源在 1760 年以前很久就已存在，在 1830 年以后很久才达到其充分发展；如果将工业的发展看成是一种革命的话，就存在着一种忽视其连续性的危险。尽管如此，学术界仍然继续在使用工业革命这样的概念，并且沿着这样的思路来进行研究。1960 年，经济史学家华尔特·罗斯托出版了《经济成长的阶段：非共产党宣言》一书，提出了经济成长的五阶段论——依次为传统社会、起飞的前夕、起飞、走向成熟和高消费阶段。而英国的工业革命正是"起飞"阶段的象征。这样，工业革命被应用到现代化理论中去，不仅成为理解一个社会从传统走向现代的关键，而且也内含着突然的变化这样的转折。到 20 世纪 60 年代后，以"激进"性理解工业革命的这种研究范式经历了一次危机。很多学者开始不同意将英国现代工业的成长看成一场激进的"革命"。1962 年，迪恩和科尔出版了《大不列颠的经济增长》，重新估测了英国工业革命时期的经济发展速度，对经济增长提出了一个更为渐进性的解释。进入 80 年代后，大量的研究支持对工业革命做出更为渐进主义的解释。克拉夫茨对经济增长做出了新的估测：如在 1801 年至 1831 年的这一时期，过去估算为 4.4%，现在则为 3.0%。就总体的经济增长情况而言是稳定增长，而非"起飞"或惊人的加速与大幅跨越。当然,也有一些工业部门增长迅速,如 1780 年至 1801 年间棉纺织业的产量增长率是每年 9.7%,1801 年至 1831 年是每年 5.6%,而同时期的制铁业的产量增长率每年为 5.1% 和 4.6%,其他很多经济部门增长率仍然缓慢。就整体的经济结构而言,许多"工业"仍然由传统的手工活动组成,甚至到 1831 年,只有大约 1/10 的工人受雇于现代的经济制造部门。就工业生产组织而言,工业生产中的许多雇佣仍是小规模的,仅仅为地方市场生产的手工劳动,传统产业几乎没有受到技术进步的影响。甚至在纺织业,一些产品如男子服饰、女帽等,大部分仍然采用手工制造。即使就技术变革而言,以前很多人都认为,工业革命中实现了技术的急剧变革,并将蒸汽机的发明和矿物转换成工业能量的技术的出现视为改变一切的巨大发明;但学界现在认为这种解释本身就很狭隘。实际上,就技术发明而言,那也不是一种"革命"性的巨变,而是一种渐变。就像麦克克罗斯基所提出的,工业革命不是一个棉花的世纪,也不是蒸汽的世纪,它是一个改进的世纪。

不仅如此,有些学者还对以前常用的统计资料提出了质疑,例如,约翰·克拉潘就认为,在对统计资料的使用上,大家都集中于机器动力和有详细文献记载的发明,例如,那些纺织、蒸汽、炼铁和机械部门,却遗忘了手工业、制造业、食品加工业、种植业和服务部门。与此同时,由于很多统计资料的缺失,甚至在当时就没有进行过统计,即使存在相关数据,也往往是当时为了完全不同的目的所收集的。因此,很多研究者现在所使用的统计资料显然就大大受到局限,如果将其融合在一个经济分析框架中来进行研究,那将会出现错误。考虑到上述众多因素,今天人们越来越达成这样的共识,在工业革命期间，英国的经济发展只有很小幅度的增长。

　　总之，目前的学术研究纠正了过去将工业的发展看成是一场"革命"的观点，或者说扩展了对工业革命这一概念既有内含的理解。因此，近年来很多历史学家开始反对使用这一概念，认为工业革命这一概念只是过去史学研究传统的产物，转而赞成英国这一时期的工业变革并非是一种"革命"性的变革，而是一种持续性的演进，不是突变，而是累积的渐变。因此，他们更愿意使用"渐进"来概括发生在 18 世纪至 19 世纪这一时期的工业和经济变化。

第一节 工业革命为什么首先发生在英国

尽管使用"工业革命"这一概念来描述这一历史时期不是那么准确，但现在学界还是沿用这一概念。在此只是要明晓，不管使用什么概念，一个不争的事实是，在人类历史上，的确曾经发生了这样一场伟大的变革，它率先在英国展开，并改变了英国，继而也改变了世界的历史进程。

一般来讲，工业革命包含着四种含义：第一，它是指生产工具的改良和非生物动力在生产中的运用。第二，它表现为劳动组织、生产结构，以及整个经济活动方式的变革，是从以工场为基础的手工业生产向以工厂制为基础的大机器工业生产的重大飞跃。从此，工厂制生产成为社会的主导生产方式，整个社会实现了工业化。第三，工业革命极大地提高了社会生产力，建立了现代工业社会的经济基础，并形成了社会持续发展的自主性动力。第四，随着工业革命的行进，它创造了全新的社会生产关系和阶级关系，使人类走出了农业社会，迎来了全新的工业社会。因此，正是在这一意义上说，工业革命是人类历史发展的重要转折点。

对于工业革命，学界早已形成了这一定论，工业革命首先发生在英国，其迄止大体上为 1750 年至 1850 年。那么人们不禁要问，为什么工业革命会首先发生在这一个小小的岛国——英国。从全球历史来看，西班牙和葡萄牙在 15 世纪至 16 世纪通过"地理大发现"率先开启了海外殖民贸易，在此之后，荷兰作为"海上马车夫"在经济发展上创造了如现代公司制度、股票集资制度等现代经济制度，使其经济制度迈入了新的阶段，但这些国家都没有成为工业革命的发源地，反而是发展较晚的英国最终胜出。这其中的奥秘是值得探讨的，当然，这也是历史学研究领域中的"大课题"。

很多学者会从不同的维度来解释这一原因，例如，在"光荣革命"之后，英国建立起现代国家政治体制，为工业革命创造了良好的政治条件；英国还学习荷兰等国家的经济创新，等等。但最近几年，一些历史学家还从经济增长的知识起源角度来对此进行解释。学者们认为推动英国工业革命率先到来的动力是近代以来的知识传承和进步，并且英国首先将知识应用于实际的生产。如经济学家西蒙·库兹涅茨所说的工业革命受到技术或者"有用知识"扩展的驱动。这也被历史学家称为"工业启蒙"。因此，将有用知识，或者说科学原理转化为实际应用成为这一时期最重要的特征。在这期间，许多科学和哲学社团也都在科学的理论知识和应用知识之间建立起紧密的联系和互动。如成立于1754年的人文学会，其宗旨就是"鼓励经营、发展科学、完善艺术、改进制造和扩展商业"。它的活动包括一项对成功的发明家的积极奖励计划：在1754年至1784年间，人文会大约颁发了超过6200多个奖项。

正是由于有了这些推动，在18世纪，探求"有用知识"成为那个时代的热潮。以大部分实用和工艺知识为代表的"有用知识"也成为未来发明新技术的基础，推动了工业革命的技术创新。在此方面的典型代表就是理查德·罗伯茨。他不是一个科学家，也从没有受过科学教育，但却能将所掌握的有用知识转化为新技术。1825年，他发明了自动走锭精纺机；1845年，他又造出了一个电磁石，这块电磁石至今还在曼彻斯特的皮尔公园博物馆内进行展览。当他第一次被问及如何造出电磁石时，其回答让人颇为惊讶，同时也兼具那个时代的代表性，他说，自己对电磁学的理论一无所知，但能够进行相关试验并发现电磁石的运行方法。同样，在英国，此类事例不胜枚举。人们通过学徒制度习得了这些技能，使显性知识和隐性知识能够有机结合。这些工匠和技术人员在追求利润和经济效率的目的驱使下，不断地改进和发明技术，并将技术不断地应用到实践中，进而形成了良性循环，推动了工业革命的到来。

从这一视角出发，美国学者道格拉斯·诺斯进一步解释了"新技术和新工艺的发展是由什么来决定的"这一现代社会的关键性问题：人类在其过去的整个历史进程中都在不断发展新技术，但速度十分缓慢，而且时断时续。主要原因在于刺激技术发展的机制具有偶然性。一般而言，任何创新都可以在不付出任何代价的前提下被别人模仿，无需付给发明者或创新者任何报酬。技术变革速度缓慢的主要原因就在于，直到近代都未能针对技术创新制定出一整套的所有权保护机制。因此，诺斯认为，只有在专利制度的庇护下，鼓励技术变革，并将创新的私人收益率提高至接近于社会收益率的一整套激励机制才能形成。"简言之，工业革命的经济史学者着眼于技术变革是那个时期的主要动因。不过，一般而言，他们没有问是什么原因促成了这一时期技术变革速度加快。常见的似乎倒是，在论证技术进步的原因时，他们假定技术进步是无需代价，或者是自发产生的。然而情况并非如此。总之，技术进步速度加快，不仅应归因于市场规模的扩大，而且应归因于发明者在其发明创新创造的收益中占有较大份额的能力的提高。"[1]

---

[1] 道格拉斯·C. 诺斯：《经济史上的结构与变革》，陈郁等译，上海人民出版社1992年版。

通过考察英国的历史便可以证明诺斯理论的正确性。早在 1624 年，英国就通过了专利保护条例，宣布工业生产程序的发明人权益受到保护，为期 14 年。在后来的英国工业革命中，对瓦特的蒸汽机专利保护就验证了这一点。当瓦特的蒸汽机发明出来之后，很多人见有利可图，就开始进行仿制，这样瓦特发明的收益就无法得到保障。于是，瓦特很快便申请了专利保护，使自己的技术发明得到了法律的保护，避免了侵权现象的发生。

在解释工业革命发生的原因时，学术界通常是从"国家"这样的整体视角来进行考察，但如果进一步追问的话，还可以对问题进行更为具体的设计，即为什么它没有发生在伦敦这样的中心城市，却发生在被认为是"文明边缘"的北方地区——以曼彻斯特为中心的北部区域。如此，便有必要从"国家"视角转换为"区域"视角来探寻工业革命发生的原因。

在中世纪时，伦敦只是一个普通的城市，到 16 世纪时已发展为了大城市。在当时曾有法国人讥笑英国人，"在你们英格兰的国土上，除了伦敦，其他没有一个地方称得上城市"。到了 17 世纪初的时候，英王詹姆士一世也曾自嘲地说，伦敦"真像一个佝偻小儿的硕大的头"。[1] 这个英国最大的城市从特性或者从功能来说，作为首都，它是一个政治中心，也是一个文化中心；从经济上来说，它是一个消费性城市，也是一个商业、贸易和金融性城市。正如某些学者所说，从 15 世纪中后期开始，伦敦由工商并重的城市向贸易比重逐渐占优的商业城市转化。在前工业化时期，伦敦主要以商业和贸易中心的形象出现在世人面前。伦敦的商业贸易活动在全国占绝对统治性地位。

---

[1]　刘景华：《城市转型与英国的勃兴》，中国纺织出版社 1994 年版，第 100 页。

据估计，1581 至 1711 年间，伦敦贸易比重大约要占全国的 80% 左右。从教区档案也可以看出，拥有财富的伦敦居民大都是转运商、批发商和金融商。[1] 这样的城市特性决定了它不能够成为工业革命的发源地。伦敦作为政治中心，"专制主义"式的统治是非常直接的，控制力也非常强；从文化上讲，大批贵族集聚这里，他们高谈阔论，却看不起实际有用的知识和技术；从经济上来说，这样的商业与贸易优势造成了伦敦忽视加工业，并逐渐将工业体系排挤出了城市经济体系。

与此相反，自 15 世纪以后，以曼彻斯特为中心的北部地区，逐渐发展起了以生产型工业为主的生产中心。在这些工业生产型城市中，主要以曼彻斯特、利兹、伯明翰、谢菲尔德和利物浦为代表。如曼彻斯特是兰开夏纺织区的生产中心，利兹是约克郡西区毛纺织业的生产中心，伯明翰、谢菲尔德都是新兴的炼铁业中心，笛福曾经对谢菲尔德有过这样的描写：这里人口众多，街道狭窄，房屋黑暗，不停工作着的铁炉烟雾不断。与伦敦相比，这些城市都是工业型城市，其发展速度也很快，这要归因于它们是"自由"的城市，没有那些对经济生产活动的种种限制。有人曾经说道："伯明翰极其光荣强大之源泉，人口增长经济昌盛之根由，即在于它是一个自由城市。城内没有任何来自个人或集团的阻碍。"[2] 与此同时，在这些城市的生产活动中，它们形成了相互协作与配套的产业链，并且随着生产规模的扩大，技术创新不断涌现。更重要的是，他们还进行了生产组织创新，如实行股份制等。总之，以这些城市为中心，形成了不同于伦敦

---

[1] 详见刘景华：《城市转型与英国的勃兴》，中国纺织出版社 1994 年版。
[2] 同上书，第 161 页。

商贸圈的工业生产中心。正是这些工业性生产中心，被历史学家称为
"原工业化地区"，日后成为了工业革命的起源地。

在谈到工业革命的起源时，历史学家都承认，在 15 世纪之后，
贸易的发展和市场的扩大对经济的发展，乃至工业革命的发生都起着
重要的作用。在谈到贸易和市场的作用时，应该看到，二者的作用是
一种综合性的，就是说，以市场为中心形成了一整套的财产关系、法
律关系和生产组织关系，这为日后工业革命的发生打下了基础。例
如，在贸易与生产的相互关系上，贸易和市场的发展不仅仅反映在产
量的增加上，而且面向市场而生产的产业得到了扩展和提升自己生产
能力的机会。正如历史学家所说：在整个 19 世纪的历史中，英国纺
织机器的制造商们正是利用了当时的英国商人能把他们生产的棉布全
部卖出去的能力，这种能力所形成的经济机遇令制造商们扩大了生
产，同时，随着市场竞争的加剧，价格下跌的压力越来越大，这便迫
使一批人想方设法地发明新机器来使纺织品的生产成本降低，即生产
出质量更高且价格更低的产品。[1] 其结果是，面向市场的生产和不
断扩大的市场带来了技术的改进。从某种意义上讲，工业革命期间所
发生的大规模的技术进步只是对经济发展做出的一种反应。这也可以
解释为什么工业革命时期所出现的这些技术革新大部分都是由从事实
际生产的手工工匠，而非受过良好教育的贵族或者饱学之士完成的。
同样，贸易和市场的发展还为工业革命的发生准备好了法律基础。具
体来说，在大规模的远途贸易中，如果没有法律规则作为支撑，市场
交换行为就会缺乏有效的保证，交换行为的风险增加，成本也会相应

---

[1]　内森·罗森堡等：《西方致富之路：工业化国家的经济演变》，刘赛力等译，生
活·读书·新知三联书店 1989 年版，第 172—173 页。

地增加，从而限制市场交换的规模与发展。而在这方面，英国走在了世界的前列，在 17 世纪以后，英国已经取代了荷兰成为了世界的贸易中心，与此相配套的一整套法律体系得以建立。历史学家曾经指出，到 18 世纪后半期，英国已经在保险、汇票、包租船只、销售合同、合伙协议、专利和其他商业交易方面积累了足够多的为应对纠纷而进行裁决的经验。在重视法律与市场发展之间内在关系的同时，还应该记住，在贸易当中，仅仅有法律的支撑还不够，还需要有交易各方的可靠承诺。这种承诺不一定要求以法律形式来保证其得以实施，它依靠的是参与交易者的人品与声誉。对此，历史学家认为，正在兴起的商业界还需要有一个道德体系，以便使人们依此开展各项活动并做出承诺，包括信贷、质量说明、交货，或者购买期货的承诺，以及分享航运收益的协议等。总之，随着面向市场的自由贸易的逐步发展，行会制度遭到削弱和废除，进行经济活动的法制环境形成，以前的各种制约经济增长的特权寄生行为和任意征税等掠夺行为都逐渐减少。总之，这些制度性的和非制度性的变革促进了经济发展，为英国工业革命的发生打下了基础。[1]

当然，在解释工业革命发生的原因时，还存在着不同的解释视角。如从观念层面上来讨论工业革命的动力，最为典型的为韦伯的新教伦理与资本主义精神；另外，还有从市场与劳动分工的角度来理解工业革命发生的原因，这以亚当·斯密为代表，这样的解释也被称为"斯密模式"。例如，亚当·斯密《国富论》第三章的标题为"论分工受市场范围的限制"，意为逐渐增加的交换网络刺激了分工，而分

---

[1] 内森·罗森堡等：《西方致富之路：工业化国家的经济演变》，刘赛力等译，生活·读书·新知三联书店 1989 年版，第 122 页。

工又刺激了生产技术的创新。

列举了对工业革命原因的不同解释，无非是表明，当作为历史事件的工业革命发生后，人们站在不同的视角对它的解释也就自然不同，因此，多元化的解释也就在所难免。但在这些纷繁复杂的解释中，也许应该更多地关注以下三个方面的内容。第一是知识的进步。第二是思想观念的变革，如历史学家乔尔·莫克尔在《启蒙经济》一书中，就提出了"工业启蒙运动"这一概念，并且认为英国的工业革命是"得益于18世纪的智识和意识形态的变化"。[1] 特别是确立了自由的观念，正是自由带来了技术的创新，而持续性的进步引发了工业革命。第三是有利于经济发展的各种制度的建立，这正如英国历史学家所说，通过以知识占有和经济运行的制度规则为基础的社会技术"能力"层面，来评估工业革命的发生，似乎是一条更为有效的路径。

---

[1] 乔尔·莫克尔：《启蒙经济：英国经济史新论》，曾鑫等译，中信出版集团2020年版，第71页。

第二节 工业革命中的技术发明

由于工业革命常常被认为首先在技术上发生了革命性的变革，进而引发了工业革命，技术变革与工业革命就具有紧密的因果关系。因此，有些学者直接把工业革命视为一场技术革命。这样概括倒也符合历史的实际，因为在工业革命中，创造性的技术变革纷至沓来，层出不穷。

英国历史学家霍布斯鲍姆曾经指出："不管是谁，凡讲到工业革命都会说到棉纺织业。"[1] 英国工业革命中的很多新技术都是从棉纺织业开始的。不过在 18 世纪以前，英国的棉织品质地低劣，竞争不过印度和中国的同类产品。当时穿着中国和印度的棉布衣服风靡一时。为了保护本国纺织业的发展，英国议会于 1700 年通过法令，禁止从印度、中国和伊朗输入染色的棉织品，法令宣称：输入的棉货"消耗国家的财富，……夺去人民的工作"。但在全球性商品流通中，无法一直对本国商品进行保护，终究要参与全球竞争。正是出于商品竞争的需要，英国才推动了一系列新的发明，促进了英国棉纺织业的生产方式转型成现代工厂制，造就了纺织业成为英国工业革命的第一产业。

为了参与全球性商品流通与竞争，英国工业革命始于纺织业，大量新技术的发明和运用也都集中于这一行业。例如，1733 年，兰开

---

[1] 埃里克·霍布斯鲍姆：《工业与帝国：英国的现代化历程》，梅俊杰译，中央编译出版社 2017 年版，第 53 页。

夏的钟表匠凯伊发明了飞梭，提高了纺纱的效率；1765 年，哈格里夫斯发明了"珍妮机"，即手摇纺纱机；1769 年，阿克莱特发明水力纺纱机；1799 年，克朗普顿发明了精纺机；1785 年，卡特莱特发明了水力织布机。最初，英国纺织业的特点为一个厂只进行一道生产工序，但在采用了蒸汽机之后立刻就促进了这些专业化生产厂家的联合。1829 年到 1831 年期间，英国有 22.5 万台手工织机和 6 万台机动织机，而到了 1844 年，这一数据就已变为 6 万台手织机和 22.5 万台机动织机，而机动织机是手工织机劳动生产率的三倍。1850 年后，手工织机实际上已经销声匿迹了。除棉纺织机以外，还出现了与之配套的净棉机、梳棉机、漂白机、整染机，组成了复杂的机器系列。机器的发明大大提高了生产率，例如，英国在 18 世纪 90 年代时，纺纱工每纺 100 磅棉花需用时 300 小时，到了 19 世纪 30 年代，同样的工作量仅花费 135 小时。

从行业工业化发展的顺序上来看，棉纺织业是英国第一个实现机械化的行业。随着纺织业的发展，也带动了其他行业的技术发明。1735 年，亚伯罕·德尔比父子发明用焦煤混合生石灰炼铁的方法，随后又发明了风箱和鼓风炉，降低了炼铁的成本。1784 年，科特试验成功"搅炼"法，提高了锻铁效率。随着机器大工业的发展，交通工具也进行了革新，以便迅速运输大量原料和产品。1759 年开凿了布黎纪瓦特公爵运河，从而使得煤炭可以迅捷地运到曼彻斯特。到 1830 年左右，仅英格兰就有 2200 英里运河和 1800 英里可通航的河流，基本形成了全国水路运输网。1814 年，矿工的儿子斯蒂芬逊制成第一台可供实用的蒸汽机车。1825 年，第一条铁路开通，斯蒂芬逊制造了火车头，时速为 25 公里。当时由于动力问题尚未解决，还是用机车和马匹来牵引。到了 1830 年，在曼彻斯特至利物浦铁路线上正式使用蒸汽机车。19 世纪 40 年代，英国主要铁路干线网已经基本建成，铁路里程从 1825 年的 26 英里增至 1844 年的 2235 英里，1840 年则达到了 4500 英里。

在工业革命初期，工厂生产的动力源主要来自于畜力、风力和水力，这些自然性的动力非常不稳定。例如，使用风力很容易受到季节的影响；水力要有足够的落差，工厂必须建筑在有急流的乡间河流上，而不能建筑在交通方便的城市，到了枯水季节则大受影响，同时也大大限制了工厂的规模。因此，发明一种不受地理条件限制的动力成了工业发展的迫切需要，即必须要摆脱自然性动力，发展出一种新型的动力机器。

在时代的需求面前，詹姆斯·瓦特，这位天才的发明家出现了。1736 年，瓦特出生在苏格兰的港口城市格里诺克。时至今日，在他的家乡博物馆里依然陈列着他当年修理蒸汽机时所用的一些工具，而他的故居，原先的一座老房子则在工业革命时期被拆除修建变成了现代公寓，只是在墙角处建造了瓦特的塑像，在基座上标明了这里曾经是瓦特的故居。笔者在 2012 年到那里访寻瓦特的故居，着实费时不少。当然此行最有意义的收获则是在那里的地方档案馆里找寻到了瓦特出生一个星期之后的受洗证明。当笔者和一位英国历史学家聊及此事的时候，他也觉得非常吃惊和欣喜，因为他自己也没有搜集到这份资料。这份受洗资料可以证明瓦特的出生时间和家庭背景。瓦特1736 年 1 月 19 日出生，在一周后的 1 月 25 日接受了宗教洗礼。他的父亲詹姆斯是一位工匠，其妻子名叫安格妮斯·缪尔海德。

由于家庭原因，加上那个时代的社会习俗，瓦特年轻的时候就去伦敦当学徒，学习手艺，20岁时又回到格拉斯哥。回来后，本想开设一家手工店铺，但瓦特从未在这座城市做过学徒，也非出身于此，因此没有得到同业公会的开业许可。恰巧此时一位商人捐给了格拉斯哥大学一批天文仪器，于是瓦特便谋到了在格拉斯哥大学的一份职位，负责组装调试这批仪器，并且学校给了他单独一间工作室。利用这间

图11　詹姆斯·瓦特
（卡尔·弗雷德里克·冯·布雷达
于1792年绘，现藏于国家肖像馆）

工作室，瓦特在工作之余也出售自己复制的一些古旧地图，以及修理各种器械物品来赚取一些生活费用。当然在此期间，浸染于大学的科学研究氛围，瓦特勤奋学习，他不仅学会了法语、意大利语和德语，还关注科学发展的动态，经常向格拉斯哥大学的教授们请教或交流科学问题。正如当时的罗比森教授对只有22岁的瓦特夸赞道："我希望找到一个修理工，但我却遇到了一位哲学家。"

1763年，格拉斯哥大学物理学教授希望瓦特修理一台已经废旧的纽科门动力机，以便用于物理课的实习。接到任务后，瓦特花费了一年多的时间也无法修好。为此，他苦思冥想。1765年初的一天，在市中心公园"格拉斯哥绿地"（Glasgow Green）散步的时候，他突然来了灵感，于是便匆匆赶回自己的工作室，很快找到了问题的症结，并做出了改进。因此，通常所说的瓦特"发明"了蒸汽机，实

际上应该是属于改进。今天，一些史书和一些展览也常把瓦特的这个发明典故传说成"格拉斯哥绿地"，类似于牛顿发现万有引力的"苹果树"那样。另外，还有一点需要提及，在研究瓦特发明蒸汽机过程中，历史学家对他在格拉斯哥大学具体担任职务的介绍可谓众说纷纭，语焉不详。为此，笔者特意到格拉斯哥大学的档案馆一探究竟，最后查到物理系教职员工的名录：一共 13 个人，詹姆斯·瓦特位列第八。当时教师的薪酬待遇是全体人员每周工资合在一起为 23 镑左右，而瓦特先生的工资标准就愈发"可怜"了，才 10.6 先令，连一镑都不到。对于他的身份，在这份文件中显示他当时的职位是修理工（instrument worker）。为了修理这台机器，学校花费了 5.5 英镑，包括购置材料费和付给瓦特的人工费用。在档案馆里，也可以查阅到瓦特亲笔签收的一张纸条，上面清晰可见关于"修理废置蒸汽机"的说明，以及瓦特自己列出的购置器材清单。看着这些两百年前的一笔笔的"流水账"，观者会觉得很亲切，也饶有价值。

正如有些历史学家所说，蒸汽机的发明固然可喜，但这还只是第一步，如何运用于实际生产，却是一大难题。大约在 1765 年，格拉斯哥大学教授布莱克介绍瓦特认识了企业家罗巴克，因为罗巴克知道瓦特的这一发明和其价值，他想将瓦特的蒸汽机运用于自己的煤矿抽水。在合作了一段时间之后，由于罗巴克企业经营不善而破产，无力继续投入资金支持，尽管已初步改进的蒸汽机也还未完全成型，两人也都明白，如果继续努力下去一定会有收获，但资金短缺的困境使得两人的合作无法继续。不过罗巴克的支持对瓦特来说还是起到了至关重要的作用。直到晚年，瓦特仍然回忆道：我的努力所能达到的成功，大部分应当归功于他的友好鼓励，和他对科学发现的关心，以及思考如何对这一发现进行应用。

就在瓦特一筹莫展的困顿之际，另外一位企业家马修·博尔顿出现了。马修·博尔顿是伯明翰著名的企业家，为了扩大自己的企业生产规模，需要改善新的动力系统，而在得知瓦特正在改进蒸汽机使之应用的消息后，他欣喜若狂，认为如果瓦特的蒸汽机能够得到应用无疑就能满足他的需要。他曾经这样写道："我对任何能够增加或改善机械技术方面的知识都有兴趣，我的交易范围必须年年扩大，因此，我应该熟悉欧洲各地流行的爱好和时尚，我希望为全欧洲工作。"在博尔顿的邀请下，瓦特来到了伯明翰，几经实验，终于在 1784 年，成功地完成了蒸汽机在工业生产中的应用。这一发明不仅为英国的工业革命开启了新的历程，也改变了世界历史的进程。人类由此摆脱了单纯依赖自然之力的束缚，开始使用机器作为生产的动力，极大地提高了生产的效率，迅速进入了工业社会，也增进了人类的福祉。值得一提的是，在瓦特改进了蒸汽机之后，立即申请了专利，并获得了专利权；这一行为也被诺贝尔奖获得者、美国经济学家道格拉斯·诺斯解析为，工业革命能够在英国率先发生，正因为其建立起了对财产权有效保障的制度性安排。

准确地说，瓦特不是"发明"而是改进了蒸汽机，是对前人的改进。就机器的工作原理而言，1769 年，他试制成功单向蒸汽机，1782 年造出双向蒸汽机，使之可以做旋转动作。首先，他将冷凝器和汽缸分离，消除了使热能丧失的原因，也使机器消耗的燃料大为降低。其次，瓦特的机器不是利用由压缩的蒸汽形成半真空所产生的大气压力，而是直接利用蒸汽本身的巨大力量去推动活塞。1784 年 4 月，瓦特在取得专利的说明书中，把自己的蒸汽机说成是大工业普遍适用的发动机。事实的确如此，在蒸汽机发明之后，首先迅速被运用到纺织业，1785 年用于棉纺厂，1793 年用于毛纺厂，1789 年用于织布厂。1800 年，英国全国已有蒸汽机 321 台，总功率 5210 马力，1825 年增至 15000 台，总功率达 375000 马力。由此，推动了工业革命的深入行进。

在迈向现代工业社会的历史进程中，人们一直公认，詹姆斯·瓦特发明的蒸汽机成为最为重要的基石，没有瓦特的蒸汽机，也就没有后来的工业革命。而他本人也因为发明或改进了蒸汽机而永垂青史。正如美国学者赫尔曼在《苏格兰人如何发明现代世界》一书中历数了苏格兰人对现代世界形成的贡献时，将瓦特的蒸汽机看作建构现代世界的物质力量。这一发明意味着人类第一次用自己的智慧释放出一种自然界潜藏的力，是人类自己所创造的力，是被释放的"普罗米修斯"。恩格斯把它同摩擦生火一起看成是人类历史上两个巨大的解放性变革，因为蒸汽机的发明直接促使了家庭手工工场向现代工厂制的转变。

回顾英国革命的技术发明史，需要指出的是，这些发明大都不是由科学家来完成的，而是由一批出身低微的普通能工巧匠来实现的，例如，瓦特只是大学的修理工，阿克莱特是乡村理发匠，珍妮只是乡村纺织女工等，"那些创造工业革命的技术之人，无论作为对手还是合伙人，都是普普通通的英格兰人或苏格兰人"。[1] 但正是他们带来了无数的技术创新和变革，推动了工业革命的到来。也使这个时代被称之为"机械时代"。[2] 正由于此，工业革命的一个重要内容即是技术的发明，而非是科学理论的创新。

[1] T. S. 阿什顿：《工业革命：1760—1830》，李冠杰译，上海人民出版社 2020 年版，第 17 页。
[2] 阿萨·布里格斯：《英国社会史》，陈叔平等译，商务印书馆 2015 年版，第 234 页。

第三节　工厂制度与新型社会关系的建立

在英国工业革命中，与技术革命并称的重要内容则为近代工厂制度的建立。没有它，工业革命则黯然失色，在某种意义上可以说，英国工业革命能够产生改变人类历史进程的重要力量是因为它创造了一种不同于以往的生产方式，一种新型的工业生产方式，不仅直接带来生产的迅速提高，国民财富的迅猛增长，而且重新组织了社会关系和社会结构，在更深的层面上改变了社会的面貌。我们也将这样的社会称之为工业社会。

正是如此，在讨论英国的工厂制度时，就需要了解近代工厂的基本特性。就其特性而言，大体包括这样两个层面，第一个层面是指工人与企业家这两个群体与工厂之间的关系，第二个层面则是在工厂中，这两个群体如何形成了彼此差异甚至对立的两个阶级。理解英国的工厂制度不应只是看到机器、工具和产量等，它还包括着诸如"关系"这样一些更为复杂的内容。因此，需要在这样的视野下来重新审视英国的工厂制度和工厂性质。工厂不仅是经济和技术组织单位，还是社会本身，个人和集体的角色都被压缩在这一空间中，并在层级化中占据各自的地位，不论是反对、冲突还是赞同，每个人都以自己特有的能力、态度和行为参与其中。

1771 年，发明家阿克莱特在克朗福德建立了以水力作为动力的工厂，雇佣了 600 多名工人，这成为英国第一家近代工厂，由此标志着近代英国工厂制度的诞生。与原来的手工作坊相比，这是一种新的劳动组织形式，它有着自己的鲜明特征。历史学家保尔·芒图曾经说过，把近代生产的全部设备包含在围墙之内并把近代生产原则本身表现为显著形式的特有建筑物，就是工厂。[1] 安东尼·吉登斯也说：工厂是"与家庭相分离的、职业组织化劳动的场所"。因此，在这里，我们必须看到，工厂不是一种物的集合，而是生产关系的集合，是一个资本与机器，资本与劳动的集合，它也不仅是生产性场所，也是创造价值与利润的地方。所以，工厂是一个人-资本-产品的集合体。这是现代工厂的基本特性，而工厂也是资本主义或工业社会的基本单元。

英国近代工厂制度的建立是对原来传统生产组织形式，特别是对手工作坊的巨大改变，将此两者进行一番比较，更凸显出工厂制度的不同特征。手工作坊是独立的手工劳动者自己经营的小型生产单位。而新型的工厂则完全改变了这样的特性：第一，工厂在空间上是集中生产，而且是大规模的集中生产；第二，在时间上，工厂有着自己的固定时间，即有着时间性安排；第三，工厂进行机器性的大生产，并且使用机器作为动力；第四，工厂为市场而生产，其目的是获取利润；第五，工厂中工人的性质也发生了根本性的变化，他们不再像原来在手工作坊里那样与雇主是伙伴关系或父子关系，现在则成为雇佣工人，形成了现代雇佣生产关系。

虽然英国近代工厂制度是由工厂主所建立，但在这里，还是要首先讨论工厂制度与工人之间的关系问题。它包括以下两个方面：第一个方面是工人与工厂的关系，他们在新的工厂制度下如何受到纪律的规训，形成为与这种新的工厂制度相匹配的工作行为，成为"职业

[1] 保尔·芒图：《十八世纪产业革命》，杨人楩等译，商务印书馆1983年版，第10页。

化"的新型工人；第二个方面是在这样的过程中，工人是如何形成为
一个阶级，即工人阶级。

为什么要先谈工人的职业化，而不是工人阶级的形成问题，这是
因为以下两个原因。第一，在以往，学界只要一谈到工厂制度立马就
想到了工人阶级，两者天然地等同起来，完全忽视了工人的职业化如
何形成这一基本问题。第二，对工人阶级的理解也仅仅局限于传统的
"意识形态"框架，未能将其作为一个历史性过程来加以考察。

就工人与工厂之间的关系来说，工厂是一种新的生产形式和新的
制度。很多人都用"新"这样的词汇来描写它的出现。著名社会主
义者欧文在 1815 年就曾说过："工厂在全国的普及使全国居民有了新
的特征……产生了民众基本特征的根本转变。""这些人和他们所从
属的制度一样，都是新的。"可以想象，众多的"新型工厂空间"得
以建立，一座座工业城市拔地而起，例如，曼彻斯特、伯明翰等，这
给人们带来了巨大的冲击。

面对新的工厂制度，在工厂这个新空间和新的环境中，第一代产
业工人显然无法适应。例如，固定的空间改变了过去对空间的理解和
行为模式，现在不能像过去那样随意进出，而是有了一个统一固定的
空间在规范着他们。从对身体的规训来说，工人们的动作和习惯也没
有与机器生产形成一致，面对机器，感到无所适从，浑身不自在，
"像在犁过的地里放了一只鹿"。再从时间上来说，工人们要从原先
的农业时间转变到工厂时间，因为工厂有着自己统一和固定的工作时
间，工人们都要在这一时间规范中进行工作。当时有着这样的记载，
随着钟声的鸣响，厂房的喧闹声震动了整个河谷。对此，历史学家汤
普逊也描写道："每个工厂里都有着'钟'这样的计时工具，安排着

工厂的运转。"

总之，在以资本家为主体而建立起来的工厂里，工人们一开始还没能与新的工厂形成相一致的对应关系。他们还保留着过去的工作习惯和工作态度，同时，还夹杂着些许仇恨。正因为此，在新的时空与新的劳动组织中，工厂才有着下面的种种表现。对此，从当时资本家订立的"工厂管理条例"中可以发现一些以前不被学界所重视的问题。

例如，当时有个"条例"这样规定："每天早晨机器开动十分钟后，工厂大门即行关闭。任何在厂里的工人一经发现和别人谈话、吹口哨或唱歌者，罚款六便士……假如下班前被发现在梳头或洗手脸，或在做别的小事儿，如下班前擦鞋子，或打扮得使自己晚上回家时像点样子，都要罚。任何织工在上班时间一经发现离开工作岗位，罚款六便士。"[1]

在下面对工人的问话中，我们也还可以发现：

> 在工作顺利进行时，童工可不可以顺便洗手洗脸？
>
> 不行，不许他们那样做；他们甚至不能交谈。
>
> 这么说来，必须完全肃静了？
>
> 是的。
>
> 在工作顺利进行时，准不准女童工缝补些东西？
>
> 不准，发现了要罚款。
>
> 在工作顺利进行时，男童工可以看书吗？

---

[1] E. 罗伊斯顿·派克：《被遗忘的苦难：英国工业革命的人文实录》，蔡师雄等译，福建人民出版社1983年版，第41—42页。

不行，不准这样做。[1]

同样，工人们对于这样一个日常工作的新空间还没有形成忠诚和认同，在工人的自我身份和工厂之间是一种分裂与敌视。工人们常常偷盗工厂的原材料，或者有意浪费原材料，甚至故意破坏机器。所以，我们才会看到这样的规定："所有梭子、刷子、注油器、轮子、窗户等如有损坏，概由织工赔偿。打断连接杆子者，每根从其工资中扣除一便士……损坏轮子者，视轮子大小，每个罚款一先令至二先令便士。"[2]

从这些材料中，我们可以将工人们对待工作的态度和行为归纳为，散漫且不遵守劳动时间，迟到、早退，打毛线、唱歌、提前洗澡、偷原材料、浪费原材料、故意捣毁机器等。这里特别要提到懒散。每逢星期一，工人们上班后就表现为特别的懒散，这是因为周末的放纵所带来的结果。用工人的话说，"星期天是家庭日，星期一是友情日"，即星期天是家庭的团聚日，而到了周一，因为一天没有见面了，这天便成为大家聚在一起聊天的"友情日"。在谢菲尔德，尊崇懒散的星期一早已是持续了几个世纪的固有传统，是一种"固定的风俗和习惯"，现在又成为了一种约定俗成的"工厂文化"。

以前，看到这样的材料时，总会不加思索地认为这是资本家在压迫工人，当然是可以这样来理解。但如果转换视角，透过这一材料反映的则是工人的劳动纪律的问题在当时已然相当地严重。因此，如何

---

[1] E. 罗伊斯顿·派克：《被遗忘的苦难：英国工业革命的人文实录》，蔡师雄等译，福建人民出版社 1983 年版，第 107—108 页。
[2] 同上书，第 42 页。

克服他们散漫的工作习惯，培养起与现代工厂制度相适应的对应关系和认同，如何规训他们的行为，使其转变成为符合现代工厂制度的新型职业化工人则是头等重要的事项。也就是说，在工业革命中，虽然工厂建立了，但与之相适应的工人素养却还没有形成，工人们还没有成为职业化的工人，这是现代社会转型所面临的巨大挑战和严峻的问题。就这一新的工业关系而言，其基本的核心内容就是要建立起制度化的工作规章，并且是非人格化的。这正如马克思所说的，资产阶级撕下了罩在家庭关系上的温情脉脉的面纱，把这种关系变成了纯粹的金钱关系。因此，要用符合新的工业关系，新工厂制度要求的纪律（discipline）来规训这一还不属于现代工人的群体。

那么，面对这一棘手的问题，身为工厂主的资本家怎么样去做呢？首先确立起新的时间观念，让工人养成遵守工作时间的习惯。这也是区别现代工业社会和以往农业社会的重要内容。为此，工厂主对工人的进厂、离厂、吃饭、喝水甚至大小便都作了具体的规定，历史学家保尔·芒图描写道："工人进厂、出厂和饮食都是在钟声所指示的一定的时间中进行的。在工厂的内部，每人都有指定的位置和严格限定的任务。"由此，"钟"成为重要的规训的工具，也就成为权力的中心与象征，除了管钟的人，这个钟表所标示的时间绝不容许任何人进行变动。其实质就是将原先以公鸡、太阳为标志的自然时间转化为以钟表为标识的"工业时间"。由此，可以看到这样惊奇的一幕，工人和资本家展开了对时间的争夺，工人们用啤酒贿赂照看钟表的人，想要用这种方式让其在上班时将钟表向后拨，下班时则向前拨，这样可以晚上班早下班。而工厂主则严查这一问题，如果发现则解雇照看钟表的人。透过这一现象，也可以明晓，工厂制度建立后，时间安排与时间观念发生了巨大的变化。工厂主主导了时间的分配和安排，其标志是钟表主宰了时间，导致了时间的工具化。正如法国思想家福柯也说，就像产品一样，生产者也必须量化，时间被调节为容易识别的阶段，可以分配给某人雇佣的劳动者，成为一种用来规范生产、控制其生产者的手段，这样就需要监控和工具化的时间，呈现为如今的那种线性的、演进的、序列化的、累积的、进步的、分割化的形式。

其次是制定各种规章制度。为了实现规训的目的，工厂主采取了严格的管理来奖惩工人。如开除（dismissal）、体罚（corporal punishment）、罚款（fines）、克扣工资（deductions）、威胁（deterrence）和编入另类［穿衣服、戴标牌（degrading dress，badge）］等。例如，工厂主阿克莱特根据工人们的劳动努力程度让其穿上不同的服装，在机器边上悬挂卡片，记录其产量，这张卡片就成为了"沉默的监控员"（silent monitors）。著名的社会主义者也是"新模范工厂"的工厂主罗伯特·欧文也使用黑、蓝、黄、白（black-blue-yellow-white）等不同颜色的分类卡片来管理工人。这种方法就是按照其表现和工作产量来分类：黑色代表差，蓝色代表一般，黄色代表好，白色表示很好。在工厂里，每个工人的前面都挂着这样的牌子，这样管理起来就非常方便，一看牌子便一目了然。当然，工厂主也会对表现好的工人进行奖励，作为一种"软性"的规训，就是"胡萝卜政策"（carrot policy）。这些奖励包括直接发钱，有的给予实物性物质奖励，如对男性工人则奖励培根，发3磅土豆，而对女性工人则给予玩具娃娃，每逢重要节日则宴请工人。

最后是强化共同精神，培养工人对工厂的认同，强调资产阶级美德和价值，将提高道德层面作为建立新工厂纪律的一个方面，改变工人的粗鲁行为，确立起新的形象。由于传统的社会习俗和习惯不再适合工业生活的新模式，工厂主发起了反对星期六和星期天的懒散的运动，这时"休闲"（leisure）这个词指的是"非道德的懒散"（immoral idleness），1832 年成立"促进和谐协会"（Association for the Promotion of Order）督促人们，特别是儿童在星期天上学。改变工人们的行为，其中也包括语言表达。工厂主特别规定在工作时间禁止使用粗鲁语言（bad language），同时提倡每个人都应该成为可被尊敬的（respectable）的人。工厂主还力主对工人进行教育，提高其文化水平，为此，工厂主创办了很多新型学校。到 1864 年，仅这类学校就有 1000 多所。在办学宗旨上，着重于资产阶级的自立、自助、竞争和纪律教育，在教学内容上，剔除传统的陈旧知识，教授有用的新知识。提倡、培养并认同积极向上的观念，通过努力来提升自己的地位和成才。一时间，"有用知识"（useful knowledge）成为流行口号，这些知识包括：算术、地理、历史、道德等。为广泛传播新知识，后来又成立了"传播知识协会"（Society for the Diffusion of Useful Knowledge）、"有用知识图书馆"（Library of Useful Knowledge）等组织，创办知识报刊，举办知识讲座，向工人群众讲授实用科学、马尔萨斯人口理论、政治学与成功的发明和实业家如瓦特、阿克莱特等人的传记。他们还特意编印了一些发明家如美国发明家富兰克林的传记让工人阅读。为此，伯鲁赫姆写道："我非常相信他决意花费他的空余时间和钱去得到这些知识。这些知识使他从一个印刷工人成为一个伟大的人，第一流哲学家和他那个时代第一流的政治家之一。从自然天性来说，极少有人能达到他这样的程度……但努力和知识对要成为他这样的人也许大有帮助，没有人在他努力之前能够预知他也许能够达到富兰克林的这一高度。"通过这些教育，提升工人们的识字和读写能力，以及掌握工作上的必备技能。这些教育让工人大为受益，例如，后来参加"宪章运动"的一些工人领袖都是在主日学校里接受教育，学会了读写，按照今天的说法就是进行了"扫盲"。

工厂主所采取的这些措施其目的就是让工人成为职业化的工人。职业化在一定程度上就意味着理性化和计算。理性化对于工厂和工人而言非常重要，因为工厂空间、生产组织以及工艺流程等都是需要在理性化前提下形成缜密与严格的生产流程，进行处理与组织，因此，作为生产者的工人也都要在理性化前提下进行操作，故而，必须要让工人们确立起理性思考与思维方式。可以说，理性化导致了科学革命与工业革命，而理性在工业中的运用又反过来促进了工人们理性的思维方式。纵观世界历史的进程，只有经历过工业革命，实现工业化的国家和地区才能最终建立起理性的思维方式，并确立起理性的主导性地位。

职业化工人形成的同时，工人作为一个"阶级"也在逐渐形成。而这就是现代意义上的工人阶级。1844 年，恩格斯在《英国工人阶级状况》中写道："第一批无产阶级是与工厂相联系，由工厂而产生的。工厂工人是工业革命的长子，他们从开始到今天，一直是构成劳工运动的核心。""蒸汽动力＋棉纺织厂＝新工人阶级"，这就指出了工人阶级是在工厂这样的空间中形成的。也就是说，由于工厂制的建立，原先具有着不同职业、不同背景的群体现在都转化成为了工厂制下的雇佣劳动工人，他们为工厂主工作，作为受雇佣的和资本的工具，并且由于处在贫穷和受压迫的地位，使得他们成为了具有相同特性的群体。这一观点也常常被理解为"经济利益决定论"。但是，应该注意的是，仅仅这样理解还不够，在阶级的形成过程中，还有更为重要的要素在起着作用。在英国历史学家 E. P. 汤普森看来，这一要素还包括着"历史性"的视角，与阶级意识这一文化维度等。所谓"历史性"视角，其意指工人阶级不是随着工厂的建立就自然而然地形成了，而是一个时间性过程，是一个历史的过程。对此，汤普森形象地比喻道："工人阶级并不像太阳那样在预定的时间升起，它出现在它自身的形成中"[1]，在一个动态过程中而形成。那么在这一过程中，是什么力量导致了工人阶级的形成，或者说，工人阶级形成的要素究竟是什么？由此就引申出第二个问题，工人阶级形成的文化维度，即阶级意识。

汤普森曾说："我说的阶级是一种历史现象，它把一批各各相异、看来完全不相干的事结合在一起，它既包括在原始的经历中，又包括在思想觉悟里。我强调阶级是一种历史现象，而不把它看成一种'结构'，更不是一个'范畴'，我把它看成是在人与人的相互关系中确实发生（而且可以证明已经发生）的某种东西。"[2] "当一批人从共同的经历中得出结论（不管这种经历是从前辈那里得来还是亲身体验），感到并明确说出他们之间有共同利益，他们的利益与其他人不同（而且常常对立）时，阶级就产生了。阶级经历主要由生产关系所决定，人们在出生时就进入某种生产关系，或者以后被迫进入。阶级觉悟是把阶级经历用文化的方式加以处理，它体现在传统习惯、价值体系、思想观念和组织形式中。如果说经历是可以预先确定的，阶

[1] E. P. 汤普森：《英国工人阶级的形成》，钱乘旦等译，译林出版社 2001 年版，第 1 页。
[2] 同上。

级意识却不然。我们可以说相似职业集团对问题会做出合乎逻辑的相似反应，但决不能说这里面有'规律'。阶级觉悟在不同的时间和地点会以相同的方式出现，但决不会有完全相同的方式。"[1]

在汤普森这里，阶级的形成并不完全是由阶级利益所决定，也就是说，并不完全由经济因素所决定，同时必须要考察其阶级意识这一内容，这样，汤普森就将对阶级的理解从原先传统的经济视角转向了文化，在他看来，阶级的形成说到底就是一种文化的形成。与此同时，阶级的形成又是一个历史的动态过程，而非一种决定论式的必然。这样的理解与过去惯常的解释完全不同，成为对阶级形成研究的新路径。

那么，在具体的历史进程中，工人如何在工业革命中成长为一个阶级。这是要用历史史实来论证的问题。从阶级意识的形成来说，这里可以举出一些事例。1825 年，霍奇斯金撰写了《保卫劳动权，反对资本所有权》一书，从标题上即可看出工人与工厂主之间的对立；1826 年，在曼彻斯特，一位工人发言人疾呼，"议会改革的意图是使劳动者捍卫他自己的劳动果实"。乔舒亚·霍布森在《西区之声》第一期上撰文提出要用人权反对"专用权"，劳动权反对"竞争"，即反对资产阶级。到后来 19 世纪中期"宪章运动"兴起时，工人阶级明确提出天赋人权和劳动权的口号："任何生于英国的人都具有生活安乐的自然权利。劳动的农夫必须是劳动果实的第一个分享者，这是自然法也是神法。"当时的《穷人卫报》发表的一篇文章说："劳动人民和榨取利润的人之间是没有任何共同利益而言的。"同样，工人

[1]　E. P. 汤普森：《英国工人阶级的形成》，钱乘旦等译，译林出版社 2001 年版，第 2 页。

们也将工厂描写为"监狱"，瑟尔沃尔说："什么是高大的工厂？不就是一个公共监狱吗？一大批倒霉的民众被判处去从事耗尽精力的强迫劳动，而一个人可以因之大发其财。"从这些材料中可以看出，正是在工厂的工作环境中，工人们形成了与工厂主相对立的阶级意识，而随着这一阶级意识的表达，也标志着这一群体形成了具有"自我意识"的工人阶级。

在工人阶级形成的问题上，另外一位历史学家盖瑞斯·斯特德曼·琼斯（Gareth Stedman Jones）做出了新的补充，他认为汤普森对马克思的理论做了一种过度简化的历史叙述，并对工人阶级的生活予以浪漫主义的英雄化。关于工人阶级形成的问题，要从历史的复杂进程入手来进行探讨，在琼斯看来，如果 19 世纪 20 年代至 40 年代是如汤普森所说的"工人阶级的缔造"（the making of the working class）阶段，那么 1850 年后则有一次"工人阶级的再造"（re-making of the working class）阶段，而且这一次产生了更加保守主义化的工人阶级自我认知观。而这种更保守主义的工人阶级身份一直持续到了 20 世纪，甚至体现于 20 世纪 50 年代英国工党的某些主流态度。[1]

在工人阶级形成的同时，实际上也建构起了站在工人阶级对立面的另外一个阶级，工业资产阶级。马克思曾经说过："手推磨产生的是封建主为首的社会，蒸汽机产生的是工业资本家为首的社会。"这形象而生动地刻画了工业革命与工业资产阶级之间的关系。正是在工业革命中，在英国诞生了世界上第一批工厂主，并且形成为一个独立的阶级，工业资产阶级。

---

[1] 盖瑞斯·斯特德曼·琼斯、李汉松：《专访经济思想史家琼斯：英国工业革命之下的零工、工人与贫穷》，载澎湃新闻，"澎湃·私家历史"，2020 年 6 月 15 日。

作为一个阶级，工业资产阶级和工人阶级的形成一样，完全也是一个崭新的群体，并非一直就存在的。从这个阶级的起源上来看，这个阶级的很多成员是由原来独立的手工作坊主和工场主转化而来。在工业革命中，由于这些人掌握了新技术，生产规模愈益扩大，原先的生产组织形式已无法适应扩大生产的需要。于是，就把既有的作坊和工场扩大改造成为了工厂，他们也由此摇身变成了工厂主。罗伯特·皮尔的祖父即为典型，以前，他是个手工作坊主，生产并出售呢绒和印花布。工业革命中，大办工厂的热潮促使他离开乡村进入城市，办起了纱厂，到他儿子这一代的时候，他已经成为了兰开夏这一区域较大的工厂主。威廉·拉德克利夫的经历也颇值得玩味。威廉从小就在他父亲的作坊里当学徒，由此掌握了织布的技术。1789 年，他自己独立开办了工厂，十多年后，他的工厂里就雇佣了 1000 多名工人。乔舒亚·菲尔登的经历也许更能说明这一转变过程。起初，他只是一个拥有三间房子的小作坊主，从事纺纱生产，工人也就是他的 9 个孩子，到了 18 世纪末，他的作坊已经发展成为了一座六层楼的工厂。纺织业是如此，其他行业也亦然。如在冶金业，许多冶金工厂主均由小作坊主转变而成。保尔·芒图在其著作中为我们提供了很多实例，艾伦·沃尔克是制钉匠；纽卡斯尔的威廉-霍克斯和斯塔福德郡的约翰-帕克开始工业生涯时是铁匠；彼得·斯塔布斯在罗瑟拉姆创设著名厂号之前，起初在沃林顿开客栈和制造锉刀；约克郡巴恩比高炉老板斯潘塞以前是耙子制造商；索恩克利夫的乔治·牛顿则是铲子和覆子制造商。本杰明·亨茨曼在成为炼钢厂领导人之前是钟表制造人……塞缪尔·加伯特以前做过锅匠；罗巴克的父亲谢菲尔德是小商品制造商；雷诺兹的父亲是布里斯托尔的铁器商，等等，不一而足。

工业革命的狂潮把一大批普普通通的手工作坊主等推上了大工业的顶峰，构成了英国历史上第一代工业主。

在工业革命中，涌现出无数的发明家，这些被称作"新人"的发明家往往伴随着这些发明在工业中的运用而跻身于工业主之列，成为全新的工业家。如水力纺纱机的发明者理查德·阿克莱特。1732年，阿克莱特出生于一个贫穷的家庭，很小的时候就跟着一个剃须匠兼假发师当学徒，后来他学徒期满自己也就成了理发匠。1768年，阿克莱特发明了水力纺纱机，并于1769年取得了该项发明的专利权。1771年，他与针织品商人萨姆尔·尼德和斯特拉特建立了第一家水力棉纺纱厂，到1779年，已经雇佣了300名工人。仅只几年，阿克莱持就从贫穷潦倒的理发匠变成了收入甚丰的工厂主。如果说，在纺织业阿克莱特是个典型的话，那么在炼铁行业中达比家族的发展则更能说明问题。以前英国冶炼铁均靠采伐树木作燃料，随着冶炼数量的增加，树木越伐越少，冶炼业面临着燃料危机，在这种情况下，达比发明了用焦炭混合生石灰炼铁的新方法。后来，他把这种新方法运用到实际生产之中，建立了较大规模的炼铁工厂。正是凭借这项发明，他就由原来的生铁器皿制造匠变成了工厂主。总之，工业革命中涌现出的这批发明家在整个工业家的群体中不仅数量相当可观，而且正是他们凭借其技术上的优势一跃而上升为最具实力的工业巨子。

在工业革命初期，创建工厂的浪潮纷涌而起，由于开办工厂需要很多资本，这非工匠或发明家所能独自承担，于是商人便把积聚起来的大量资本投进工业，创办工厂，由此商业资本实现了向工业资本的转变，商人也就变成了工厂主。保尔·芒图说道："19世纪的工业家完全是18世纪商人和工场主的继承人。"

　　在考察工厂主的来源时，还不应遗忘另一批人，即带着血统印记的英国贵族。工业革命的狂潮把他们卷进工业领域，对财富的追逐驱使他们大办实业，于是，昔日的贵族变成了今日的工厂主。由于贵族拥有土地，地下资源也都为其所有，所以他们大多进行炼铁、制陶、采煤等生产活动。如布里奇沃特公爵创办了大型煤矿企业，并投资巨款开挖了英国第一条运河。当然也有相当数量的贵族把注意力集中于与土地没有联系的工业，开办了一些新工厂。例如，达比公爵在普雷森建立了一家棉纺织厂，邓德奈尔德建立了一家著名的化学工厂。

　　尽管这批工厂主的来源较为广泛，遍及许多阶层，但他们在工业革命的熔炉中脱掉了原来各自阶层的特性，锻结而成为一个有着共同生产活动和利益的新集团，正是他们日后发展成了一个新兴的阶级——工业资产阶级。考察这个阶级，可以发现他们拥有一些共同的特性。

　　在这些共同的特性中，最为基本的一个特性就是追逐财富的产业精神。历史学家保尔·芒图将此称为"发财的坚强意志"。例如，工厂主斯特拉在给他的妻子的信中写道："今天我顺着齐普塞河而行，目的是调剂一下生活，竟不免联想到：人类这条亘古不息的河流的唯一去处，人们的喧嚣和奔忙，以及脸上表现的急切之情，都是为了挣钱，尽管有些神学家的说教与之相反，但事实的确如此：挣钱乃人生的主要之事。"发起自由贸易运动的科布登曾经对他的哥哥说："我希望我能够分给你一点我所浸染的波拿巴精神——这种精神激励着我，使我相信：一切阻止我发财的障碍，只要我全力向它进攻，都将一定会迫使其让道。"他还认为："对人的能力只有一种看法或一个标准来判断——金钱。"因此，早期的企业家，无论他们原先的籍贯、职业或者家庭出身怎样，都有着相同一致的动机，那就是发财致富。这就是那时人们的精神状态，追逐财富成为主导性的观念，也是社会地位成功的标志。

尽管这些工厂主的内在动力是追求财富，但不可忽视他们所表现出的那种现代企业家的精神，具体说来即为敢于首创、节俭算计和追求信用与效率，并建立起现代簿记制度。工厂制度建立之后，为了提高企业经营效率，企业家们就建立了现代簿记制度，其目的是把每一笔收入和开销都准确地记录下来，以控制工厂的成本和利润。有条件的工厂主有时会雇佣会计来从事这一工作，但更多的时候是他们自己来计帐。例如，有位企业家记录了 1788 年 6 月 14 日这一天的帐目：约翰·巴克的孩子的两双鞋，6 便士 4 先令。同时，在经营活动中，他们也坚守着信用，一个企业的存在完全依靠它的产品的质量，和良好的信誉。如博尔顿曾经写信给他的合伙人说："我希望我们在整个品行上盖有耐心和诚实的印记，必须坚定地贯彻公平原则，对人如对己。"在 1795 年的制造商会议上，他也说道："我们不要忘记诚实策略始终是最好的策略，交易上的诚实只会对城市的商业和我们的每一个商号起着很好的作用。"

在此，特别要提及的是工厂主的品质，即节俭。总体而言，第一代工厂主都是十分节俭和勤劳，不辞辛苦地在经营自己的工厂。通常"他们每年只从工厂利润中提取一小部分用于自己和家庭所用，或者付给自己一份相当于熟练工人的工资"。"他们的生活水平也很低，仅仅只比他们所雇佣的工人好一点点。"沃克兄弟就是典型，1743 年，在企业初创阶段，他们每周仅付给自己 4 先令的工资，1745 年，提高到 10 先令。15 年后，他们才允许自己每年分红 140 英镑，相当于公司资本价值的 2.5%，到 1768 年，他们每年的分红达到 700 镑，

也只占资本的 1.8%。当然这种节俭源自于对资金积累的需求，无论
是创办工厂，还是保持其发展，都需要资金，通过节俭积累资金就是
其一种方式。"在新的工业经济中，节俭的风气由于工业，或者说由
于企业家被养成了，因为节俭下来的钱被用来投资其中。"历史学家
阿什顿说：这些工厂主"获得成功靠的并不是方法，而是坚持不懈的
劳作、节俭与正直"[1]"无论会说什么反对早期雇主的坏话，但自
我放纵的罪名都很难归咎于他们身上。一个又一个的公司记录诉说着
与沃克家族的公司相同的故事：所有者同意给他们自己发放少量薪
水，限制他们的家庭开支，把利润储备起来。正是以这种方法，韦奇
伍德、戈特、克劳谢、牛顿-钱伯斯公司以及许许多多的其他人才建
立了大小企业"。[2]

工厂主们要为市场而生产，没有了市场，也就不可能获得利润，
甚至企业的生存也会遭遇危机。毫不奇怪，这些工厂主们都具有市场
意识和冒险精神。最为典型的是陶瓷生产商乔塞亚·韦奇伍德，他曾
经说："我们必须想尽一切办法使我们的产品能够在海外市场亮相并
有销路。"[3]为此，他采取了一系列的办法来开拓市场。第一，开办
陈列室。18 世纪 60 年代末，为了满足日益扩大的顾客群，韦奇伍德
在伦敦设立了办事处，并开辟了展览厅。第二，首创"惰性销售
法"。他将货物邮寄给预先选定的顾客，顾客既可以按照规定的价格
来购买，也可以将物品退还给销售商，而不需要付任何费用。1771

---

[1] T. S. 阿什顿：《工业革命（1760—1830）》，李冠杰译，上海人民出版社 2020
年版，第 107 页。
[2] 同上书，第 107—108 页。
[3] 托马斯·K. 麦格劳：《现代资本主义：三次工业革命中的成功者》，赵文书等
译，江苏人民出版社 1999 年版，第 43 页。

年，韦奇伍德就将自己生产的陶器用包裹寄给了 1000 名德国的贵族和上层人士，每个包裹大约价值 20 英镑，内附一封广告信和一张发票。他获得了成功，绝大部分顾客都购买了。第三，为贵族和王室做陶器。1763 年，他将一套早餐细陶餐具送给了乔治三世的夫人夏洛特王后，两年后，他又为她生产了一套茶具，从此他被任命为"王后特贡陶工"，而他的陶器也便有了"王后陶器"之称。第四，创建品牌。他在所生产的陶器上刻上自己的名字，标志着品牌和质量。通过这些方式，他成功地开拓了国际市场，使其产品在整个欧洲和世界其他地区销售。

在工厂的管理上，当时的工厂主普遍实行的是父权制管理，这种父权制的最大特点就是将工厂关系类比为家庭关系，与工人的关系为"父子关系"，在员工那里，建立起"父亲般的权力"。形成这一管理模式的原因在于，在工业革命初期，由于工厂的所有权和管理权尚未分离，职业性的管理阶层没有出现，同时，企业所需要的专门人才也没有形成，因此，工厂主经常要履行资本家、金融家、经理、商人和销售商的职责。保尔·芒图也说："工业家同时是资本家，工厂工作的组织者，最后又是商人和大商人，他们于是成为实业家的新的完美典型。"后来，由于企业的发展，在不同的地方设立了工厂，空间的扩展使得工厂主无法亲自管理，于是就需要人手来帮助工厂主进行管理，后来逐渐发展起来一个职业管理人阶层。"父权制"管理也就被职业经理人所取代，这也可以说是以市场为基础的工业大发展，和资本主义理性精神胜利的结果。

作为第一代工厂主，不管他们原先出身于哪里，在个人品行上和生活方式上都还具有这样的一些特征，犹如 1818 年曼彻斯特的工人们在公开信中所指出的那样，雇主和工人是"两个不同阶级的人"。
"雇主他们是这样一种人，几乎没有例外的是他们都出身于棉纺织作
坊，没有教养，没有风度。他们只有在同曼彻斯特交易所的商人做交
易中获得的那一点点知识。但是，为了弥补那种缺陷，他们会向你摆
阔气，炫耀精美的宅地，成套的家具，仆从，园圃，猎马和猎狗等，
他们特别喜欢以自负的样子向外地来的商人们夸耀。他们的房屋的确
是豪华的宫殿，在规模上远远超过你在伦敦附近看到的那些干净漂亮
的别墅……但是，那些对自然和艺术相结合的美有真正认识的观察者
会发现他们的嗜好有可悲的缺陷。他们把子女送到最昂贵的学校去培
养，决意要把他们自己缺乏的东西双倍地给予后代。他们的头脑里几
乎只有一个念头，即自己是他那个地区中道道地地的小君主、独裁者
和专制者。为了维护所有的这一切，他们把全部时间都用在如何花最
小的代价取得最大量的劳动上……棉纺织厂主是这个国家中不同于所
有其他业主的阶级。他们无知、骄傲、专制。"[1] 贵族排斥他们，
称之为"暴发户"，工人阶级敌视他们，认为他们是"劳动群众的暴
君和压迫者"。

　　如果说工人阶级是在和工业资产阶级的对立中形成的话，那么，
同样，工业资产阶级也在与工人阶级的对立中形成。但这只是问题的
一个方面，另一方面，工厂主们也在与当时占据社会显赫地位的贵族
的对立中加速其阶级意识的形成。

　　英国革命后，在社会政治结构中仍然是土地贵族掌权当政，工厂
主仅是其统治中"微末的一部分"，作为正在崛起的新兴力量还没有

---

[1] E. P. 汤普森：《英国工人阶级的形成》，钱乘旦等译，译林出版社 2001 年版，
第 217—218 页。

获得其政治地位。1761 年，上议院席位几乎全由贵族占据，下议院代表中 3/5 为贵族；在基层，地方官吏基本上都由当地乡绅充任。"直到十九世纪二十年代，英国政府也还完全是贵族的政府。"于是，掌握政权的土地贵族凭借其政治优势，利用国家权力来保护自己在经济上的利益和要求。《谷物法》的颁布可说是最为充分的体现。1815 年，议会应土地贵族的要求，颁布了《谷物法》。规定在国内市场小麦价格每夸特 82 先令以下时，禁止外国小麦进口。《谷物法》的通过，极大地损害了工厂主的利益。首先，谷物上涨使得地租大大提高，地租的提高就意味着土地贵族的收益更多，而工厂主则会因为粮食价格问题付出了更多的生产成本，这意味着剩余价值重新转化为资本的份额相对减少。其次，谷物自由贸易是整个自由贸易的组成部分，为了扩大国外市场，输出工业品，英国必须先要进口工业不发达国家的农产品，否则，英国的工业品也无法输出。因此，《谷物法》体现与保护了土地贵族的利益，它本身"即是土地贵族的象征"。

工业家与土地贵族这种尖锐的对立加速了工业家形成共同的利益意识。正如英国史学家珀金所说，土地贵族运用自己的权力保护其利益，使中产阶级睁开了自己的眼睛，加速了中产阶级的形成。此时，工业家们通过各种途径，利用报刊杂志等传播媒介强烈地表达了这种共同利益。政治上，要求改变贵族垄断政权的局面，废除腐败的议会选举制度，实行议会改革；经济上，废除以《谷物法》为标志的垄断与保护政策，实行自由贸易；在劳资关系上，要求确立劳动力自由流动的机制，实现雇佣劳动自由，废除国家在雇主与雇工之间的干涉行为。正是在这些共同利益的认同与表达之中，工业家集团发现与认识到了他们是作为一个"阶级"整体而存在，并且是比贵族更有价值的阶级。1821 年，埃德华·贝恩斯写道："太阳底下的任何国家都没有比英国的中产阶级是更有价值，更受尊敬和值得尊敬的一群人。" 1826 年，詹姆斯·穆勒写道："这个国家中产阶级的价值，他们日益增长的人数和重要性已经得到了所有人的承认。"布鲁厄姆 1831 年在议会中说："中产阶级是这个国家的财富和智慧，是英国名字的光荣。"[1]

在同其他"阶级"的对立中取得了对自身利益的普遍认同，这是阶级意识形成的一个方面；另一方面，工厂主们也一直不停地在为自己的利益而斗争，这种共同的斗争经历就使原先发生的局部、分散的利益意识不断强化和升华成为共同的利益认同，最终形成为阶级意识。

1783 年，威廉·皮特当选为首相，他一执政就宣布要征收新税，其中包括对原料，特别是对铁、铜、煤抽税。消息传出，采矿业和冶金业的工厂主们立即商量进行联合抵抗。随后，他们向政府交涉并提出抗议。科尔布鲁克戴尔的雷诺兹草拟了一份陈情书，指出冶铁业因用煤才能发展，难道有人愿意冒放慢或阻止这种发展的危险吗？工厂主博尔顿激烈陈词："请对奢侈淫逸物品抽税，必要时也可对地产抽税，请对取得的财富和因取得财富而付出的花费征税，但勿对供创造财富之用的东西征税，特别必须避免的是，切不可为目前的小利而失去未来的财富之源。"后来经过斗争，政府被迫取消了这项税收。两年后，政府又草拟了一份关于英格兰和爱尔兰的通商条约草案。这个条约规定了两个王国间的互惠制度。此草案遭到了工厂主的强烈反对。由韦奇伍德带头组织成立了创造商公会，反对英爱通商条约。最

---

[1] Harold James Perkin, *The Origin of Modern English Society*, *1780 - 1880*, Routledge, 1985, p. 28, p. 37.

后，工厂主终于取得了胜利。

从时间上看，工业资产阶级的形成是一个历史过程。当然，如果我们要确定时间和挑选界标的话，那么大致可以 1815 年为界，即以《谷物法》的通过及工厂主的反《谷物法》斗争为标志。这是因为《谷物法》的通过表明：工业家集团与土地贵族之间早已存在的对立达到了势不两立的地步，正是在这种对立及其斗争的经历中，工厂主取得了对其利益的普遍认同，其阶级意识最终形成。英国史学家也说道："1815 年后阶级观念的形成是毫无疑问的。与此相伴，工业革命初期出现的工厂主或工业家集团也就演变成了一个独立的阶级——工业资产阶级。"

第四节　关于工业革命中工人阶级生活水平的争论

在英国的工业革命中，有一个问题一直在争论不休，那就是，工业革命创造了巨大的财富增长，但财富究竟是如何分配的？具体而言，工人阶级是享受到了工业革命的成果，还是遭到了剥夺，其生活水平是上升还是更加下降。为什么这个问题一直被讨论研究，因为这是现代社会的核心问题，也关乎社会平等这一基本原则，即如何实现社会正义。

对此，有些人认为，工业革命不仅带来了总体的财富增长，而且也使工人阶级本身享受到了它的成果。如安德鲁·尤尔在1835年出版的《工业哲学》一书中说："最近几个月我一直在工业区周游，看到成千上万的男女老少和中年人，其中许多靠以前的任何一种工作方式都无法赚取每日的面包，现在却丰衣足食，吃穿不愁，他们的住房比首都的议员和贵族们聚会的地方还要通风，还要有易于健康。"[1]而与此同时，也有很多人对工业革命持批评态度，并进行了大量的实际调查，揭露出了很多现实社会的阴暗面。只要阅读当时的一些作家的作品，如狄更斯的《艰难时世》和英国议会的很多调查报告即可以明白这一点。同样，身为工厂主的恩格斯也做了很多考察，并根据大量的第一手材料写下了《英国工人阶级状况》，认为产业工人的物质状况愈发恶化。尔后又与马克思一起详细分析了工人阶级深受苦难的原因，认为这是资本主义剥削压迫的结果。

此后，从19世纪80年代到20世纪20年代间，这一观点一直被

---

[1]　钱乘旦：《第一个工业化社会》，四川人民出版社1988年版，第265—266页。

承袭，并且占据了主导。最为知名的代表人物是工党领袖西德尼和比阿特里斯·韦伯夫妇，与 J. L. 哈蒙德和 B. 哈蒙德夫妇。在 1911 年至 1919 年间，历史学家哈蒙德夫妇写了《乡村工人》《城镇工人》和《技术工人》三本书，利用 19 世纪初文学、轶事和国会文件等材料，提出了工人阶级生活水平下降的观点。针对这一观点，1926 年，历史学家克拉潘出版了《现代英国经济史》，批评哈蒙德的观点，他仔细翻检了关于工资和价格的数据，用计量方法显示出工人工资的实际价值与工人阶级的生活水平在 1790 至 1850 年间已经有了很大提高。由此得出，在 1785 年至 1850 年工人阶级的生活水平不是降低而是提高。由于他们之间的观点针锋相对，由此便形成了英国历史学界的两派——力主生活水平普遍提高的"乐观派"和宣称生活水平与福利普遍倒退的"悲观派"。

在随后的这一论争中，"乐观派"占了上风，到 20 世纪 40 年代晚期，在对克拉潘的一些数据质疑和提炼的基础上，T. S. 阿什顿仔细研究了关于人口、进出口价格、居住和饮食环境等材料，进一步确认了克拉潘所提出的关于工人阶级生活水平已经改善的观点。他说："在 1790 年至 1830 年间，工厂的迅速发展，从中得到好处的人越来越多，不管是作为生产者还是作为消费者都是一样。纺织品价格的下降使服装的价格也随之下降。政府定购制服和军用靴的合同使一些新的工业兴起，而在战后（指拿破仑战争——引者）这些工业的产品在收入较高的工匠中找到了市场。靴子取代了木底鞋，帽子取代了披巾，就算平时不是这样打扮，起码星期天也要穿上靴子，戴上帽子。其他零杂商品，从时钟到手绢，开始进入了人们的开支计划。1820 年以后，茶叶、咖啡和食糖等价格大幅度下降。所有这一切都证明存在着一个生活得比仅能维持生命要好得多的庞大阶级。当然，的确有大量非熟练工人或技术不佳的工人，特别是在农业的季节工和手织机的织布工，几乎要用他们的全部收入来维持最低的生活水平。而生活费用，如我们已经知道的那样一直比较高。我的猜测是能从经济进步中得到一些好处的人的数量比一点好处也得不到的人要多，而且这种人的数量还在稳步上升。"[1]　直至20世纪的50年代，"乐观派"的观点都一直成为主导。

从50年代末期开始，对"乐观派"的批评又起，这似乎也折射出当时冷战关于共产主义和西方资本主义优劣比较的争论。马克思主义历史学家埃里克·霍布斯鲍姆和E.P.汤普森支持"悲观派"的观点，霍布斯鲍姆以死亡率和失业的定量数据来支持其观点。汤普森也在《英国工人阶级的形成》一书中，批评"乐观派"所强调的数据统计，却忽视工人阶级习俗和文化的复杂性。面对于此，"乐观派"学者如R.W.哈特韦尔、W.H.查洛纳和W.O.亨德森也继续论辩道，趣事轶闻和仅凭印象得来的证据是不充分的，并常常带有偏见。查洛纳和亨德森还认为恩格斯对工人阶级悲惨的说法仅仅是一个"传说"。查洛纳认为那些19世纪活动家们的著述是非历史的，不能够将这些材料作为信史，如果接受"那些陈述是有危险的"。

与此同时，以著名的自由主义思想家哈耶克为代表的学者则持另外一种观点。哈耶克从力主自由市场体制的基本观点出发，认为工人阶级的生活水平下降并不能归结为工业革命本身，事实上应归咎于一些前资本主义成分的残留或复活，或是由于错误的国家行为所造成的

[1]　内森·罗森堡等：《西方致富之路：工业化国家的经济演变》，刘赛力等译，生活·读书·新知三联书店1989年版，第188—189页。

垄断因素，以及没有理解顺利运行的竞争秩序需要适当的法律框架。"我们已经提到了一些通常使资本主义受到谴责的特点和趋势，事实上那都是因为没有让它的基本机制正常运行而造成的。"[1] 也就是说，如果工人阶级生活水平下降的话，也是由于市场发育不充分和市场运行机制包括法律机制不健全而造成的，并不能简单地归因于资本主义的市场经济和工厂制度。这一观点伴随其后面隐含的自由主义思想的传播在当时和日后一直较为流行。

从 20 世纪 70 年代开始，在历史研究中，一些学者开始强调工人阶级生活状况的多样性，扩充对各种非工资因素的实际收入的研究。如 1974 年米歇尔·弗林就指出，"对生活水平变化程度的思考涉及大量的因素，而非仅仅是劳动者收入的购买力"。将实际收入等同于生活水平的做法已经引起诸多批评，因为实际工资数据大部分只是针对成年男性收入，而没有包括女性、儿童和老人福利，所以实际工资数据只能反映工人阶级生活的部分状况。同时，工资指数也不能反映出疾病、环境污染对职业健康的影响，或工人对这些危害的回应。例如，矿工与其他手工业群体相比报酬更高，却遭受更高的死亡率。到了 20 世纪 80 年代，彼得·林德特和杰弗里·威廉森在研究中提出判定生活标准的新观点，认为要从将从前着重于对丧失感的讨论转向对幸福相关度的考察。例如，现代生物学家已经证明人的身高是反映人类健康的重要方面。身高反映了营养状况，体现了一种食物摄取、环境和疾病的积聚效应。为此，一些历史学家开始对征兵记录进行研究，提出尽管在过去两个世纪中平均身高有所增加，但在 1825 年至

---

[1] 哈耶克：《经济、科学与政治：哈耶克思想精粹》，冯克利译，江苏人民出版社 2000 年版，第 284 页。

1860 年间，出生儿的身高却普遍有所下降。

　　在很长一段时期中，尽管学者们总会带着意识形态的色彩来研究这一问题，但通过对学术史的梳理可以看出，不同阶段的学术方法甚至研究视角也还是不断地在进行转换，例如，从工资收入到身体的高度，如果把文化消费、住房、贫民窟、疾病，以及东区和西区的空间分裂都作为要素来考察，也可以看出不同的视角和纬度。再如，对涉及生活水平像睡眠等一些要素的研究。在工业革命中，工人们的睡眠除了技术革命（如电的发明）对睡眠影响外，资本对人们睡眠时间的剥夺也不容忽视，这自然就成为了判断生活水平的一个指标。在工业革命中，睡眠是资本的敌人，当我们进入梦乡时，自然就不能进行生产，睡眠的时间不能转化为对资本或社会有用的价值。因此，在工业革命中，资本家为了缩短工人们的睡眠时间，以便有更多的时间进行工作，提供了免费的茶水和咖啡用以提神。统计显示，在工业革命时期，咖啡和茶的销量一直是增长的。这个事例表明，单纯地从工人阶级能够喝上咖啡和茶来看似乎表明了其生活水平的提高，但透过这一现象实际上可以看出工人阶级在遭受压迫。有的学者还从住房面积和类型以及花园面积等这一居住状况来思考工人阶级的生活水平问题，认为工人阶级的住房面积一直在扩大，因此表明其生活一直在改善。目前，这种研究正从多种要素和多重视角来展开。这一研究似乎表明，工业革命时期工人阶级生活状况的多样性，历史中没有单一的、可测量的"生活水平"。这也提示着人们，那种单一的悲观或乐观论都是对历史实际状况的简单化处理。历史充满着不同的解释，对此，需要知晓的不是具体的研究结论，而是那些研究者在研究中所展现出的创新性的探索视角。

第五节　全球史视野下的工业革命

　　以前对工业革命的研究基本上都是从英国国别史的维度上来进行的，在我看来，现在需要转向全球史的维度来进行研究。这一研究主要着眼于以下两个主题：第一，英国工业革命的发生不再仅是由于英国自身的一些要素在发生着作用，而是全球范围内各种要素累积演变和配置结合的产物。第二，英国工业革命发生后在全球所带来的反应，这种思考着眼于为什么有些国家受到了工业革命的恩惠，成为了工业化国家，而有些国家则长期未能学习、吸收，仍然止步于工业社会之外。

　　如果在全球史的视野中来看的话，英国的工业革命是在汲取了整个欧洲的营养基础上发展起来的，没有在欧洲出现的一系列技术革新和制度创新等，英国不可能独自生发出工业革命。回顾一下世界经济中心的转移和一系列的创新就可以明晓。例如，发生在16和17世纪的文艺复兴、宗教改革、科学革命、启蒙运动等，从空间上来说，其都是在全欧洲传播流动，英国只是从一个积极的参与者在随后的工业革命时变成为了领跑者。

　　英国革命虽然首先发生在英国，但是在欧洲，业已存在与英国工业革命前大致相同的工业发展水平和生产方式，因此，当工业革命在英国率先发动的时候，这样的一种示范效应立刻在欧洲其他国家得到了回应，也使得欧洲其他国家能够快步跟上英国，也相继出现了工业革命，发展起了现代工厂制度，使欧洲成为一个具有相同工业和经济发展水平的地区。在这里，我们必须提到"欧洲化"这样一个单词，它鲜明地反映了英国工业革命与欧洲历史进程的关系，工业革命既改变了欧洲的面貌，也使欧洲在接受了工业革命的恩惠之后实现了同质性。如果从另外一个视角来讲，为什么欧洲地区能够逐渐地出现同质化的发展，这表明欧洲的其他国家和地区也都能主动地接受英国工业革命的恩惠，吸纳英国工业革命的成果，从而推动了本国的经济发展。当然，在这一问题上，学术界有不同的理解。如法国史学界就坚持法国的工业革命是在法国的条件下独立发动和完成的，并没有受到英国工业革命的影响。

从全球的视野来看，英国工业革命成为世界历史发展的一个分水岭，从根本上改变了英国以及欧洲在全球世界体系中的地位。从此，以工厂制与大机器生产为标志的工业化国家和以手工业为代表的农业国家在世界体系中的地位已经大为不同，两者迅速拉开了差距。1750年，英国占全球生产的2%，1880年达到了20%。1750年，英国、德国、法国和意大利占全球工业生产的11%，1880年几乎是40%。从整体上看，今天的"发达国家"在1750年占全球生产的27%，1860年为63%，而1953年则高为94%。[1] 西方的工业化国家占居着主导性地位，并造成了"全球的分裂"，直到今天仍然未能有效改变。

同样，到了19世纪末，全球贫富分化也渐趋拉大，大西洋世界更为富有，而其他地区则陷于衰败，原先在一个国家内部随着传统农业社会的衰落而加大的不平等的梯度，现在变成了地区与地区之间、国家与国家之间的不平等。例如，中国从1800年占世界工业生产总量的33%跌落到1900年的6%和1950年的2%；印度和巴基斯坦由

[1]　大卫·克里斯蒂安：《时间地图：大历史导论》，晏可佳等译，上海社会科学院出版社2007年版，第442页。

1800 年的 20% 跌落到 1900 年的 2%。今天的第三世界国家工业生产在 19 世纪下半叶基本破产了，其生产量由 1860 年的 37% 下降到 1880 年的 21%，而到了 20 世纪上半叶则为 7%。[1]

无论如何，有一点可以肯定，英国工业革命一旦产生后，它就不再是一个地方性的事件，而变成了全球性事件。因此，在全球史的范围内来考察，我们将能够看清楚其产生，以及在产生之后伴随其扩展所带来的重要意义。可以说，自工业革命之后，世界的体系正在从一个缓慢增长的世界向一个以工业化为标准的世界突然转变，并且形成了以英国，随后以西欧为主导的全球化过程，形成了一种新的世界体系。就像马克思在《共产党宣言》中所说，不断扩大产品销路的需要，驱使资产阶级奔走于全球各地。同时，当一国或一个地区率先形成现代经济体制之后，它所标识的这样一种社会发展的图景也成为暂时还未形成工业化的那些国家所追求的榜样。也如马克思所说："工业较发达的国家向工业较不发达的国家所显示的，只是后者未来的景象。"[2]

就英国与东方，特别是与中国的关系而言，在这样的层面来理解英国的工业革命，可以发现很多值得反思的问题。根据学术界的研究，中国在英国工业革命之前与英国或者说欧洲的经济发展水平没有巨大的差距，甚至在当时的世界经济中处于领先地位，但是，为什么工业革命没有在中国率先发动，而在英国工业革命后又没有像欧洲其他国家那样迅速接受英国工业革命的成果，反而在经济发展水平上越拉越大。早在哥伦布之前的大半个世纪，郑和七次下西洋，17、18

---

[1] 大卫·克里斯蒂安：《时间地图：大历史导论》，晏可佳等译，上海社会科学院出版社 2007 年版，第 471 页。
[2] 中共中央马克思恩格斯列宁斯大林著作编译局编：《马克思恩格斯全集》，人民出版社 2001 年版，第 23 卷，第 8 页。

世纪时，东南沿海如泉州就曾参与了世界的航海大贸易，但这些都没有使中国走上工业化的道路，发展成为工业主义的资本主义这样的一种现代性。学界常常假设，如果没有西方的入侵，中国可以走上资本主义。但历史不可以假设，当英国兴起了工业革命之后，世界上的其他地区就不再存在着独立的第一次工业革命的发生，而只能是在本土的条件下接受工业革命的"恩惠"，与这一历史进程接轨。所以，与其关注一种历史的假设，不如更多去研究对待工业革命及其现代性的态度与行为。如果在更广阔的空间中进行比较的话，可以看到，为什么有的国家吸收了英国工业革命的先进成果，成功地实现了本国的工业革命；为什么有些国家会选择改革，避免成为依附地位；反倒是亚非拉诸国依然昏沉不醒，继续走着既定的老路，逐步远离了现代世界。为何他们没有跟上现代化的步伐，这才是很值得人们去进行思考的问题。

　　回顾一下此时中国的历史也许能够找到答案，18 世纪时，当西方已在关注中国之时，而中国人却对西方世界一无所知，对西欧的现代化发展嗤之以鼻。从当时知识精英们的言论中便可知晓，博学的全祖望说："五洲之说颇荒诞……源渊将无出邹衍。"乾嘉学派大师俞正燮断言："洋人巧器，亦呼为鬼工，而罗刹安之，其自信知识在脑不在心。盖为人穷工极巧，可见心窍不开，在彼国为常，在中国则为怪也。"[1] 正是在这样的观念基础上，清王朝选择了闭关自守的政策。乾隆时期，限定外商只在广州一地经商，对进出口货物也多加限制。1759 年，两广总督李侍尧规定了"防夷五事"：禁止外国商人在广东过冬，外国商人须住在政府指定的商馆中等。这一切都表明，清

---

[1]　冯天瑜等著：《中华文化史》，上海人民出版社 1990 年版，第 912 页

朝无意于参与世界体系，将自身隔绝于面向现代世界的发展潮流。事实上，直到这时，清朝还仍然把自己这样一个封建的传统社会看作为世界的中心，看成是世界唯一的标准，其他地区都是不开化的蛮夷之邦，1793 年马戛尔尼来华事件就表明了这一点。乾隆帝在答复其通商要求时一口回绝："天朝无所不有，原不恃洋货物以通其无。特因天朝产茶叶、瓷器，是西洋各国及尔国必需之物，是以加恩体恤。"[1] 同时，围绕跪拜之争则蕴含着更深的意义，中国官员要求马戛尔尼行三跪叩之礼，因为他是来自蛮夷之邦，而马戛尔尼却一口回绝，拒不答应。这实际上已向自认为是世界中心的大清帝国发出了挑战，而沉醉于万国来朝的皇帝和官员们却对此一无所知。

同样，研究地处欧亚大陆的奥斯曼帝国的危机与衰落将是颇有意义的，也更能理解一个貌似强大的帝国如何去迎战西方诸国这种现代性的冲击。1525 年，威尼斯驻君士坦丁堡的代表皮耶罗·布拉加丁向国内报告："我不知道有哪个国家能比这个国家更为得意，它蒙受上帝的全部恩赐。它操纵着对所有国或战或和之权，它富有黄金、人力、舰船，并使世人都听命于它，没有哪个国家能够与它相比。"[2] 的确，横跨欧、亚、非三洲汇合地的帝国幅员广阔，满怀自信，盛极一时。17 世纪之后，它遇到了西欧强国的猛烈冲击。由于奥斯曼帝国的地理位置近邻欧洲，使它比其他亚洲国家更早地领受到来自西方的冲击，这些冲击包括军事入侵、思想入侵、经济入侵和政治的高压。其中，经济入侵的压力最为严重，西方工业制成品的冲击犹如"大西洋经济的高压"侵入"奥斯曼经济低压区"。它使整个帝国成

---

[1] 冯天瑜等著：《中华文化史》，上海人民出版社 1990 年版，第 911 页。
[2] 斯塔夫里亚诺斯：《全球分裂：第三世界的历史进程》，迟越等译，商务印书馆 1993 年版，第 116 页。

为了西方工业的主顾，只能向别国提供初级原料，自己却再也不能出口制成品。正如法国驻君士坦丁堡舒瓦瑟尔-古菲尔所说："奥斯曼帝国成为'法兰西最富庶的殖民地之一'。"尽管这一结论有些夸张，有数据说明西方经济的影响力当时也还远未达到如此强度。但不可否认，实力雄厚、活力旺盛的"大西洋经济"，正开始导致奥斯曼帝国的经济和社会发生衰败与转换。

面对西方强国的冲击，奥斯曼帝国内部的政治、经济、军事科学技术的落后开始更加凸显，一些有识之士认为必须找寻对策。为此，他们专门编订了一套《纳西巴特文献》（*Nasibat literature*），认为造成目前内忧外患的根源就是因为抛弃了古老的价值观念和制度，必须要重振苏利曼大帝的光荣时代。事实上，他们的选择方向错了，面对经历了科学技术、思想和工业革命而空前强大的西方诸国的扩张，唯有吸纳先进文明才能成功，而一味墨守成规、抱残守缺的最终结果只能是陷入更深的危机，必败无疑。

站在全球体系的高度，应该看到，当不同的文明在这时相遇后，融入还是拒绝，成为了日后走上不同发展道路的分界，也使其在世界的空间结构上或世界体系中形成了中心与边缘的关系，西方取得了支配的地位，而亚非拉则成为依附者。从经济关系的视角来理解，在工业革命之后，西方用工业制成品来换取非西方地区的原材料和劳动力。在这样一种经济关系中，西方与非西方是一种分裂，还是能够达到共同的进步？从文化的关系上来说，它还隐含着这样的理念，这也是至今还困扰着人们的问题——文明与文化的关系，先进的西方被看成是文明的，落后的非西方是文化的。另外，就普遍性与特殊性的关系而言，西方与非西方能否在或在何种程度上分享共同的价值观和理念？是全盘西化还是回归传统？这是不同文明的相遇给世界历史的发展带来的全新问题。从此，历史演进成为世界历史的进程，同时也变成了各个国家和民族不断对上述问题的反思与追寻适合自身发展道路的历史。

就那些亚非拉国家而言，在面对西欧现代性的扩展面前，他们还依然沉醉于原先的传统，继续保持旧有的体制，并在思想理念和文化上大谈特殊论和本国文化的优越，其目的是想在传统的体制下来抗拒西方现代性的扩展。但事实上这些貌似强大的帝国、古老的文明体制却在现代性或资本主义的扩张下不堪一击，相继沦为殖民地和半殖民地。从此，他们自身的历史进程被迫扭曲或被打断，他们要在宗主国的控制下，以及在世界市场经济体制中扮演着依附性的角色，成为世界体系中的边缘，陷入欠发达或欠发展的境况。

对于殖民地的悲惨境况，我们无法做出一种道德式的评判。现代性的普遍性或资本主义的内在扩张是不以人的意志为转换的，只要它诞生，其最终的归宿必然是世界性的，要把一切民族、一切地区囊括在这一体制之中，形成世界性市场和世界体系。对此，马克思在《共产党宣言》中一再指出，不断扩大产品销路的需要，驱使资产阶级奔走于全球各地。它必须到处落户，到处开发，到处建立联系。这就是近代历史发展的主要内容和基本趋向。马克思还对现代性的扩展主体——殖民者有过这样的评价，英国在印度要完成双重使命：一个是破坏性的使命，即消灭旧的亚洲式的社会；另一个是建设性的使命，即在亚洲为西方式的社会奠定物质基础。印度总理尼赫鲁也对印度沦为英国殖民地发表过这样的见解：

　　　　印度的政治管理权完全由外人来操纵，而它的经济中心是在一个遥远的地方，他们把印度造成为现代的典型殖民地，使它在漫长的历史中第一次做一个附属国。另一方面，英国人的来临就使得情形大为不同了，旧的制度在多方面连根拔去了，他们从西方带来了一种完全不同的推动力，这种推动力是从文艺复兴、宗教改革以及英国的政治革命时代起就在欧洲慢慢地发展起来，而在工业革命的初期才具体化的。美国革命和法国革命又使这推动力前进了一步。[1]

当然也应该看到，在世界体系的构建之中，在世界性交往中，构建起国与国之间的平等，确保世界范围内每个国家与民族的权利与自由，应是必须确定的重要原则和必须遵循的准则。在现代世界的发展进程中，如果依然一定要以这种中心与边缘来进行构建的话，可以肯定这个世界体系将不会有真正的稳固和安全，它既不是现代社会"现代性"的体现，也不符合人类文明的共同真谛。

在全球史的视角下来理解工业革命，有这样三个问题值得关注：第一，英国的工业革命是全球交往的产物，其中包括着与东方的交往，以及"地理大发现"以来的知识交流，对他者知识与文明成果的吸收，例如，英国吸收了荷兰的公司制与股票交易制，因此，工业革命不仅仅是英国的发明，而是在欧洲乃至全球空间范围内资源配置后的结果。第二，在工业革命发生后，它首先起源于英国，然后向外扩展，并引发新的生产方式的变革，如果从时间线上来说，大约在19世纪初开始传入近邻的法国等欧洲大陆国家，19世纪60至70年

---

[1]　贾瓦哈拉尔·尼赫鲁：《印度的发现》，齐文译，世界知识出版社1956年版，第302页。

代是德国、美国等国家，19 世纪 70 至 80 年代扩展至捷克等东欧国家，到 80 至 90 年代时为俄罗斯，此后走向全球。因此，从这一扩展与接受中我们可以看到一种清晰的路线图，它表明了一个浅显的道理，即一个国家是否能够走向工业革命，实现工业化，不在于是否首先发明了工业革命，而是当工业革命发生后，那些处在落后的国家是融入先进文明发展的进程，接受工业革命的成果，还是自我封闭，不肯改革，这是对统治者的严峻考验，也是被拉开差距与形成差异的最为重要的原因。由此，也就关涉到一个核心问题，我们如何对待欧洲现代文明，如何理解它所代表与体现出的那些文明特性，和具有普遍性意义的"文明标准"。同样，文明标准的普遍性与各个区域的地方性又如何结合。第三，当工业革命帮助欧洲建立起优势地位后，借助于这一优势，先发工业革命的国家也向世界各地进行扩展，形成世界市场，形成联系紧密的全球共同体。全球化也就此加速度发展，可以说工业革命不仅在时间上形成了"现代"，而且空间上也开辟了全球化的新时代。

第五章

现代工业文明的基本特性

工业革命不仅创造出了现代生产方式——工厂制，形成了新的社会关系，而且也构建起了一个全新的社会，即今天通常所称的资本主义社会，或工业社会。同样，这也是一种全新的文明样式。"工业革命并非单纯的经济加速增长，而是经济与社会转型促成的经济增长。"[1] 因此，除了上一章所提到的生产方式的巨大变革之外，还需要知晓这个社会的基本结构、基本原则与基本的特征。伴随这一结构和社会运转原则，一种不同于原先农业社会的那样一些现代文明的特性也开始确立。诸如大到社会运行的自由原则，小到人们必须守时，形成职业素养等个人的文明化行为。正如阿什顿所说，在工业革命这些物质因素和经济因素的背后与之外，还存在着一些更为重要的内容。如"与境外之地进行贸易开阔了人们的世界观，科学则拓宽了他们的宇宙观：工业革命也是一场思想革命。如果它表达了人们在理解和控制大自然上的进展，它也就注意到了人们开始以新的态度去对待人类社会的问题"。[2] 从历史演进的维度来看，这一资本主义社会的基本结构一直持续至今，未有实质性改变。

[1] 埃里克·霍布斯鲍姆：《工业与帝国：英国的现代化历程》，梅俊杰译，中央编译出版社 2017 年版，第 29 页。
[2] T. S. 阿什顿：《工业革命（1760—1830）》，李冠杰译，上海人民出版社 2020 年版，第 28 页。

第一节　资本主义：一种概念

这里首先要对资本与资本主义这对概念做一梳理，因为只有界定了概念的内涵之后，才便于理解与把握。虽然"资本主义"这一概念具有争议，[1] 但学界常常这样来界定，资本主义指的是将资本进行投资以获取更多的利润。在资本主义的发展史上，主要有三种类型的资本主义，一是商业资本主义，二是工业资本主义，三是金融资本主义。尽管商业资本主义在早期占居主要地位，但只有当英国工业革命即工业资本主义产生之后，人们才将此称为现代资本主义。通常所说的资本主义体制的胜利，指的就是以工业资本主义为主导性的资本主义社会的形成，很多学者也将此称为"工业社会"。

讲到资本主义，不能不涉及"资本"这一概念，法国历史学家布罗代尔曾详细考察了这一概念的演变。他指出，资本这一概念源自拉丁语"caput"一词，作为"头部"含义，它于 12 世纪至 13 世纪出现，有"资金""存货""款项"或"生息本金"等含义，它最早在意大利流行和逐渐成熟，到 14 世纪时已被普遍使用。1399 年 2 月 20 日，弗朗赛思科·达蒂尼从普拉托写信给他的一位客户："当然，如果您愿买些天鹅绒或尼绒，您得先就资本和利润作出担保，其余则悉听尊便"。"资本"一词及其确指的实在可在锡耶纳的圣贝纳迪诺布道词中见到："这种繁衍不息的赚钱手段，我们通常称之为资本。"从词语传播的维度上来讲，资本一词从意大利出发，接着在德意志和

---

[1]　于尔根·科卡：《资本主义简史》，徐庆译，文汇出版社 2017 年版，第 1 页。

尼德兰广为传播，最后到达法国。1606 年，《法语宝鉴》一书已收入"资本"一词。以后，资本一词逐渐被人们所接受。福尔邦奈曾用过"生产资本"的说法，18 世纪重农学派的魁奈曾经断言："任何资本都是生产工具"。在日常用语中，也开始有这样一些非常形象的用法："伏尔泰先生自从到巴黎后，不惜动用资本。"意即一味拼体力消耗。特隆香大夫曾指出，他的朋友倒是"希望他仅靠利息生活"，即要他量力而行。由此可见，"资本"一词在当时的流行程度。[1]

毋庸置疑，"资本"实是理解"资本主义"的重要内容或逻辑的起点，当代历史学家沃伦斯坦正是沿着这一思路来界定"资本主义"这一概念。他认为，"资本主义"一词是由"资本"而来，资本是理解资本主义的一个关键因素。什么是资本，一般说来，资本不过是积累的财富。但从历史资本主义的角度来看，资本具有更特殊的含义，它不只是一批可供消费的货物、机器，或以货币形式表现的对物质的占有权，它的特殊之处在于：在资本主义体系中，只有当过去的积累被用来进行更多的积累时，它才成为资本。因此，资本的自我扩张就是其首要目标。正是持有者的这种无休止的与自顾自的自我追求，即积累更多的资本和资本持有者为实现这一目标而与其他人建立起来的关系，被称为资本主义过程。正由于此，资本主义必须对社会中的各个环节进行改造，必须把一切商品化，要把以前不由市场进行的活动转变为通过市场来进行，力图把越来越多的社会过程加以商品化或市场化。由于资本主义是自顾自的自我实现的过程，结果必然是，从本质上说，其没有任何社会交易能够被排除在这个过程之外。这就是为

––––––––––––

[1] 详见布罗代尔：《15 至 18 世纪的物质文明、经济与资本主义》（第二卷），顾良译，施康强校，生活·读书·新知三联书店 1993 年版，第三章。

什么人们常常说，资本主义历史发展的内在冲动是把万物商品化，实际上，也是社会的市场化。[1] 这也是人们通常所说的"自由放任"的市场原则。

　　沃伦斯坦的观点并不新奇，早在 18、19 世纪的一些思想家就已提出过类似的看法。而在马克思看来，理解"资本主义"的着眼点不在于其商业活动和对利润的追求，不在于市场的发展，一切要服从于市场的法则，这些只是资本主义的基础，而不能等同于资本主义，更不是资本主义最本质的特性。应该从生产关系入手来认识和理解资本主义，资本的本质显然是关系，而且只能是关系。马克思将这种关系称为雇佣劳动关系。由此，马克思对资本的理解更具创造性。在他看来，资本就是生产资料，其目的是为了获取剩余价值，而为了实现这一目的，资本必须与劳动力相结合。在这里，有两个前提条件要引起重视，一是资本的交换自由，二是劳动力的流动自由，劳动者必须与他的劳动条件相分离。马克思说，在他们那里，货币和商品，既不是生产工具和生存手段，也不是资本。他们想将其转化为资本，但这种转变本身只有在如下情况发生时才得以产生：两种极度不同的商品所有者必须面对面地交易和进行结合。一方面，货币、生产工具和生产手段的所有者，迫切需要通过购买他人的劳动力来增加自己所处置的价值量；另一方面，自由劳动者，即出卖自身劳动力的人或劳动力的出卖者必须能自由地出卖自己的劳动力。正是由于商品市场的这种两极分化，才奠定了资本主义生产关系形成的基本条件。因而，马克思并不关注商品市场得以稳定和扩张的必要条件，而是集中分析劳动

---

[1] 伊曼努尔·华勒斯坦：《历史资本主义》，路爱国等译，社会科学文献出版社1999 年版，第一部分。

者从独立向商品化即自由雇佣劳动力的转变过程。[1] 从这一视角来
看，资本主义生产方式不仅意味着市场上物质产品的交换方式，而且
更标示着劳动力的交换方式，当一个社会能把物质产品的交换方式切
换到劳动力的交换方式时，也就意味着资本主义在广度和深度上取得
了胜利。所以准确地讲，资本主义是在 19 世纪才取得了胜利。即当
资本与劳动形成一种交换关系，劳动者从属于资本家，完成了这一从
物到人的历史性转变，并形成与之相对应的社会生产方式，即雇佣劳
动关系占据社会主导地位的时候，这样的社会才是资本主义的社会。
这样，马克思是从资本与劳动力的结合上来理解资本主义，把握着资
本主义这一历史运动，资本通过购买和使用劳动力来达到其获得利润
和增殖的目的。如果说这个社会是一个资本占据绝对统治地位的社会
的话，那么这个社会也同样是一个分裂的社会，作为主体的资本家和
作为客体的无产者之间存在着巨大的鸿沟与分裂。无产者出卖着自己
的劳动力，忍受着资本的剥削和压迫（包括资本家和机器），他们没
有权利、自由和平等。因此，无产阶级必须起来革命，摧毁资本套在
自己身上的镣铐，迎来自身的彻底解放。[2]

　　1902 年，德国新历史学派的代表性人物桑巴特出版了《现代资
本主义》一书，从理论和历史的视角来解释"资本主义"，他的解释
在学术界产生了极大的影响，时至今日也仍然具有较高的学术意义。
桑巴特认为，所谓资本主义是指一种具有如下特征的经济制度：它是
一种交换经济的组织，在此项组织中通常有两个不同的人口集团对峙

[1] 详见马克思：《资本论》，第 1 卷，载中共中央马克思恩格斯列宁斯大林著作编
译局编：《马克思恩格斯全集》，人民出版社 1974 年版，第 23 卷。
[2] 同上。

着，即生产手段的所有者和无产的工人，前者具有指导权，为经济主体，后者为经济客体，他们必须通过市场才得以相互结合，实现生产活动。并且，这种经济组织受营利原则与经济合理主义的支配。营利原则指的是，在它的支配下，经济的直接目的不再是仅仅满足人的生存需要，而是货币的增殖，这种目的设定是资本主义组织所特有的。经济合理主义即从原则上调整一切行动，使之尽可能地切合目的。它表现为，经济行为要有计划；要选择正确的方式和手段来实现目的；在经济行为中要有计算，要对一切经济现象做出正确的数字统计和计算，并将这种计算总括为一种有意义有编制的数字体系。[1] 而与桑巴特齐名的马克斯·韦伯曾对资本主义下过这样的定义：凡是利用企业方法以满足人类团体所需要的产业之地方，即有资本主义，而不管其需要的内容是什么。说得更具体一点，一种理性的资本主义经营就是使用资本核算制度的经营，换言之，也就是根据近代簿记与收支平衡的结算方式来确定其收益能力的一种经营。为此，他提出了资本主义产生的先决条件。从这些条件中，我们可以更好地理解什么是资本主义。第一，占有一切物质的生产手段（土地、设备、机器、工具等），这些都成为可由独立经营的私人企业所处置的财产，这是现代才有的现象。第二，市场之自由，即在市场上没有任何对市场交换活动的不合理限制。第三，合理的技术手段，归根结底就是最大可能程度的计算，这是资本主义式会计制度的前提。第四，有可以算计的法律和规则，如果想要合理地经营资本主义形式的工业组织，就必须有可以预先算定的判断及管理。第五，自由劳动力之存在，他们不但在法

---

[1]　伟·桑巴特：《现代资本主义》（第一卷），李季译，商务印书馆 1958 年版，第 205—206 页。

律上可以自由地——而且在经济上亦被迫——在市场上不受限制地出卖自己的劳动力。第六，经济生活的商业化，其意指企业之股份权与财产权通常都以商业化的工具（如证券）来代表。简言之，对于各种需要的满足，必须尽可能完全以市场机会与利润的计算为基础。[1]

　　谈到"资本主义"，不能不提到法国历史学家布罗代尔，他对资本主义做出了自己的独特理解，其研究成果也享誉世界。与很多学者一样，布罗代尔也是从"市场经济"入手来分析资本主义这一概念和这一社会体制。[2] 因为市场经济是这一社会的基础，从一定意义上说，资本主义社会也是"市场社会"。对于市场，布罗代尔把它细分为这样两类来进行分析，一是底层市场，二是高层市场。所谓底层市场，就是遍布于社会各地的市场，如乡村或城市中的集市、店铺、小商贩和各种小市场等，布罗代尔将它形象地称为"社会的毛细血管"，承载着市场交换的基本任务，是社会和任何个人都须臾不可离开的。在市场交换中，底层市场一般具有这样的特性，它是面对面的直接交换，参与的人数很多，交换的内容较多，交换的频率也较快，交换的半径较小，特别值得注意的是，由于是面对面的直接交换，其交易的价格是由双方约定而成，并认可成交，在这里不存在任何欺骗和作弊，交换的公正性也就寓于其中，并成为其基本的特性。另一方面，由上述内容所决定，底层的市场交换还具有这样鲜明的特性，即公开性和竞争性。任何一项商品只要畅销，马上便会有很多人在市场上进行出售，其竞争之激烈可想而知。在竞争如此激烈的情况下，任

---

[1] 马克斯·韦伯：《经济·社会·宗教——马克斯·韦伯文选》，郑乐平编译，上海社会科学院出版社 1997 年版，第 117—118 页。
[2] 详见布罗代尔：《15 至 18 世纪的物质文明、经济与资本主义》（第二卷），顾良译，施康强校，生活·读书·新知三联书店 1993 年版。

何商人都不可能获得高额的利润，利润的区间已是非常之小。正是由于底层市场的这些特性，布罗代尔常常也把它称为"公共市场"。高层市场是指市场交换的高级形式，它包括期货交易、股票市场等交换形式，它充任着社会的"动脉和静脉"。与底层市场的特性相比，高层市场的特性为：它参与的人数少，不是面对面的直接交换，交换的频率更快，市场半径更大。在这种情况下，它不可避免地导致少数人可以控制与操纵交易，从中作弊，并很容易获得巨额利润。因而，不像底层市场，高层市场是一个不公平竞争或者根本就不存在竞争的市场，是一个垄断的市场。布罗代尔也把它称为"私有市场"或"反向市场"。值得注意的是，布罗代尔在分析了两种市场的特性之后明确指出，真正的"资本主义"就出现在高层市场，它表现为垄断、欺骗、作弊、没有竞争、高额资本、高额利润等。通过这种分析，他对"市场经济与"资本主义"作出了区别。发生在底层市场的交换属于"市场经济"的范畴，那些交换的特性是真正的市场交换，是"市场经济"的本质，而在高层市场所表现出来的种种弊端，例如垄断、欺骗和作弊等不应称作为"市场交换"，或市场经济中的交换，那才是真正属于"资本主义"。

为此，布罗代尔始终坚持，"市场经济"与"资本主义"不是一个概念，"市场经济"本身不能直接等同于"资本主义"，全算在"资本主义"的账上。自由竞争、公开性是市场经济的运行法则，是其内在的本质体现。而"资本主义"则是在自由竞争市场经济的基础上而形成，并走向了与之相反的一面。布罗代尔指出："从市场经济的自由竞争中脱胎出来（和吸取营养）的资本主义（过去的和今天的资本主义及其不同程度地带有垄断性的各个阶段）并不完全消除竞争，而是凌驾于竞争之上，与之并存。"[1] 由此，布罗代尔揭示了资本主义与市场经济的关系，自由竞争与垄断形成的关系，回答了什么是市场经济，什么是资本主义。在他看来，真正的资本主义是投机、垄断、作弊和欺骗等，它与自由竞争的市场完全不同，它一直作为"反市场"而存在。如果从市场经济的视角来看，市场的自由发展恰恰是市场经济的正常发展，而不是资本主义的发展，为市场经济正常发展所创造的一切条件应该归属于市场，而不是资本主义发展的条件。因此，当人们说，要让市场这只"看不见的手"来发挥作用时，我们正在迎来的是市场的自由、公开和公正，社会的自由和公平。正是如此，布罗代尔力主市场的发展并不等同于资本主义的发展，市场的胜利也并不是资本主义的胜利。诚如布罗代尔观点的赞同者，美国历史学家沃伦斯坦所说："市场（布罗代尔意义上的市场）的胜利不再是资本主义的标志，相反，它转而成为世界社会主义的标志。"[2]

18 世纪以前，高层的市场还未发育成熟，其规模较小，远远不能影响整个社会的经济生活，它还不能构成为占居主导地位的经济"运行方式"。也就是说，这是一个社会的转型时期，还不是一个"资本主义"的社会。当这样一种经济行为达到一定的深度和很强的穿透力，能把整个"经济世界"覆盖并联结成为一个网络时，才可以称得上是一个"资本主义"经济方式的社会，而这要到 19 世纪才完成。其标志是，市场经济与工业主义的结合。其意指工业革命后现代大工业方式的建立，彻底确立了资本主义社会的形成。

---

[1] 布罗代尔：《15 至 18 世纪的物质文明、经济与资本主义》（第二卷），顾良译，施康强校，生活·读书·新知三联书店 1993 年版，第 641 页。
[2] 许宝强等编：《反市场的资本主义》，中央编译局出版社 2000 年版，第 79 页。

如果说前面的概括是上一代学者的理解的话，那么当下的一些学者也在思考何为资本主义这一基本问题。例如，德国历史学家科卡对资本主义给出了这样的界定，资本主义以分散化、商品化和资本积累为基本特征。第一，个人和集体需要获得权利，尤其是产权，这样他们才能相对自主和分散地做出经济决策。第二，市场要充当主要的分配机制与协调机制；商品化以各种形式渗入社会，例如，劳动的商品化。第三，资本处于核心位置，这包括：为了将来的收益而利用现有资源投资，借贷，使用积蓄和盈利，直面动荡与风险，将获利和资本积累作为目标。[1] 英国学者福尔彻也认为，资本主义的本质特征即以盈利为目的的投资。经济活动本身并不重要，重要的是从中获利的可能性。的确，资本主义社会的典型特征就在于，几乎所有的经济活动都是由以获利为目的的资本投资所驱动的。[2]

综观各家之定义，无不指出了资本主义的某些特征及其基本要素，资本、市场、工人、资本家等，资本主义与这些要素密切相连。在这些要素当中，无论是马克思还是其他思想家都不否认"市场"这一基础的存在，并且都把"市场"看成为这一社会的特性，看作为上演"资本主义"各种活剧的平台。如果把上述思想家所定义的社会称作为"资本主义"社会的话，那么，同样也可以将其称作为"市场社会"。事实上，我们依然无法绕开市场经济与资本主义之间的关系问题。作为一种市场经济体制的社会，社会体制的确立、机制的运行、社会生活的方式等一切无不受到市场法则的制约。举例来说，这些法则包括面向市场的营利观念，复式簿记与计算精神，产权观念与

---

[1]　于尔根·科卡：《资本主义简史》，徐庆译，文汇出版社 2017 年版，第 24 页。

[2]　詹姆斯·福尔彻：《资本主义》，张罗等译，译林出版社 2019 年版，第 13—14 页。

产权安排，诚实守信的经营理念和经营行为，当然同样也包括作弊与欺骗、垄断和投机。例如，早在 17 世纪时，荷兰的一些商人在仓库里就囤积着可供全国 10 至 12 年消费的小麦，还有其他一些物品。同样，这一时期投机之风盛行，在 17 世纪 30 年代的荷兰，郁金香的价格被哄抬到惊人的程度，一支鳞茎的郁金香售价竟达 2500 荷兰盾，但不久这股投机热突然消失，许多人为此破产乃至自杀。17世纪发生在英国的"南海泡沫事件"也是历史上较为典型的投机事件。

这种市场法则，如果从价值取向上进行评判的话，既有好的一面，也有不好的一面。事实上，我们无法像布罗代尔那样，把好的一面算作"市场经济"的法则，把坏的看成"资本主义"。但不管怎样，沿着上述的思路，我们还可以对资本主义进行这样的提炼与概括：第一，从生产关系方面来看，资本主义就是一种社会生产关系。它不仅体现在资本与劳动力相结合而产生的雇佣劳动关系这样一种社会关系，同时，它也包括着在生产、分配、投资等方面相互连接成的各种社会关系，还包括在空间与时间上来看的各种人与人之间的关系。值得注意的是，所有这些关系实际上都通过市场这个中介得以联结和进行各种组合。第三，我们不仅要将资本主义看成是一种社会关系，还要看到这种社会关系的历史发展进程，探讨它何时在社会中占据主导地位。只有当这种社会关系克服、摧毁和改造了一切与之不符的各种社会关系时，我们才可以说资本主义取得了胜利，资本主义得以确立。从空间上来看，市场或者说资本主义具有着巨大的扩展能力，市场交易的半径一直不停地在扩大，从乡村集市到远程贸易，从一个地区向另一个地区，从一国到另一国，从最早起源的西方到东方，经过数百年的时间，终于在空间上形成了庞大的全球市场交易体系。

为什么资主义具有如此大的扩展能力，撇开市场扩张和资本追逐利润的本性之外，这种扩展还来自于企业家的内在欲望和冲动。它表现于行动中，也体现在精神观念上。作为一个企业家，他的工作不仅是使市场得以开拓，资本得到不断累积，而且更是把这些工作看成是一项事业，这是他的天职。[1] 因此，这就涉及资本主义的观念、精神或价值取向问题。这也是理解资本主义的另外一种向度。对此，马克斯·韦伯在其名著《新教伦理与资本主义精神》中做了详细的分析。人们常说资本主义是一个"市场社会"，随着市场的扩展，交易半径的日益扩大，形成庞大的市场体系后，必定要有支持其具体运作与不断运动的方式和基础，这就涉及资本主义的技术特性。著名华裔历史学家黄仁宇分析过资本主义的技术性格，认为有以下几点：第一，资金的广泛流通，剩余资本通过私人贷款方式彼此往来。第二，经理人才不顾人身关系的雇佣，因而企业扩大超过所有者本人耳目之程度。第三，技术上支持因素通盘考虑，如交通通信、律师事务及保险业务。他还说，以上三个条件全靠信用，而信用必然依赖法治维持。[2] 归纳其所说，可以依次将这些技术手段划分为：金融业、保险业等服务体系的建立，企业管理及经济部门的管理；交通运输业的发展；法律服务体系的建立，以便在遇到合同或经济交往中的纷争时得到公正的解决。这些技术特性也可称之为"市场经济的公正服务"。

---

[1]　详见马克斯·韦伯：《新教伦理与资本主义精神》，于晓等译，生活·读书·新知三联书店1999年版。
[2]　黄仁宇：《资本主义与二十一世纪》，生活·读书·新知三联书店1997年版，第31—32页。

随着市场经济的发展，它愈益需要一种社会体制的支撑，需要确立起社会的公共规则，即制度上的保证。所谓制度，其含义为管束人们行为的一系列规则。这当是理解资本主义的又一重要内容。这种制度体系包含着多种规则，如政治上的自由民主制度，经济上用于确立个人权利和收益的产权制度，等等。在对制度的理解中，还须注意这样两个概念：制度环境和制度安排。前者指一系列用来确立生产、交换与分配的基本的政治、社会和法律规则；而制度安排则是支配经济单位之间可能合作与竞争方式的规则。[1] 它可能是正式的或非正式的，也可能是出于自愿的合作或政府性的安排。这些制度体系确立起了个人、单位、政府和民间组织等之间的互动关系以及权利、责任与义务等方面的天然边界与限制范围，也确立起了他们对这些规则的一致认同和自觉服从。因为作为规则，它是普遍的和公共的，而非狭隘的与偏私的，它通用于社会的各个层面，不能仅适用于某个领域；它要求社会上所有的人都遵守，没有任何个人或群体可以例外。在任何一个社会，一旦从底部的市场经济运行跃升为社会制度规则体系确立的时候，它不仅保证了资本主义有序的发展，也标志着资本主义进入制度建构的层面，演进成为一种完整的社会体系。

对于一个个体而言，在资本主义或工业社会中，人们被纳入到这一社会运转体系，按照这一社会的原则来改造自己，要被重新"格式化"，即要适应工业社会的运转要求，按照资本主义社会的规则来重新组装自己。有位学者曾经这样说过：在20世纪，人的本质并不在于他是一个理性的动物，或是政治性的、邪恶的，或是思想性的动

---

[1] R. 科斯、A. 阿尔钦、D. 诺斯等：《财产权利与制度变迁》，刘守英等译，上海三联书店1994年版，第14页。

物，而在于他是一个工业动物。人之所以为现代人不在于他的道德、知识、社会或美感上的属性，他的本质存在于他为工业社会作出贡献，并从中获益的能力。这段话清楚地表达了个人与资本主义社会之间的关系。正是从这一关系出发，人们才能更为透彻地认识到，资本主义作为一种社会体系，它不单是意味着一种社会关系在全球空间上的扩展，要把一切国家和地区纳入其中，实际上，更意味着要把每个个体卷入到这一体系，要按照它所要求的规则去安排自己的生活和行为，使自己的行为方式适应、认同与符合这一生产关系的运作。与此同时，每个个体又用自己的理念和行为参与市场经济，建构起资本主义社会，这是一个双向的互动关系。所以，我们还可以从这一角度去理解资本主义，把人的认知态度和行为方式的转型与实践也看作为资本主义历史进程的重要内容。社会由人构成，人是一切社会关系的聚合与体现，抽掉了人而去谈某种社会关系或资本主义关系将像没有王子的《王子复仇记》。

无论从哪个侧面对资本主义进行概括，有一点可以肯定，市场与资本主义从来就是密不可分，但也需要指出，存在市场经济的地方，未必就一定能成长起资本主义。从这个意义上来说，市场与资本主义又有所不同。在任何一个国家，要想最终成长起资本主义，必须要有一种社会性的大突破，实现市场与工业主义的结合，实现市场运行与社会体制的结合。在历史的演进中，这种突破率先在西欧各国取得成功。因此，回顾这一历史进程，更应关注的是，如果说市场交换属于社会运行的底部基础的话，那么，它的运行和扩展能力要求确立起与之相适应的社会体制，只有在这一体制确立后，我们可以说资本主义社会开始形成，并且又使其扩展能力得到了大大增强。所以，资本主义不再仅是一种经济体制，一种以市场为基础的经济体制，而是社会的总体性体系。它以其内在的冲动来对社会的一切进行彻底的改造，它要把社会的一切方面都卷入这个体系，以它为中心整合着社会的各种资源和关系，重新建构了社会组织结构，乃至社会生活，形成了一种全新的制度体系和运作机制，以及不同于以往的价值体系、精神状态和行为方式，如同法国革命要塑造"新人"一样，资本主义也在塑造全新的人，在此基础上，资本主义创造了不同于以往的新型个体与崭新的国家和崭新的社会。

第二节　资本主义诸要素的历史分析

上一节已经涉及了资本主义的一些要素，这里想专门对其中的一些内容加以展开分析，从而加深对资本主义的理解。

在早期商业资本主义时期，只存在着市场的问题，但这样的一种资本主义形态还不是真正意义上的资本主义。真正现代资本主义是指资本控制着整个生产过程，其表现之一就是资本要投资办厂，要有自由雇佣的劳动力，并获得利润，正如历史学家麦克法兰所说："资本主义的核心之处是对利润最大化、对积攒财富和花费财富的态度"。[1] 因此，为了获得利润，它就要为市场而生产。这样，当资本主义从最初的商业资本主义进入到工业资本主义阶段的时候，也就形成了现代资本主义，其最为重要的组成要素就是资本、劳动与市场。除此之外，资本还有一个最为重要的特性就是必须确立资本所有者，为此就需要在社会体制上建立起对"财产权"的安排，财产权成为资本主义社会的基础，"市场资本主义的表征之一就是对财产权的态度"。[2] 没有它，也就没有了资本主义社会。

早在 17 世纪，英国的思想家洛克就曾指出，劳动创造了财产权。因为在自然状态下，所有的物品都呈现出原有的自然的状态，也是公共的状态，但当人的劳动加入之后，这个物品就与原先的"公共性"分离了，变成了个人的私有财产，财产权由此起源。洛克写道："我

---

[1]　艾伦·麦克法兰主讲，刘北成评议，刘东主持：《现代世界的诞生》，清华大学国学研究院主编，上海人民出版社 2013 年版，第 58 页。
[2]　同上书，第 57 页。

的劳动使它们脱离了原来所处的共同状态，确定了我对于它们的财产权。"[1] 既然财产权归属于个人，那自然就具有排他性。洛克说："既然是由他来使这件东西脱离了自然所安排给它的一般状态，那么在这上面就由他的劳动加上了一些东西，从而排斥了其他人的共同权利。"当个人拥有了这一不可剥夺的权利后，社会就必须保护财产权，保障它的安全。对此，洛克斩钉截铁地表达道："未经他们本人的同意，任何人无权从他们那里夺去他们的财产或其中的任何一部分，否则他们就并不享有财产权了。"[2] 在洛克看来，这种情况一旦发生，事实上就意味着是一种暴政，正义就将受到破坏。

在洛克的财产权理论提出之后，立刻被解释成为保护有产者财产权的基本原则，事实上，近代早期英国的资本主义社会便是按照洛克的这一理论来建构，并沿着其所指引的这一路径而展开的。正是在这样的基本原则指导下，法国革命所通过的《人权宣言》也明确规定：私人财产是神圣不可侵犯的权利，除非当合法认定的公共需要所显然必需时，且在公平而预先赔偿的条件下，任何人的财产不得受到剥夺。1793 年宪法又明确规定，财产权是"享受和随意支配自己的财物、自己的收益、自己的劳动和勤勉的果实的权利"。这些规定则表明了私人财产是属于每个人的一项权利，并不受来自于任何外在权力的侵害，获得保障与安全。正是在这样的财产权理论中，私人财产获得了一种保障，并转化成为了资本，而资本的所有者——资产阶级以此为基础也就获得了对工人阶级支配的绝对权力，造成了两个阶级的对立和分裂。

如果说资本主义，或者现代社会的基础是市场，那么，企业家在

---

[1] 洛克:《政府论》（下篇），叶启芳等译，商务印书馆 1983 年版，第 20 页。
[2] 同上书，第 86 页。

社会实践的意义上完成了面向市场而生产的工厂制的创建，而思想家们则在理论上为之而辩护，并在和当时的政府垄断、土地贵族的利益保护等方面的斗争中将此确立为现代社会的一项基本原则。在这些思想家中，亚当·斯密则是第一个系统地论证了市场经济理论的人，因而他也被视为"政治经济学的牛顿"。

1723 年 6 月，亚当·斯密出生在离苏格兰首府爱丁堡不远的柯科迪。虽然斯密出生前父亲就已去世，4 岁时也险些被吉普赛人拐走，但幼年的斯密还是受到了家人的格外关照，并已经表现出过人的聪颖。15 岁时，他便进入格拉斯哥大学就读。在这里，他首次接触到了那些新颖独到的思想洞见，并成为被誉为"苏格兰启蒙运动之父"弗朗西斯·哈奇森的学生，受到其直接的教诲。在格拉斯哥大学

图 12　亚当·斯密
（约创作于 1800 年，绘画者不详，现藏于苏格兰国家美术馆）

学习 4 年后，由于得到了一笔奖学金，斯密进入牛津大学学习，但他很快就对这一古老的学府深感失望，因为教师无心教学，整个学校也毫无活力。于是斯密便在图书馆广泛阅读，这对他日后构建起自己的思想体系起到了非常重要的作用。

结束了牛津大学的学习生涯后，1751 年，只有 28 岁的斯密成为格拉斯哥大学的逻辑学教授，后又担任道德哲学教授。在多年思考和讲授课程的基础上，1776 年，亚当·斯密出版了《国民财富的性质

和原因的研究》（即《国富论》，下文称《国富论》）一书。起初，出版商对这本书的销售并不乐观，只印刷了大约 1000 本。哲学家大卫·休谟知悉此书即将出版，就预测这本书一定会获得成功。事实上，这本书出版后被认为"不仅是一个伟大的心灵，同时也是整个时代的一部呕心之作"。两年后，历史学家吉本曾这样评价斯密，"当我被告知苏格兰海关专员的职位被授予了一位哲学家，而正是这位哲学家向世界呈现了一部迄今为止最为深刻、系统的关于贸易和税收的专著，这一专著足以令作者本人自傲，也定会为全人类带来福祉"。此书的出版不仅对英国的历史进程，而且对现代社会的发展都起到了重要的作用。斯密的学生约翰·米拉对自己的老师给出了这样的赞誉，称他是"政治经济学的牛顿"。今天格拉斯哥大学把亚当·斯密当作他们学校最伟大的一个学者，也是学校声誉的代表。当然，对于一所大学而言，能够出现这样伟大的思想家自然是非常值得自豪与骄傲的。在笔者看来，这也是判断是否为世界一流大学的标准，那就是，这所学校是否出现了能够影响和改变世界的思想家和学者。

斯密为什么要写作这本书，正如他自己所说，是要探讨国民财富的增长，回答对于一个国家和其人民来说，实现财富增长的动力在哪里。对此，回到当时的历史背景也不难理解，此时的英国正处在工业革命的初期，工业的发展不仅仅意味着产量的增加，更是在生产组织形式、社会关系等方面的彻底变革。现实的社会现状能否适应这些正在发生的变化，现有的政策和体制又该如何进行调整与改变。更为迫切的是，所有这一切需要思想观念的转变。因此，思想家必须要站出来对此加以阐释，对未来社会的基础和样式作出分析。

17 和 18 世纪的很多思想家往往从政治契约的维度来思考未来的现代社会，但斯密则从市场经济这一视角来进行论述，从而为现代社会的转型提供了一种全新的解释性理论。斯密将这一未来的现代社会称为"商业社会"。他在《国富论》中说，"一切人要依赖交换而生活，或者说，在一定程度上，一切人都成为商人，而社会本身，严格地说，也成为了商业社会"。[1] 这一论断被学者们认为不啻为一个革命性的转折。从此，人们从自然状态进入到社会状态、逐渐形成一个社会，靠的不是一种政治性的契约，而是通过市场的交换，才把所有人都紧密地联系在了一起，这才是构建一个现代社会的基础。也就是说，社会的基础不再是以前思想家们所强调的政治性的契约，而是一个更密切、更频繁、更自发的交换过程。同时，市场交换不仅是未来社会的基础，而且就是社会本身。正如斯密所说，"交换就是政治经济学，就是社会的全部。因为没有交换的社会和没有社会的交换都是不可想象的"。人通过市场交换而产生交往和联系，社会也靠市场交换而得以存在和延续。

在市场交换下，整个社会都会按照这一机制进行重新建构，人的身份等诸种要素也将会得到重塑。例如，在市场交换中解决了人们的权利实现问题，也就是说，保障人们权利的最好方式不仅要靠社会契约、政府等一些政治性的安排，还需要靠市场交换。同样，在道德的维度上，斯密将人从现有的社会规范特别是道德原则中解放了出来，回答了利己与利他之间的关系，从而赋予了伦理道德以新的含义。斯密说："我们每天所需的食料和饮料，不是出自屠户、酒家或烙面师的恩惠，而是出自他们自利的打算。他受着一只看不见的手的指导，去尽力达到一个并非他本意想要达到的目的。"在斯密看来，通过市

---

[1] 亚当·斯密：《国民财富的性质和原因的研究》（上卷），郭大力、王亚南译，商务印书馆1997年版，第20页。

场交换，个人财富和社会财富均会得到增加，实现了利己和利他，个人利益和社会利益的结合。

正因为如此，亚当·斯密才坚持，人们不要干涉市场的交换，特别是政府不要去干涉它，应该让其自由发展。他说，一切特惠或限制的制度一经完全废除，最明白最单纯的自然自由制度就会建立。每一个人在他不违反正义的法律时，都应听其完全自由，让他采用自己的方法追求自己的利益，以其劳动及资本和任何其他人或其他阶级相竞争。这样，君主们就被完全解除了监督私人产业、指导私人产业使之最适合社会利益的义务。按照自由的制度，君主只有三个应尽的义务。第一，保护社会，使其不受其他独立社会的侵犯。第二，尽可能保护社会上各个人，使其不受社会上任何其他人的侵害或压迫，这就是说，要设立严正的司法机关。第三，建设并维持某些公共事业及某些公共设施。正是在这个意义上，政府只是守夜人，其功能是维系市场交换秩序不受外力的干扰和侵害。

从一个社会运行机制的层面来说，在这样一个由每个人参与所组成的"商业社会"中，有着和原先的封建社会已然是完全不同的运行法则，人们不再是凭借特权和等级，而是基于平等与自由的原则进行交换；社会地位的获得和得到认可，也不是因为门第和出身，而是依赖在市场交换中获得财富的多寡；同样，财富的获得不是出于特权或得到政治权力的保护，而是信用、法律与制度的支撑。因此，相较于之前的社会形态，商业社会表现出这样一些重要的特征，它是文明的、自由的，同样更是一个繁荣的社会。斯密说，每一个人都参与市场交换，每一个人都依赖市场交换，且每一个人用自己多余的生活品去参与市场交换，带来的将是普遍的繁荣——既促进了整个国家的繁荣，又使每个国民的个人财富得以增长，于是社会各阶级普遍富裕。据说，有位学生记录下斯密在格拉斯哥大学的讲座，他提到最多的便是，"富裕和自由"是"人类能够拥有的两个最大恩赐"。[1] 的确，这是斯密一直所坚信的，只要每个人通过自己的努力，就能够改善自身的条件，并且在法律的保护下，实现整个国家的繁荣与进步，与每个个人的富裕，先前的时代已经做到了，未来也会是如此。[2]

当然，讲到自由的市场交换，亚当·斯密为此还设定了很多条件。人们应该切记，自由的市场交换是有前提条件的，有关这些论述则分别体现在他的三本书中。第一个条件，在《国富论》中，斯密强调市场交换是平等条件下的充分自由交换。第二个条件，在《道德情操论》一书中，斯密则认为参与交换的主体必须是以同情为基础的，具有道德的自我约束，而非如 17 世纪思想家霍布斯所说的弱肉强食。第三个条件，在《法学要旨》这本课堂讲义中，斯密始终坚持以公正为核心的法律制度作为市场运行的框架。如果这样的法律不健全，强调市场自由就是危险的市场自由。第四个条件是劳动者在参与市场资源配置中的权利问题。综合这些条件，可以说为了市场的"自由"发展，为了市场给社会带来繁荣、自由和公正，亚当·斯密对市场交换的自由设置了诸多条件，也可以称之为确立起"市场的边界"。

长时间以来，人们对亚当·斯密思想的理解始终将其定格为主张"看不见的手"，是让市场自由发挥作用，而这一思想通过现代思想家哈耶克、弗里德曼等人的传承和发扬，更强化了对亚当·斯密市场

[1]　克里斯托弗·J. 贝瑞:《苏格兰启蒙运动的社会理论》，马庆译，浙江大学出版社 2013 年版，第 138 页。
[2]　Andrew S. Skinner and Thomas Wilson, eds., *Essay on Adam Smith*, Clarendon Press, 1975, p. 178.

交换自由思想的构建。而现在，越来越多的学者则认为，斯密不仅是自由主义者，也还是一位社会民主主义者，当然更谈不上是一位市场原教旨主义的倡导者。正如历史学家艾玛·罗斯柴尔德所说，将斯密的市场经济思想简单地理解为"看不见的手"并非符合斯密的原意，其实斯密并没有特别推崇"看不见的手"，最好将这一比喻理解为一个温和的讽刺性笑话。[1]

在法国，也出现了一位主张市场经济的思想家，这就是弗雷德里克·巴斯夏。由于深受亚当·斯密自由主义经济学思想理论的影响，巴斯夏和他的朋友们格外关注自由贸易以及当时英国的"反《谷物法》运动"。为此巴斯夏专门来到英国，与"反《谷物法》运动"的领袖科布登结识，与之建立了深厚友谊。到英国的第一年，他就写作出版了《科布登与联盟》，详细介绍了这场运动。他还将科布登等人关于自由贸易的一些重要观点译成法文出版。1846 年，当英国宣布取消《谷物法》时，巴斯夏在巴黎成立了自由贸易联合会，创办《自由贸易》周刊，发表大量论战性文章，为在法国实现自由贸易而呐喊。为此，他开始写作《和谐经济论》，希望唤起人们对经济自由的理解和支持。

他认为，实现经济自由，不仅要反对封建主义的残余，而且必须从理论上回答怎样促进社会财富的增长和实现社会公正与和谐，否则现存的社会必将因理论上的贫乏而日趋混乱与对立。这一主旨成了巴斯夏着力思考的重点和毕生所要解决的主要问题。

从斯密的劳动分工出发，巴斯夏认为自由的市场交换是社会存在和延续的基础。"交换就是政治经济学，就是社会的全部。因为没有

---

[1] 艾玛·罗斯柴尔德：《经济情操论：亚当·斯密、孔多塞与启蒙运动》，赵劲松等译，社会科学文献出版社 2019 年版，第 181 页。

交换的社会和没有社会的交换都是不可想象的。"[1] 人通过交换而产生交往和联系，社会也靠交换而得以存在和延续，或者说交换是人类社会存在和延续的基础。在说明自由交换的经济必然性后，巴斯夏转入了这一问题的社会方面。他强调指出，自由交换定会带来平等与社会和谐。他首先指出市场自由竞争的两个特点：第一，市场交换具有公平性或公正性。人们进行市场交换是为了达到双方的利益，由于交换是自由进行的，所以交换的实现完全基于交易双方的等价交换，这里没有任何欺骗和不等价，否则交换就会自动终止。这种等价性是人的一种理性的计算，是双方价值相同的体现。在交换中，"不管订约的一方的需求如何强烈，另一方付出的努力如何巨大，只要交换是自由的，被交换的劳务总是等价的"。作为社会运作机制的交换，正是以其公平、公正的特性在发挥着神奇的作用，参与交换的"每个人都得到了报酬，都得到了他们计算过的应该得到的东西。所以谁也没吃亏，谁也没占便宜"。[2] 第二，通过自由交换，人们都得到了自己所缺乏的物品，使各自的需求得到满足。同样，自由交换会给社会带来和谐，而非混乱。巴斯夏一再指出，人的利益是彼此和谐的，因为大家都互相依赖，只要实行自由交换，人人都会在自由选择的交换中达致自己的利益。"自由地做一切不损害公正的事，自由地生活、发展、自我完善，自由地施展才能，自由地进行交换。"[3] 只要有自由，人们各自的利益就将在自由之中自动地实现和谐，而不会引起冲突、对立等现象。更重要的是，在自由之下，全社会的平等、公正

[1]　弗雷德里克·巴斯夏：《和谐经济论》，许明龙等译校，中国社会科学出版社1995年版，第99页。
[2]　同上书，第53页。
[3]　同上书，第112页。

和公共利益都得到了增长和保障。

在巴斯夏看来，社会并非仅仅如主张"社会契约论"的理论家所说的那样建立在自然法的基础之上。实际上，社会是在一种渐进的过程中形成的，是人们的一种自愿联合，是由一些有智能、有道德、能自由决断和不断完善的成员所组成。这样的背景下组成的社会，人与人的利益是和谐还是对抗？在有些人看来，社会无处不存在着对抗：资产者与无产者，资本与劳动，农业与制造业，农民与市民，生产者和消费者，文明和社会秩序，等等。这种对抗不仅是社会成员的对抗，实质上是隐含在其后的人的利益的对抗。既然对抗无所不在，那就有必要对人的利益进行约束，不能让其充分自由地伸展。按照这种思路必然引申出这样一个尖锐的问题：是承认人的利益的合法性并让其自由地实现，还是用一种强制的方式来对其进行管制。或者说，是通过自由地实现人的利益来达到社会秩序的自然和谐，还是以压制人的利益来构建起某种既定的社会秩序，以便实现某些阶级或阶层的利益。巴斯夏认为，这个问题的实质是：有些人企图以强制取代自由，以非自然社会秩序取代自然的社会秩序，以他们自己的发明取代上帝的创造。由此他发问道："是自然的秩序更合理，还是人为设计出的社会更合理？"所谓自然的秩序是指社会通过自然的发展进程所达到的和谐，而人为的秩序则正好相反，它是由人的理性和主观能动性而设计构建出的一种社会秩序。事实上，两种秩序的分野在于：是否承认人的利益的正当性；如何理解与评估人的理性能力，是否可以坚信人的理性设计能力，运用人的理性的控制手段能够重构新的社会秩序？对运用理性来建构未来的社会，巴斯夏深表怀疑，如果要一个自然运行的社会接受这种人为的理性设计出来的社会秩序，只有两条途径：要么强迫人们接受，要么是人们一致赞同，后者又可分为说理和欺骗。他认为这些办法都是行不通的。说理很困难，因为不太可能让广大民众接受这一违背其自然本性的人为秩序。至于欺骗和强力，短期内可能会有些许效果，但终究也无法维持长久。不仅如此，如果按照理性设计者的观点去实践的话，人的理性每天都可能设计出一种新的社会秩序，难道社会要按照这样的设计去经常更换吗？况且在多种人为设计中，究竟选择哪一种为最佳？如若失败，难道社会就应该这样永远不断地实验下去吗？或者按照中国的俗语来说，要无休止地"瞎折腾"吗？

在巴斯夏看来，更为危险的是，理性的设计者们不仅要设计出新的社会秩序，同时为了要实现这一人为的社会秩序，必定要摧毁现行的建立在市场交换基础上的自然社会秩序，对社会交换机制进行干预。众所周知，社会的交换必定牵涉到交易双方的利益比较以及选择与判断，每一次交易的成功都是由复杂的因素所决定的，是交换者根据自己利益作出各种"判断"的自然和自由的进程，如果撇开交易双方，只根据理性的权力来对交易双方进行衡量裁判，试想人的理性设计或理性权力能够准确判断或决定发生在世界各地无数次交换的微妙条件吗？能够计算清楚每个人的选择、需求、判断、比较吗？如果做不到这一点，而强力使这一交易行动的自由受到干预，"在买卖中企图将意志强加于人"，那就意味着破坏了交换双方交易行动的自由，破坏了选择、判断、比较的可能性和能力，也扼杀了人的智慧、思想以及人本身。这种干预，这种要用人的设计去打断市场交换的自然进程的社会理性权威，即是典型的极权统治，是一种暴政："现在真的要用一种社会权威（那是改革派自己的权威）来代替当事人的普遍

的警惕性，由这种权威来决定发生在世界各地无数次交换的微妙条件
吗？这不是要建立一个最易犯错误、最广泛、最直接、最专横、最无
法忍受、最实际、最深刻、最荒唐，甚至连古时的帕夏或伊斯兰教的
穆夫提都想不出来的专制体制吗?"[1] 由此，巴斯夏坚决反对一批
理论家所提出的要在社会中实行计划经济体制，因为任何计划经济都
无法准确地判断出社会中每天发生的无数次交换行为，以及在此之后
所蕴含着的每个人的利益，如果一定要实行计划经济，那么这种计划
经济在本质上无异于就是专制主义。

　　巴斯夏深信：目前，对于"那些以强制取代自由，以非自然的社
会秩序取代自然的社会秩序，以他们的发明取代上帝的创造"的人，
正以过度的自信进行着理性的设计，其结果将是不仅不能达到社会秩
序的和谐，相反却会带来社会的混乱。它包括人们受到强制，人性的
扭曲，"废除了有关产权、交换、家庭继承"等，这实际上抹杀了人
的现实存在。同时，在这一人为的社会秩序里，也无法真能够通过取
消自由的市场交换废除"不平等"，实现其所谓的"平等"。在巴斯
夏看来，如果说现存的社会秩序还有一些不和谐，还存在着某种不平
等的话，那么这并不证明重新进行社会秩序设计的合法性和合理性，
相反倒应该检讨我们是否让市场交换自由得到了充分的实现，自然的
发展进程是否遇到了某种障碍。"问题在于弄清，我们是否享有自由，
问题在于弄清，这些法则是否在充分发挥作用，它们的作用是否从相
反方面受到人类各种制度的严重干扰。"[2] 因此，巴斯夏一再强调：
只有市场交换的自由才会有社会的和谐，才会有社会的公正。他说：

[1] 弗雷德里克·巴斯夏:《和谐经济论》，许明龙等译校，中国社会科学出版社
1995年版，第228页。
[2] 同上书，第42页。

"说上帝的法则是和谐的，那是指自由状态下的法则，不然法则本身不可能是和谐的。所以，当我们发现世界上缺少和谐时，原因只可能是缺少自由，没有公正。"[1]

由于政府是选择实行何种政策的决定性力量，巴斯夏转向了批判政府权力对市场交换自由的侵入，思考如何构建起真正的自由市场交换体制等问题。法国思想家孟德斯鸠早就在《论法的精神》一书中指出过政府的权力具有腐败与过度扩张的特性，巴斯夏特别赞同这一理念，也认定政府的权力不断在扩张，"忙忙碌碌地在企图促进或限制交换"，随之带来的是政府官员数量的增加，同时更导致政府职能的偏离。本来政府的重要职能应是保护一切自由和财产，而现在却随意侵犯公民的自由和财产，本来社会在自然地进行着自由交换，进行着资本、劳动和资源的自然配置，可现在，这一切都受到了政府的干预，"政府到处都在忙着人为地改变劳动、资本和责任的配置"。本来政府在运用公共权力为社会服务，可现在公共的权力却变成了集体的暴政，政府可以运用所掌握的权力随意地对社会进程进行干预。这里的干预，不仅指强力压抑、破坏人们的自由交换；同样也指政府所做出的那些名之为全体人民的所谓善举，如慈善法令，劝人们慷慨募捐等。所有这一切，都是政府的人为干预，政府权力的过度扩张，政府官员们的腐败行为，除此而外，其后果还直接导致社会自然进程被人为地扭曲，社会资源配置的极不合理，形成了所谓的"人为的秩序"。巴斯夏反复申明：政府必须时刻牢记自己应该担负的职责，那就是："除了合法地维护每个公民的权利外，政府不能有其他合理的

---

[1]　弗雷德里克·巴斯夏：《和谐经济论》，许明龙等译校，中国社会科学出版社1995年版，第46页。

职权。政府之所以得到授权，那只是为了尊重所有人的自由和财产。"

鉴于此，巴斯夏一再强调，为了进行自由交换，而不受到政府的强力干预，必须重塑政府，必须在政府的职责人员、数量和功能上进行彻底的改造，确保它是一个保证人民自由和权利的政府，而不会蜕变为"集体的暴政"。巴斯夏多次把这种政府称作为"精干政府"。为此要反对一切以"国家"或"全民"的名义对"资本""交换"的任何侵犯。否则，资本很难通过自然渠道形成，而一些人则会通过战争、公职、赌博、供给、投机、商业走私、冒险的企业和公共市场等非法手段大发横财。因此，社会不需要一个对交换进行干预的任何外在力量，不管它以什么名义，来自何方。

沿着亚当·斯密开启的经济自由的路线，巴斯夏明确地指出：自由，就是要捍卫人的财产、能力、工作等一切权利，实现自由竞争、自由交换。巴斯夏认为，当时最为严重的问题是对自由的压制和侵害，"自由并未主宰上帝，上帝的法则并未充分发挥作用"。因此，时代赋予人们的重任在于，要抵御对自由的各种侵害，要高扬起自由的旗帜，让自由成为社会的共识和基本法则。"要把自由——这一法则从一切滥用、强制等一切障碍中解脱出来。由此，人类就会出现双重进步：不断改进，不断平等。"[1]

通过对亚当·斯密和巴斯夏等人的雄辩性呐喊和原创性的理论阐述，在19世纪，资本、市场交换、自由等这些话语被一再重申，其作为资本主义社会的基本原则也由此得到了认同与确立，变成了社会的基本价值，直到如今仍然如此。

---

[1] 弗雷德里克·巴斯夏：《和谐经济论》，许明龙等译校，中国社会科学出版社1995年版，第440页。

第三节 资本主义的胜利

在近代早期政治变革中，工商业资产阶级为争取自己的财产权而浴血奋战，终于确立起了私有财产神圣不可侵犯的原则，而到了工业革命时期，近代工厂体制的建立，宣告了资本时代的来临，财产在更大程度上体现为资本，财产权的内在诉求就是维护资本的自由流动、安全与增殖的权利。因此，资本及其资本的权利成为资产阶级关注的焦点，强烈要求不容任何人侵犯。法国经济学家夏尔·迪潘针对工人起义反对资本的权利，威胁道："如果你们不尊重权利、财产和你们极力反对的资本主义工厂主阶级的工厂，你们就将必然在抢劫中丧生。"英国议会议员马考莱说："我想文明是建立在财产的安全上，如果财产不安全，任何国家最好的土地、道德以及明智的宪法，都无力阻止这个国家坠入野蛮的深渊，相反，只要财产安全也就自然使一个国家走向繁荣发展。"

资本不仅要安全，而且还要实现自由，只有自由流动才能实现其财富的增殖。这种流动首先表现在企业的组织形式上，即必须自由地组建任何形式的经济组织。1808 年，法国的《商事法典》宣布，股份两合公司可以不受限制地自由组合。由于国家对资本的自由流动干涉与限制较小，其结果是股份公司飞速发展。1815 年至 1830 年间只有 98 家，在 1840 年至 1848 年间则有 1600 家。1863 年 5 月 23 日法令又规定，凡是成立资本在 20000 万以下的有限责任公司，无须事先得到政府批准。本着"政府绝对不应该插手私人的交易"的精神，1867 年 7 月 26 日法令规定：今后成立有限股份公司不再需要政府批准，同时两合公司也相应转变为有限股份公司。在英国，1844年通过的《公司法》容许任何公司以股份公司的名义注册。这些法令的颁布促进了公司的成立。在英国，资本更是大量地投向实业，开办新企业，如发明家阿克赖特就同时经营着大约8到10个工厂。

工厂制的一个最为重要的特点是，工厂主是为了利润而生产，大规模的工业生产可以迅速地增加个人财富，满足人们对金钱的渴望。正是在工厂制度下，工厂主使用机器提高劳动效率保证了能够赚取利润。历史学家保尔·芒图说道："工厂的目的就是只在生产商品，在于尽可能快地生产无限量的商品。"因此，在19世纪30年代初期，纺织厂的建造"其速度之快足以使任何人为之瞠目"。英国人的船舶像飞虫一样地蜂涌云集；他们的印花布覆盖了全世界。当时的社会不仅狂热地建造工厂，也投资建造铁路，"报纸支持这种狂热；政府许可这种狂热；人民不惜为它而解囊。铁路一时蔚然成风，如火如荼。英格兰的铁路已经被绘制好了蓝图。利物浦-曼彻斯特铁路的利润和百分率被广泛地引证。伦敦-伯明翰铁路的前景和力量被说得天花乱坠"。建造运河也是同样如此。

在工厂制下，仅有资本的自由流动还不够，由于资本体现着一种劳动关系，因而只有与劳动的结合才会带来经济绩效。工厂主强烈要求按照市场经济自由的法则实现劳动力的自由流动与配置，实现资本与劳动的自由结合，而不应受到任何干涉或侵犯。这是工业社会资本流动和生存的首要条件，也是工厂主的第一要求。在英国，工厂主坚持认为，这一原则就是指在工厂主和工人之间订立契约，不能有第三方介入，否则就会不公正。关于工资，如果工人们觉得合意，就可进厂来工作，如若不满意，他们完全可以去找另一个工厂主。1840年至 1841 年，在法国议会辩论时，一位名叫盖-吕萨克的发言人清晰地道出了当时资本家的这一观念，工厂主在把劳动力买下之后，他该做的便是合法地、像家长一样地支配他们，工厂主应当是主人，人们不得以任何方式对他购买劳动力一事而横加干涉，制定种种规章制度，迫使他作出牺牲，扰乱他的安静和自由。因为，对于一位终日操劳、身负重任而又十分正直的工厂主来说，没有比看到自己在每时每刻都受到监察而更加使人恼火了，这种监察可能孕育着巨大的灾难。总之，工厂主和工人之间的任何协议都应当是自由的，不应受到任何干涉。[1]

在工厂主看来，这一原则是神圣的和不可违背的，一切与之不符的规定都将要得到清除。他们认为这种自由的最大妨碍则是久已存在的"学徒条例"和"法定工资条例"。早在 1563 年就有法令规定：如果没有按照这一个定明师傅与学徒间相互义务的正式合同（一式两份的合同）的规定做满 7 年学徒，任何人都不得在英国从事某一种职业。并且，学徒的人数是有限制的，或者学徒人数与成年工人人数之间要保持某种比例。其实质就是这样三个内容：强迫劳动，7 年的学徒见习期，以及由官员审定工人每年的工资。在工业家看来，现在必须要废除这个条例，实现雇佣劳动的自由，否则就会因为雇佣不到充足的劳动力从而影响生产的大规模发展。同样，"法定工资条例"则规定了一定的工资额，这也影响了工厂主与工人之间的自由的定价关系。为废除这些规定，工厂主作了艰苦的斗争，议会最终于 19 世纪初以"违背真正的商业原理"的名义，废除了"学徒条例"和"法定工资条例"。

---

[1]　雷吉娜·佩尔努：《法国资产阶级史 近代》（下册），康新文等译，上海译文出版社 1991 年版，第 471 页。

　　在雇佣工人问题上，关于是否雇佣童工问题的讨论，则典型地体现出如何理解"自由"这一原则。在 19 世纪的英法两国，很多人出于人道主义的考虑，认为必须废除雇佣童工制度，但工厂主则极力反对，他们认为雇佣童工劳动远非一种肮脏可卑的贪财和残忍无道的野蛮行为，相反，应把它看作是慈善之举，因为如果减少童工的劳动时间，或者不再雇佣童工，他们的工资收入也将随之减少，这将会加剧家庭的贫困。工厂主们一再力主，自由雇佣童工不应受到干涉，假如法律干涉太多，或出于其他意图来进行干涉，不仅违背了自由，而且还会导致他们不再雇佣童工，这对工厂主与童工家庭双方来说均无任何好处。最后，工厂主的意见占了上风，他们依然雇佣童工劳动。[1]

　　要实现雇佣工人的自由，还必须要让劳动力获得迁徙自由，只有劳动力能够自由流动，才能形成劳动力市场，工厂主也才能够有更多的机会来选择和雇佣工人，但原已存在的《住所法》却阻碍了劳动力的自由流动。1662 年，英国政府规定，凡变更住所的人都要被遣送回其法定住所所在地的教区。在这项法律规定下，一个人如果离开了原居住地外出做工，他就会因为"可能成为负担"而遭到驱赶。此时，面对这一法令，工厂主们坚决反对，提出只有废除《住所法》，只有让人口大量地自由迁徙，大工业才能够得到发展。威廉·皮特也说道：《住所法》阻碍了人们流动到他认为可以获得最大利益的劳动力市场上去，同时也阻碍了资本家雇佣那些能为他所投的资本带来最高回报的能工巧匠。经过工厂主的艰苦斗争，到 18 世纪末期，《住所法》被废止，劳动力实现了迁徙自由，工厂主终于实现了自己的要求，有了大量充裕

[1] 关于英国童工问题的研究详见 Peter Kirby, *Child Workers and Industrial Health in Britian, 1780 - 1850*, Boydell Press, 2013.

的自由劳动力可供雇佣。与《住所法》相一致的还有济贫法。1795 年，政府对原先的济贫法作了修订，名为"斯皮纳姆兰法案"，这个法案规定，当一个人失业后只能够回到原来教区去申请救助。虽然看起来这是为了照顾穷人的生存，其实是妨碍了劳动力的自由流动。波兰尼就说："从 1795 年到 1834 年，也就是工业革命最有生气的时期，英国之劳动力市场的产生都受到"斯皮纳姆兰法案"的阻碍。"[1] 因此，为了实现劳动力市场的自由流动，这一法律最后也被废除。

在自由的原则下，为维护资产阶级的利益，政府也站在工厂主一边，将实行自由放任作为首要原则，行使着维护自由的职能，特别是在处理劳资冲突时，总是以自由的名义维护着资方的利益。1830 年 8 月 25 日，法国的拉法耶特发布命令：在确定工资、每天的工作时间和选择工人诸问题上，任何希望我们在老板和工人之间进行干涉的要求，都是不能接受的，因为这种要求是违背认可工业自由原则之法律的。这种自由包括：雇主和雇工关系的任何外部干涉，规定工资标准或劳动时间、任何形式的仲裁或结盟，甚至包括伦理道德上的限制等都是与自由相违背的。[2] 值得一提的是，国家还规定所有的工人联合会都因违反劳动自由被严厉取缔或被禁止成立。在英国，自 18 世纪初，议会就不断通过禁止工人在某些特殊工业部门中结盟的法令。1799 年 6 月 17 日，议会通过"禁止工人同盟法案"，目的是要禁止工人联合起来进行罢工，或进行其他形式的斗争活动，以"纠正一种害及大多数人的弊病"，实质上是保护工厂主的利益。

[1]　卡尔·波兰尼：《巨变：当代政治与经济的起源》，黄树民译，社会科学文献出版社 2013 年版，第 158 页。
[2]　详见雷吉娜·佩尔努：《法国资产阶级史 近代》（下册），康新文等译，上海译文出版社 1991 年版，第 426—427 页。

　　当机器大工业把大量物品生产出来之后，它必须要作为商品在市场上进行自由交换，否则工厂主无法实现其产品的价值，获得利润。因此，市场自由、贸易自由成为经济自由中不可或缺的重要内容。这意味着要打破一切人为的对市场的种种限制，让商品根据市场法则进行流通。1796年，首相威廉·皮特在向议会致词时说，商业、工业和交换始终会找到与自己相适应的地位，如果被人为的一些措施所干扰，就会阻止其自由活动，妨碍了其良好作用。1846年，经过多年的斗争，英国终于废除了阻碍自由贸易与侵害工厂主利益的《谷物法》，这标志着自由贸易的胜利。1849年，废除了已有300年的《航海法》，取消只能用英国船只运货的限制。1853年，又取消沿海贸易限制，使外国货船与英国货船享有同等地位。同年，政府还宣布取消123种物品的进口税，另降低133种物品进口税，半成品和原料都免税进口，不能免税的工业品其税率也不超过10%。1860年，政府在其预算案中明确写上了"自由贸易"。也就在同一年，法国也宣布放弃禁止性关税，降低英国出口法国的煤、铁、机械和纺织品的关税。至此，在这些工业革命的国家基本上都实现了市场自由和贸易自由。

　　诚如一些历史学家所说，资本不仅要投资办厂，还需要有自由的金融领域为之服务。19世纪法国政治家梯也尔曾一语中的："难道不应该把那些旨在改变土地面貌，需要巨额资本的企业分化为被称作股份的小股，从而使所有的资本家都能各有一份吗？这些被借款或大企业划分开的股份难道不应该像其他商品一样在公共市场上出售吗？窥伺着这些股票不断变化的投机商们在股票下跌时纷纷抢购，从而使股票的信用再次上升难道不是必要的吗？"在自由的旗帜下，法国从七月王朝时开始，"股票进入了小资本家的公文包，专门的报刊杂志也随之发展起来，各种年鉴更是多如繁星，都是提出如何利用积蓄来投资生利的建议"。1866 年，实行经纪人自由后金融活动更为高涨，仅巴黎证券交易所在 1861 年至 1869 年间，进行交易的有价证券由 118 种增至 307 种，价值总额也从 110 亿法郎增至 330 亿法郎。与资本高速度、高频率的自由流动追逐获利的特性相伴随的便是资本的投机性。金融服务业的快速发展更把这种投机性张扬成为了社会的通行法则，和人们投机角逐的场所。对这种投机性，当时的很多人就表示反对，认为投机将给社会带来负面作用，但这一观点立刻遭到强有力的批驳，认为这种投机性只是资本自由流动的衍生物，一个社会不能因此而抑制资本的自由流动，如若没有资本的自由流动，社会经济将无法得到迅速发展。由于资本的快速流动，19 世纪中期以后，依靠着金融活动成长起了一批富有实力的大金融家、工业巨子，他们积聚起巨额的财富。因而，这个时代也被称为"资本主义的黄金时代"。

从 18 世纪至 19 世纪，工业革命经过一个多世纪的行进，在更大程度上实现了社会结构的重组，资本与劳动等经济关系成为一种由市场决定的自由关系，同时也变成了占据主导的社会关系。前工业时代的那些封建的习惯、惯例和法规等都被冲刷摧毁。"大众的道德经济逐渐让位于市场和工厂的政治经济。"[1] 正如波兰尼所说，无论是《住所法》还是《工匠法》，其实在本质上都是建立在父权主义之上的，而现在当工业革命在全力扩展的时候，支撑起这一扩展的自由的市场交换原则必定要冲破这些阻碍，重组社会的结构和组织机制，其核心就是要以工厂主为中心建立起一个市场化机制，实现市场自由。"18 世纪末从市场的节制改变到自律性市场代表着社会之结构的全面

[1] 阿萨·布里格斯：《英国社会史》，陈叔平等译，商务印书馆 2015 年版，第 233 页。

转变。"[1] 自由的市场经济正在从原先社会秩序中分离和独立出去，形成了一种"自律性市场"，用经济学家波兰尼的话来说即为"脱嵌"。麦克法兰也说："工业革命和农业革命是某个更恢宏事物的组成部分，那就是市场资本主义。市场资本主义是一个集态度、信仰、建制于一身的复合体，是一个寓经济和技术于其中的大网络。这个体系的一系列典型表征已有很多描述，而最核心的表征是让经济分离出来，成为一个专门的领域，不再嵌于社会、宗教和政治之中。这种分离程度也见于生活的各个主要领域。"[2] 历史学家乔尔·莫克尔通过研究得出，在1700年市场已经无处不在了；到了1850年，市场已占主导地位。[3] 这是一个"非人格化"的市场，参与市场交换的不再是原先相互认识的熟人，而是彼此生疏的陌生人，真正进入到了一个"陌生人的社会"。同时，工业化和资本主义的结合也彻底改变了社会关系。德国历史学家科卡指出，工业化使得以合同为基础的雇佣劳动成了常见现象。由此，人类劳动第一次完整且大规模地转化成了资本主义商品——以劳动力换取报酬。劳动关系具有资本主义特征，也就是说，劳动关系受到劳动力市场波动的影响，服从资本主义审慎计算出的目标，并接受雇主和经理人的直接监管。[4] 正是在这一意义上，工业革命意味着全新社会的诞生，一种新型文明的形成，从此，资本主义体制获得了胜利，取得了主导性地位。

---

[1] 卡尔·波兰尼：《巨变：当代政治与经济的起源》，黄树民译，社会科学文献出版社2013年版，第149页。

[2] 艾伦·麦克法兰：《现代世界的诞生》，清华大学国学院主编，上海人民出版社2013年版，第57页。

[3] 乔尔·莫克尔：《启蒙经济：英国经济史新论》，曾鑫等译，中信出版集团2020年版，第3页。

[4] 于尔根·科卡：《资本主义简史》，徐庆译，文汇出版社2017年版，第107—108页。

第四节　依附与贫困：工人阶级的社会地位

随着工厂制度的建立，在资本与劳动这一新型社会关系中，劳动者成为了自由流动的劳动力，从此也就一举改变了劳动者的社会地位，成为了资本的雇佣劳动者，与资本的奴役工具。随着工厂的增加，这支雇佣劳动大军愈发增长。1787 年，英国有水力纺纱厂 143 家，1795 年约 300 家，1797 年水力纺纱厂和使用混成式纺织机的棉纱厂共 900 家，1833 年有 1125 家，1850 年发展到 1407 家。每座工厂雇佣的工人数量均较大，格拉斯哥附近的詹姆士·芬莱公司的 3 座工厂各有 2500 名工人，欧文的新拉纳克有 1600 人，普雷斯顿有一厂主有 4 个纱厂共 700 余名工人，曼彻斯特两家最大的棉纺纱厂各有 1000 名以上工人，著名的卡隆铁工厂雇有 2000 名以上的工人，西德尔斯工厂和福斯特在斯托布里奇的工厂雇佣工人数则高达 5000 人以上。

机器的使用、劳动分工使工人陷入深重的依附状态，成为机器的"人手"，和劳动分工的附属物。从前，作为独立的手工作坊主，他可以在自己的家里干活，保持着个人的独立、自由和尊严。现在，这已是明日黄花，一去不返。1769 年，英国的乔塞亚·韦奇伍德建立了埃特鲁利特亚制陶工厂，实行新型的劳动分工组织方式，废除过去每一个工人独自完成每件产品的惯例，由此把过去独立的制陶师傅变成了只完成每道工序的劳动者，如陶轮工、镟工、烧窑工、平底陶器安模工、凹形陶器安模工、浸釉工、绘图工、磨光工等。在缝纫业，专业的劳动分工也使一个裁缝不能再单独地做整件衣服了。1890 年，

上院特别委员会报告说：裁缝业分成了许多不同的部门，因此出现了
领班（即裁剪工），和粗缝工、机缝工、合缝工、锁扣工、熨烫工和
小工等不同工种的人。由于劳动分工很细，一个会烫外套的人不一定
会烫背心，而烫背心的人烫起裤子来也同样不称职。机器与劳动分工
使工人成为那道工序的附属物，再也不可能像以往那样有希望成为独
立的劳动者，或上升为手工作坊主。[1]

在工厂里，工人们在监工的监视和严格的劳动纪律下，严格按照
规定的劳动时间工作，为跟上飞快的劳动节奏，必须做着高强度和如
同机械程序式的那些工作，他们已变成为一种附着于工厂这个庞大机
械的惯性零件。有人这样记载英国 19 世纪初期工厂工人一天的劳动
程序：工人们要在天未亮的四五点钟起床，然后便匆匆赶到工厂去，
8 点钟时有半小时或 40 分钟的时间吃早饭。在多数情况下，是一边吃
饭一边还得照看机器。早餐后，继续干活。12 点钟时，机器停车，有 1
个小时的午饭时间。从 1 点开始工作到晚上八九点钟，这中间只有短短
的 20 分钟的茶点时间。一般来说，工人们每天都要工作 14 小时。

不仅如此，工厂的劳动纪律十分苛刻。当时一家工厂曾仔细规定
了对工人罚款的条例，如迟到 10 分钟罚款 3 便士，任何在厂里的工
人和别人谈话、吹口哨或唱歌，一经发现便要罚款 6 便士。据记载，
有一次有 95 人因迟到而被罚款，而造成这种"文明的抢劫"的秘密
在于，织工们在早上上班时，经常发现时钟比前一天晚上他们离厂时
快 15 分钟，原来资本家在工人晚上下班后把时针拨快了。这份报告
还详细记录了监工们对工人们的非法虐待。这里不妨摘引如下。工厂
的扣款检查员在工作了两个星期后，工厂主问他，罚款簿为何记得那

---

[1] 钱乘旦：《工业革命与英国工人阶级》，南京出版社 1992 年版，第 24 页。

么少？那人回答说："我认为已经扣了许多了，我罚款的人数太多了，我在街上碰到他们时都不敢正视他们。"主人回答说："混蛋，你每星期比你的前任少给我赚五镑钱，我要把你赶走。"果然这个人员被解雇了，他的位置给了另一个更懂得自己职责的人。[1] 有些怀孕女工因过度劳累不得不坐下来歇一会儿，要是被监工看到，便要被罚款6便士。除了罚款外，还有严厉的肉体惩罚。当时一名工人口述道："监工用螺丝把约1磅重的老虎钳锁在我的两耳上，现在我耳朵后面还留有伤疤。有时一次把我们三四个人的手先绑起来，脱掉衣服，光着脚，吊在机器上方的横梁上，他们用皮带或棍子打我们。常常被打得遍体鳞伤，口吐鲜血。"

在工业革命中，有两类工厂：一类为"模范工厂"，即工厂主与工人关系相对融洽；另一类为"血汗工厂"，而这一类占多数。这种"血汗工厂"除了压迫工人之外，工人的工作环境也非常恶劣。例如，在那些棉纺工厂，工人们每年要工作313天，每天工作14小时，工厂的通风条件也很差，毫无新鲜空气，而且大部分时间还有令人厌恶的煤气毒臭。除此之外还有尘埃和棉花毛絮等，工人们吸进去之后导致严重的肺结核。据记载，数以千计的童工未满16岁就被结核病残害死了。[2] 恶劣的工作环境和高强度的工作还常常发生工伤事故，导致伤残或死亡。1842年，在英国下院的一份议会报告中记载道：在伯明翰，工人的工伤事故非常严重。事故发生大多是因为工厂主对维修工作重视不够，以致机器的护栏长期失修，还有不少事故是由于工人衣服松垂的部分被机器挂住，把他们卷进机器中。女工的头

[1]　E.罗伊斯顿·派克：《被遗忘的苦难——英国工业革命的人文实录》，蔡师雄等译，福建人民出版社1983年版，第43页。
[2]　同上书，第40页。

巾和长发，男工和童工的围裙或松垂的衣袖常常是造成这种可怕的断肢的原因。据在棉纺厂工作过的罗伯特·布林可所说：就在他的车间，一个工人被机器轧死，至于轧断手脚这一类的工伤则更多。在斯托克波特一带经常可以看到一只胳膊的工人。正是在这样的工作环境里，工人的身体健康受到了严重的伤害，这种工厂被人们称为"人间地狱"。在19世纪40年代的法国，夏尔·迪潘男爵曾经作过这样的统计报告，在征自工业省份的1万名新兵中，就有8980人不合格，应当退役；而来自农业地区的新兵中，被认为不合适服兵役的也为4029人。在英国，根据1840年贝斯纳尔格林社区当年的20岁以下死亡数字统计，在各类工人的死亡人数中，每1.5人就有1人年龄在20岁以下。

1845年，法国的欧仁·比雷写道："我们肯定地说，工人大众已经完全被工业无条件地随心所欲地支配，只要到大的工业城市走一走，就会相信这一点。在工场主和工人之间，不存在任何形式的道德联系。"事实的确如此，为了取得高额利润，精于算计的资本家开始违背道德的约束，排斥成年男工，大量雇佣女工和童工。在他们看来，女工和童工很容易被驯服，更为重要的是，女工和童工是廉价的劳动力，可以支付较低的工资，这可以节约成本提高利润。这样，英国开始了雇佣女工和童工的狂潮。那些被雇佣的童工一般都在7至13、14岁的年龄，他们被送到远离家乡100至200英里，甚至300英里之外的工厂充任学徒工。一进入工厂，这些童工便等于走进了"吃人的地狱"。约翰·菲尔登在1836年出版的《工厂制度的祸害》一书中指出：在许多工厂，这些无依无靠的无辜儿童任凭工厂主摆布支配，遭到了最悲惨的折磨，他们有的因过度的劳动折磨至死；有的遭到鞭打，戴上镣铐，受尽各种残酷虐待；他们大多饿得骨瘦如柴，但还得在皮鞭下干活，有时甚至被逼得自杀。当时的"议会文件"记载了很多对童工虐待的例子。如为了不让童工打瞌睡便把他们的头没到水槽里，往脸上喷水，或用特制的皮带抽打等。据英国历史学家研究，大量使用童工这一现象一直延续到 19 世纪 80 年代，可以说，童工的出现和大量使用是英国现代历史上所书写的最为苦难的一页。至于女工也和童工一样受尽痛苦，如煤矿女工在井下背运煤炭，一天要背 24 趟，重达 4080 磅。除了沉重的工作外，还要遭受各种非人的折磨。

图 13　工业革命时期的童工
（插图，出自 1840 年的《童工迈克尔·阿姆斯特朗的生活与历险》）

有位牧师曾经这样说过："如果英国有一个地方需要法律干预的话，那就是这个地方。因为他们常常是每天工作十五六个小时，有时整夜工作。啊！这是杀人的制度，工厂主就是害虫，他们是社会的耻辱。人法和神法都无法制止他们。他们无视霍布豪斯法案，还说：

'让政府去制订他们认为合理的法律吧，在这个河谷里我们可以大钻
其空子。'"[1] 他还叙述了一个他刚刚埋葬的男孩的故事，那个男
孩手臂里抱着一些羊毛，站着睡熟了，可是又被揍醒了。那一天他已
经工作了 17 个小时，等到父亲把他背回家时，他已经不能吃晚饭了。
第二天早晨四点钟，他又醒了。他央求哥哥看着工厂的灯光，因为他
怕迟到，随后他就死去了。

　　前面一章已讨论过关于工人阶级生活水平的学术争论，这里再引
入一些实际的数据来说明。进入 19 世纪后，工资的下降和物价的上
涨，直接导致工人们的生活水平实际上下降。在法国，在工资下降的
同时，生活必需品的价格却从 1826 年至 1847 年平均上涨了 17%。在
当时，为了养活一个五口之家，每年至少要 860 法郎。假设一个男工
的平均工资为 450 法郎，女人的平均工资为 180 法郎，两个孩子的平均
工资为 130 法郎，总共才有 760 法郎的收入，总体而言是入不敷出。根
据 1840 年的官方统计，一个普通家庭每年的开支至少需要 950 法郎，
然而在 27 个职业中，就有 10 种职业达不到这个最低标准。

　　对于普通工人来说，如果失业其状况就更为悲惨。1841 年曼彻
斯特布道团的传道士报道说：R. 卡恩，一家 5 口，3 个孩子，全都
失业，丈夫有病，1 个孩子也病了，病孩躺在地下室潮湿的角落里，
身下只铺了一层刨花，也没有一块布料可以遮身。1847 年在普鲁士
的东部和西部 1/3 的居民没有面包可吃，仅靠马铃薯来维生。在法国
的诺尔省，19 世纪 30 年代有 22.4 万名工人，而在济贫所申请救济的
就有 16.3 万人；在厄尔省，1823 年共有贫民 1.7566 万人，其中有

────────────

[1] E. P. 汤普森：《英国工人阶级的形成》，钱乘旦等译，译林出版社 2001 年版，
第 400 页。

8861 人靠乞讨为生，到 1839 年，已有 1.1677 万人沦为乞丐。

尽管在学术研究上一直对工人阶级生活状况存在争议，但回望这一时期的历史，有一点可以肯定，工人阶级陷于一种"贫困化"，无论是相对贫困，还是绝对的贫困则是不争的事实，与资本家相比，其不平等急剧扩大。1833 年，英国的加斯克尔对一般工人的生活状况作过调查。工人们的主食是土豆，或小麦做的粗面包，一日三餐很少吃到荤菜，牛奶也喝得很少。1844 年，一位曼彻斯特的工人家庭主妇说：除了土豆，他们从来没有吃到过任何其他蔬菜，也从来没有喝啤酒或烈性酒。在住房方面，工人阶级的居住条件更差，他们只能居住在破败不堪的"贫民窟"里。

图 14　《资本与劳工》
（漫画，R. J. 哈默顿绘，刊载于 1843 年 8 月 12 日的《庞奇》（周刊）第五期）

面对这一现状，这一时期民众的贫困也日渐成为社会讨论和关注的焦点。在 19 世纪 30 年代的德意志，至少有 14 种不同的出版物是以人民日渐贫困作为讨论的主题。在英国，很多议员、医生和社会工作者前往工厂调查工人们的生活状况，写下了很多工人阶级贫困生活的真实记录。而且关于"日益贫困和食物短缺的抱怨"是否得到证实的问题，也被提出来作为学术奖励的论文题目。在十六位提交文章的作者中，有十位认为贫困已得到了证实。[1]

法国思想家夏托布里昂说过：总有一天，人们会不理解为什么曾经有过一种社会秩序，在这个社会秩序中，有的人拥有千百万的收入，而有的人却连吃饭的钱也没有。工人们用血汗增加了资本的利润，换来的却是贫富的严重分化，社会的严重不平等。这种不平等体现在生活方式、住房、医疗、健康等各个方面。如这时欧洲所有的城市开始出现资产阶级居住区与工人居住区的区隔，简称为"豪华的西区和贫困的东区"，历史学家将此称为"空间的分裂"。过去这一区隔并不存在，因为工人虽然住在高层，住在顶楼，但毕竟是和资产者同住一座楼房，现在资产者全部开始修建独立的带有围墙的豪华的公馆。在工人聚居区，除了酒馆，或小教堂，就无任何公共实施，而且工人聚居的贫民窟区因为环境的肮脏成为了城市流行病的渊薮。

对于工业革命中工人阶级的地位，卡尔·波兰尼有过这样一种分析，当资本主义冲破了原先的保护普通人的各种法令，例如，前面提到过的《住所法》和"斯皮纳姆兰法案"等之后，这也就意味着"大多数的劳动人民已经像噩梦中出现的鬼魂，不具人形。假如说劳工们是身体上被非人化了的话，那么有财产者则是在道德上沉沦了"。人的劳动力已经成为一种商品，富人们否认对其他同胞们的生活条件

---

[1] 艾瑞克·霍布斯鲍姆：《革命的年代：1789~1848》，王章辉等译，江苏人民出版社1999年版，第273页。

负有任何责任。两个对立的国家已经形成。[1]而劳动力这种商品则是依附在工厂的机器上，和大机器紧密地捆绑在一起。"发动机一开始，人们就必须工作——男人、女人和孩子们都一起被套在钢铁和蒸汽的轭具下。他们被紧紧地拴在不知痛苦和不知疲劳的钢铁机器上。"[2] 英国历史学家哈蒙德夫妇也曾对工业革命作过这样的总结：工业革命带来了物质力量的极大发展，也带来了物质力量相伴随着的无穷机遇。然而这次变革并没有能建立起一个更幸福、更合理、更富有自尊心的社会，相反，工业革命使千百万群众身价倍落，而迅速发展出一种一切都为利润牺牲的城市生活方式，造成了他们处于贫困与依附的社会地位，正是这种利弊共存的双重特性，激发着那个时代以及后来的人们不断进行探索反思。

---

[1]　卡尔·波兰尼：《巨变：当代政治与经济的起源》，黄树民译，社会科学文献出版社 2013 年版，第 196 页。
[2]　阿萨·布里格斯：《英国社会史》，陈叔平等译，商务印书馆 2015 年版，第 234 页。

第五节 工业革命时期的环境污染

在工业革命这一百年的时间里，资本主义的现代大工业创造了前所未有的生产力和巨大的财富。但也像有些学者所说，英国是第一个工业化国家，第一个城市化占主导地位的国家，也是发明现代污染观念的国家。换言之，在资本追求利润这一法则的支配下，工业的快速发展给环境带来了巨大的破坏。实际上，机器使用的规模越大，工业发展得越快，对环境的破坏也就越严重，这主要体现在以下几个方面。

一是烟尘污染，当时的各个工业城市都是煤烟滚滚，烟雾弥漫。学术界一致认为，在英国工业革命中，煤炭是最为重要的能源，如果说蒸汽机直接提供了工业动力的话，那么煤炭就是蒸汽机的直接能源。美国历史学家约翰·R. 麦克尼尔指出，到 19 世纪 20 年代，蒸汽机被应用于轮船和机车，产生了蒸汽船和蒸汽火车。所有这些变化都依赖于煤炭所提供的能源。就像历史学家所说，"单单是煤炭的存在，或是蒸汽机的存在，都不足以让英国成为 19 世纪世界上最富有、污染最严重的国家，但它们结合在一起，却改变了一切。随着工厂主用蒸汽机取代了畜力和水力，各行各业对煤炭的需求迅猛上升，并且持续增加。一直到第一次世界大战前夕，英国的煤炭消费量达到了空前的 1.83 亿吨。简言之，从 1780 年到 1880 年，英国利用自己的煤炭储备所提供的能源建立了世界上技术最先进、最有活力和最繁荣的经济。但正是煤炭的广泛应用，导致了英国历史上最为严重的大气污染。如果仔细分析，有两个因素不可忽视：其一为英国煤炭的品质，英国的煤炭是含有大量杂质的有烟煤，有 20% 的重量是由硫磺、挥发性碳氢化合物和其他化学物质所构成。即使在理想条件下，燃烧烟煤也会产生毒灰、二氧化硫（酸雨的一种主要成分）、温室气体二氧化碳。其二是由于那时没有任何环境保护的措施，甚至连污染这个词也还没有出现。不仅如此，煤在燃烧时释放出的含有二氧化硫等有害物质的滚滚浓烟，反倒是成为了人们常常津津乐道的蒸汽机的特色和工业革命的特征。在工业革命以前，英国被称为是"快乐的英格兰"，其中就包括着自然环境的优美，但现在，则变成了烟雾弥漫的另外一番景象。与此相关联的另外一个词就是"黑"。因为浓烟滚滚，因此使得天空、建筑物等都变成了一片黝黑。保尔·芒图说，由于蒸汽机的作用，工厂得以集中起来形成一些巨大而黝黑的工业城市，蒸汽机将使无穷的烟云飞翔在这些城市的上空。1784 年，法国矿物学家在参观卡伦炼铁厂后写道："有那么一大串的车间，以致远处空气都被蒸热，在夜间，一切都被火焰和光辉照得雪亮，因此当人们在相当距离处发现那么多堆的发亮的煤，又看到那些高炉上面喷出的火簇时，当人们听到那些打在铁砧上的沉重锤声夹杂着气泵的尖锐嘘声时，人们怀疑自己是否在一个爆发的火山脚下，或者被魔力送到火神及其独眼神在忙于行施霹雳的那个岩穴口上。"英国旅行家笛福曾经对新兴的炼铁业中心谢菲尔德有过这样的描写："这里人口众多，街道狭窄，房屋黑暗，不停工作着的铁炉烟雾不断""谢菲尔德是我见到的最脏、最多烟的城市之一"。

图 15　工业革命时期的英国冶铁工厂
（插图，出自 1873 年的《格里菲斯大不列颠钢铁贸易指南》）

　　历史学家保尔·芒图这样描写过工业革命时期的工业城市："我们的大工业城市丑陋、黝黑，被烟雾包围着。如在曼彻斯特和附近的一些小城市，到处都弥漫着煤烟，由于它们的建筑物是用红砖，但在煤烟的侵蚀下，都变成了黑砖，给人一种特别阴暗的印象。为了靠近水源和水路运输线，工厂一般都集中建在河谷的底部，因此，沿河地带工厂林立，空气污浊。"在曼彻斯特，"可以看到数以百计的五六层高的厂房，每座厂房的一侧都有一个高耸的烟囱，冒着黑色的煤烟"。[1] 而伯明翰作为炼钢业的中心，城市上空整日锤声回荡，夜间则被熔炉的火光照得通红，并且整个地区成为了名符其实的"黑乡"。

[1]　埃里克·霍布斯鲍姆：《工业与帝国：英国的现代化历程》，梅俊杰译，中央编译出版社 2017 年版，第 53 页。

　　在伦敦，烟与雾相互混杂，形成浓浓的黄色烟雾（smog），并长年不退，著名小说家狄更斯更是将此称为"伦敦特色"，而这一烟雾的形成就是因为烧煤所引发的环境污染。19 世纪伦敦的气象学家卢克·霍华德指出：伦敦所有的烟囱都参与了造成如此经常地悬浮在该市上空的煤烟云的过程。而在大气停滞不动的时候，这座城市确实变得几乎无法居住了。例如，1812 年 1 月 10 日，由于无风，烟雾无法散去，导致伦敦在短短几小时内陷入了黑暗，商店里只能点起了灯，行人必须特别小心以防事故发生。有位作家曾这样描写 18 世纪伦敦的烟雾，"厚厚的烟雾弥漫在她数不清的街道和广场上，把 150 万人笼罩在迷蒙的水汽中"。

　　二是河流的污染，在英国工业革命中，棉纺织业是第一个实现机械化的行业，也是生产量最大的部门，其对环境的污染也最为严重。由于工厂主只顾自己的利益，毫不顾及环境的问题，直接就将纺织厂生产过程中所产生的污水排进河中。不仅是纺织行业，其他行业如啤酒、制革、制碱、玻璃制造业等也是如此。相比较而言，这些工厂对环境特别是河流所造成的污染更加严重，曼彻斯特附近的艾尔克河就是典型，沿河建造的工厂有制革厂、染坊、骨粉厂、胶料厂和瓦斯厂等，这些工厂的污水和废弃物，包括附近污水沟排放的污水，都统统汇聚在艾尔克河中，造成河水黝黑，里面充满了污泥和废弃物，臭气泡经常不断地往上冒，散布着恶臭，令人作呕。正如当时人所说，新工业带来了新的污水，但"排水的河道和沟渠依然处于自然状态"，水质严重恶化。英国学者卡特莱特也认为，到 1830 年，英格兰的大工业城市地区的河流都受到了严重的污染，以致河里鱼都没有了。最典型的当是伦敦的泰晤士河，由于工业污水不加处理直接排放到河中，使得本来清澈宜人的"母亲河"变成了奇臭无比的污水河。1858 年是泰晤士河的"奇臭年"。这年 6 月，臭气冲天简直到了骇人听闻的地步，就连河边议会大厦的窗上也不得不挂起一条条浸过消毒药水的被单，不然议会就无法开会。1878 年，"爱丽丝公子"号游船在河上沉没，死亡 640 人，其中许多人并非溺水死亡，而是因为喝了污染的河水。因为污染，河里的鱼类已几乎绝迹，只有少量鱼类因为能直接游到水面上呼吸才得以幸免。

三是自然环境和城市环境的恶化。在工业革命中，继棉纺织业之后，钢铁业也获得了突飞猛进的发展。但是作为重工业的钢铁业对环境的破坏相当严重。炼铁业的发展直接导致了对森林的大肆砍伐。保尔·芒图说，每一冶炼厂的四周都对树木进行过大规模的砍伐，钢铁工业的发展，与过分砍伐导致了森林的毁坏。在沃里克郡、斯塔福德郡、赫里福德郡、伍斯特郡、蒙默思郡、格洛斯特郡和萨洛普郡等郡，由于大兴炼铁给森林造成了灾难性的破坏。而这样的破坏则直接带来了生态环境的恶化。在英国，原先大片的森林早已不复存在，直至今日，英国的郊外依然是草多树少。即使在城市，由于浓烟滚滚，也影响了自然性植物的生长。例如，在城市里，树木等植物生长受到阻碍，奄奄一息。费雷德里克·哈里森在1882年说："聚集10万座工厂烟囱，吐出烟尘，用有毒的蒸汽填满空气，直到10英里内的每一片叶子枯萎；用散发恶臭的垃圾堵塞河流；把大小和新森林相当、一度和新森林一样美丽的广阔土地变成不毛的、有害的荒野……日夜笼罩着烟的黑暗棺罩，所有这一切并非一种辉煌成就。"

不仅如此，工业革命中，随着新兴的工业城市的出现，加之生活贫困与市政建设的滞后，人口的大量集聚，也带来了城市环境的恶化。街道上到处都是垃圾，排水设施不畅，住房和地下室常常积满了水，即使有排水沟，其中流淌的污水也充斥着化学污染物的怪味，甚至会有硫化氢的水蒸汽溢出，这些气味会对人类健康造成严重危害。所以，就城市的居住环境而言，工业革命时期"人们居住的大小城镇都是些可怕的地方，充满了令人厌恶的景象和气味，促进健康和幸福的东西几乎样样都缺"。特别是在工人集中居住的地方，形成了城市中的贫民区，在这些贫民窟里，街道坑坑洼洼，高低不平，大部分没有铺砌，也没有污水沟。到处都是死水洼，高高地堆积在这些死水洼之间的一堆堆垃圾等废弃物和令人作呕的脏东西不断地发散出臭味来污染四周的空气。阅读当时的一些文献，热气、臭气、烟气、毒气等字眼是描写城市环境最为常见的词。例如，在1858年，由于天气温暖，少风，充满污水的泰晤士河刺激性气味加剧，造成了"恶臭"。以往人们曾经大力赞扬英国的"烟囱林立，浓烟滚滚"的繁荣景象时，却忽略了其背后所隐含的那些环境污染的危害。如果说工业革命是人类历史上第一次建立起了大工业，那么同样可以说，正是以此为开端，人类也开始了大规模的对生态环境的征服与破坏。1872 年，英国人罗伯特·史密斯第一次创造了"酸雨"这个词，来指称工业污染所造成的雨水酸化现象，今天人们常说的"温室效应"其实早在英国工业革命时期就已出现。

环境污染的严重，生态环境的恶化，加之工人阶级的贫困，所导致的直接后果就是疾病流行。1831 年至 1832 年，英国暴发霍乱，造成约 2.2 万人死亡。1848 年霍乱再次发生，其程度比 1832 年还要严重，死亡人数超过 7.2 万。1854 年，英国又暴发了第三次霍乱，伦敦在 10 天中就有 500 人死亡。1866 年，霍乱第四次暴发。如果说霍乱的暴发是水污染导致，那么，各种烟气、热气和毒气也直接带来了多种呼吸道疾病的流行。在英国，肺结核、支气管炎、肺炎、上呼吸道感染已经成为常见病和导致死亡的最大原因。仅在伦敦，1873 年、1880 年、1892 年和 1952 年就发生过四次毒雾事件，造成非常惨重的死亡。1952 年的烟雾事件在四天内就造成 4000 多人死亡。[1] 环境

---

[1] 例如，1880 年 1 月末 2 月初，死亡率翻了一倍多，与前一年同期相比，导致 3000 例过量死亡，其中很多与呼吸困难有关，在发生浓雾的那个星期里，因支气管炎而死的人数是十年来平均值的 4 倍多。（彼得·索尔谢姆：《发明污染：工业革命以来的煤、烟与文化》，启蒙编译所译，上海社会科学院出版社 2016 年版，第 32 页。）对 1952 年这次烟雾事件，2007 年诺贝尔文学奖得主英国女作家多丽丝·莱辛有过形象的描写。她以为是哪里原子弹爆炸后飘来的蘑菇云，或是工厂的毒气泄漏，当时天空漆黑一片，带有像硫磺一样的暗黄色。详见多丽丝·莱辛：《特别的猫》，彭倩文译，浙江文艺出版社 2008 年版，第 38—39 页。另外有文献记载道："整个一天，大雾越来越浓。到了下午，人们已经开始感到不舒服了，并感到了空气中令人窒息的气味。那些在雾中行走的人发现，只过了一小会儿，他们的皮肤和衣服就变得相当肮脏。到了星期五的夜里，因呼吸道疾病接受治疗的病人已经达到了正常水平的两倍，空中的反气旋也完全静止不动了。100 万座烟囱向雾气弥漫的呆滞空气中排放着烟气。"详见彼得·布林布尔科姆：《大雾霾：中世纪以来的伦敦空气污染史》，启蒙编译所译，上海社会科学院出版社 2016 年版，第 248—249 页。

污染不仅造成了很多人的死亡，由于长期生活在这样有害健康的环境中，人们饱受疾病之苦、身体素质下降。只要阅读当时的那些调查报告就可以清晰地看到这一点。例如，詹姆斯·史密斯在报告中指出，由于空气不断处在污染状态中，大批的人体弱多病，无精打采，养成了对烈酒和麻醉剂的嗜好，人们生活日益贫困，许多儿童夭折。

历史学家彼得·索尔谢姆所说："污染是一种社会概念，但这一概念指示的东西却的确是非常真实的。要应对污染，我们不仅必须理解污染的化学性质和效果，还必须了解污染得以存在的人的态度、意识形态和观念。"曼彻斯特医生亚瑟·兰塞姆警告：自然是脆弱的，人类的干预已经超出了环境补偿人们造成的退化能力。尽管他坚持认为风、风暴、降雨、漫射光、植被非常有助于净化污浊的空气，但他坚称，自然的净化能力并不意味着可以对它们施加任何负担。当空气中充满了这些物质时植物会遭到毁灭，人类会遭受伤害，而这显示，除了自然能独立完成的东西，还需要某种东西。

在工业革命中，随着资本主义占据了主导性地位，资本主义不仅使"人"变得处于依附性地位，而且也对"自然物"进行了征服，带来了环境的破坏。如果说这是资本主义的特征的话，也可以认定为这是早期野蛮资本主义的恶。因此，理解资本主义和现代工业文明的特性，也需要把自然与环境列入其中。

最后，还是要在此概括一下这一章所涉及的现代工业文明的形成，资本主义的胜利与其特性和内涵等内容。除了工厂制这一现代生产组织机制之外，其起着决定性作用的还有这样一些基本的要素：资本、财产权和市场。这些都一并构成为现代"文明"的基本特性和原则。就像19世纪中期的英国思想家约翰·密尔所说："文明的这些成分各种各样，但是使我们感到满意的是，它们都可以被正确地分类。历史表明，这些成分的自身性质也在表明，它们一起出现，共同存在，并在成长中相伴。一旦出现了对生活艺术的充分理解，对财产与人身的充分保障，出现了财富与人口可能的持续增长，那么，共同体就会在我们刚刚列出的这些成分中取得持续的进步。在现代欧洲，特别是在大不列颠，同其他任何地方和任何时代相比，这些成分在程度上都更为突出，在进展上都更为迅速。"[1] 由此可见，密尔列出了判定文明与野蛮的几条标准，可以视为建立了一个"文明的标准"。这几条标准可以概括为："高度文明状态的特征就是财产与智慧的扩展，以及合作能力。"[2] 在密尔看来，财产权是文明的特性。而思想家卡尔·波兰尼则认为，市场经济体制则是根本性的问题，并认为19世纪西方文明的基本特征都是由一个共同的母体——自律性市场经济所塑造。[3]

对现代文明的这些特性与原则也需要在一个社会和历史进程中去理解，它不是短时间内形成的，而是经历了很长的过程，在社会这一意义上，可以说，围绕工业革命以及这些文明的要素实际上是社会转型的产物，它瓦解了原先社会的基本原则，按照这些原则重建了以工业资产阶级、以资本为主导与以市场为基础的新的社会，形成了新的社会结构，以及新的运转方式。因此，我们要将这一"经济"上的问题转化为"社会"问题来理解。就像学者卡尔·波兰尼在讲到工人

[1] 约翰·密尔：《论文明》，载约翰·密尔：《密尔论民主与社会主义》，胡勇译，吉林出版集团有限责任公司2008年版，第54页。
[2] 同上书，第57页。
[3] 卡尔·波兰尼：《巨变：当代政治与经济的起源》，黄树民译，社会科学文献出版社2013年版，第91页。

阶级的地位时所说，"工人尽管受到剥削，他在财务上的情况可能比以前更好。对个人之幸福与公众之幸福的最大伤害是市场摧毁了他的社会环境、他的街坊、他在社群中的地位以及他的同业公会；总而言之，也就是摧毁了以往包含在经济活动之中之人的关系、自然的关系。工业革命导致了社会的解体"。[1] 当然，应该看到卡尔·波兰尼是从传统农业社会的维度来进行思考，从而得出这一结论的。以英国为例，就是原先的"快乐的英格兰"已经消失，农业社会全面转型到了工业社会。波兰尼用"脱嵌"这一术语来概括这一转型，其实也许更为恰当的应该说是"转嵌"，即到了 19 世纪后，整个社会的基本原则、运行机制和过去已是完全不同了。

---

[1]　卡尔·波兰尼：《巨变：当代政治与经济的起源》，黄树民译，社会科学文献出版社 2013 年版，第 237 页。

第六章

再造社会： 19 世纪的社会冲突及其化解

在工业革命中，伴随着经济的快速发展，财富的创造和对财富的分配出现了不协调，由此带来了社会贫富分化和不平等。同时，随着工人阶级和工业资产阶级两大阶级的形成，社会的分裂和冲突也愈益加剧，进入了继早期推翻专制统治政治革命之后的又一新的社会革命时代，这场革命的目标直接朝向着现存的资本主义，要推翻资本主义体制，建立起新的社会。面对着这样的情景，刚刚诞生的资本主义要如何应对，如何在这样激烈的社会冲突中巩固与确保自己的体制，并实现其最终的胜利呢？正如历史学家托尼·朱特所说，在19世纪时的生活问题是"你如何应对资本主义带给人类的后果？你怎样才能不谈经济规律而只谈经济后果？提出这些问题的人会以这两种方式之一来思考，尽管很多人会同时考虑：审慎的考量和伦理的考量。审慎的考量是，将资本主义从其自身或从其制造的敌人那里拯救出来，你如何阻止资本主义创造出一个愤怒、贫困和怨恨的下层阶级，正是它成为了分化或衰落的根源？而伦理的考量则关心过去所谓的工人阶级的状况。如何让工人们和他们的家人过上一种体面的生活，但又不伤害到他们所赖以为生的勤勉？"[1] 的确，思考"劳动阶级的未来"，[2] 探讨如何构建未来的社会，实现一个让工人阶级获得基本权利，使社会财富得到合理分配的正义社会是此时摆在人们面前的一个艰巨的重任。

[1] 托尼·朱特、蒂莫西·斯奈德：《思虑20世纪：托尼·朱特思想自传》，苏光恩译，中信出版集团2016年版，第373页。
[2] 约翰·穆勒：《政治经济学原理》（下卷），胡企林、朱泱译，商务印书馆2005年版，第324页。

第一节 "新革命"的到来:从政治革命到社会革命

进入 19 世纪,一个突出的问题尖锐地摆在了社会面前,这就是,工业革命创造了快速的经济增长,但谁享有了经济增长,也就是说创造财富和对财富的再分配两者之间出现了不平等,造成了社会贫富两极分化。在当时的纺织工业城市兰开夏出版的《兰开夏合作者》(*Lancashire Co-operator*)一书中也有这样的描述:没有劳动就没有财富,工人是一切财富的源泉。是谁种植、饲养了一切食品之源?是吃得半饱的穷苦劳工。是谁建造了被不事劳动和不事生产的富人所占有的房屋、仓库和宫殿?是工人。是谁纺出了所有纱线和织出了所有布匹?是纺纱工和织布工。然而,劳工始终是穷人和赤贫者,而那些不干活的人却是有钱人,并且拥有着过分充足的财富。[1]英国首相迪斯累利在小说《西比尔:两个民族》中业已承认,英国的贫富分化已经非常严重。他写道:除了效忠女皇之外,穷人和富人已分裂为两个民族,他们之间没有往来,没有共同认同,他们好像不同地带的居住者,不同行星上的居民,不了解彼此的习惯、思想和感情,他们吃着不同的食物,按照不同的生活方式生活。

因此,正是这样的一个社会,在一个"表面上富裕、生气勃勃、欣欣向荣的社会中,有这么一大群贫穷的同胞臣民,他们用双手创造社会财富的工具,本身毫无过失,却注定要遭受沉重的苦难,这是完

---

[1] 艾瑞克·霍布斯鲍姆:《革命的年代》,王章辉等译,江苏人民出版社 1999 年版,第 278 页。

全应该予以控诉的。在这种情况下，要他们保持身心健康，使自己及子女免受道德和身体方面的玷污，几乎是不切实际的；在这种情况下，要求他们清洁、庄重、快乐、心满意足，是不合情理、不能实现的"。[1] 换句话说，这样的一个社会也是严重的分裂和不平等的社会，这种不平等不仅体现在贫富分化上，而且还表现在空间的区划上，如在这时发展起来的工业城市中，在空间上几乎都分裂为"豪华"的西区和"贫穷"的东区，如伦敦的东区。同样还体现在服装、使用的语言甚至刚刚发明的火车上。当火车发明时，人们都可以坐火车外出，由此带来了铁路让三等车厢的乘客在旅行时甚至跟王室成员享有同样的速度。为此，导致了人们的担忧和恐惧，担心这是一种趋于平等的危险倾向。[2] 因此，必须要对此加以区隔。由此包厢等应运而生。对这样的贫富分化与社会不平等，霍布斯鲍姆曾经这样写道，当1842年，罗思柴尔德夫人佩戴价值150万法郎的珠宝出席奥尔良公爵的化装舞会时，正是布莱特这样描述罗奇代尔妇女的时候："2000名妇女和少女唱着圣歌走过街道，这是非常独特且令人吃惊的场面。这支奇异的队伍走近了，她们是可怕的饥民，面包被狼吞虎咽地吞食下去，其状难以形容，即使那些面包上几乎沾满了泥土，也会被当作美食吞食下去。"[3]

从统计数据上也可以看出在工业革命中，财富的生产和分配越来越朝着不平等的方向行进。当代法国学者皮凯蒂曾经利用这一时期的

[1] E. 罗伊斯顿·派克：《被遗忘的苦难：英国工业革命的人文实录》，蔡师雄等译，福建人民出版社1983年版，第307页。

[2] 阿萨·布里格斯：《英国社会史》，陈叔平等译，商务印书馆2015年版，第274—275页。

[3] 艾瑞克·霍布斯鲍姆：《革命的年代：1789～1848》，王章辉等译，江苏人民出版社1999年版，第274页。

材料统计道，19 世纪初，财富层级中前 10% 人群拥有的财富占总财富的比重已经达到了 80%—85%，到 20 世纪初升到了 90%。1800 年至 1810 年间，前 1% 人群独自占有国民财富的 45%—50%，这一比重在 1850 年至 1860 年间超过了 50%，到 1900 年至 1910 年间达到了 60%。在空间上来说，财富主要集聚在巴黎。1900 年至 1910 年间巴黎仅居住着全国 1/20 的人口，却占有着 1/4 的总财富，财富集中度很高，而且在一战前的 10 年里似乎毫无节制地持续上涨。这里也是巨额财富集中之处。前 1% 人群的财富比重在 19 世纪初大约为 55%，到 1880 年至 1890 年升至 60%，到"一战"前夕达到 70%。因此，在法国，无论是大革命前还是之后，法国都是一个资本高度集中的世袭制社会。在下层人群中，占据人口 50% 的人群的财富没有增长。纵观 19、20 世纪，底层那一半人群的净财富实际为零。也就是说，他们去世时没有任何不动产或者金融资产可以传给后人，仅有的一点儿财富也都完全用于丧葬支出或者偿还债务。到一战之前，巴黎超过 2/3 的人处于这一状况，而在全法国，大概一半的人是如此，没有财产传给下一代，甚至净财富为负值。

这一点不仅是在法国，在英国，其整个演变轨迹也与法国非常相似，甚至英国的不平等程度比法国还要高一些。在 1810 年至 1870 年间，前 10% 人群占有财富的比重为 85%，到 1900 年至 1910 年间超过 90%。而 1% 人群占有财富的比重则从 1810 年至 1870 年的 55%—60% 上升到 1910 年至 1920 年的 70%。因此，财富的集中如此之高，鲜明地体现了社会不平等的状况。

这样的情况难道就是一个社会的常态，就应该这样继续存在并持续恶化下去吗？显然不是。目睹这样的现实，早在 19 世纪的 30 年代，法国著名思想家托克维尔就对统治阶级发出过这样的警告："我还是感到不安且这种感觉正在加重，我们正在走向一场新的革命，这一预感在心里越来越根深蒂固。这标志着我思想中的一个重大转变。"[1]拉马丁1835年在议院的一场演讲中也说道："我们否认它，无济于事，我们把它从我们的思想中排除出去，亦无济于事，无产者的问题是这样一个会让当今社会粉身碎骨的问题。"[2]

1848年1月，就在声势浩大的法国1848年革命爆发之前，托克维尔又说道：

> 人们说丝毫没有危险，因为没有发生暴动；人们说，由于社会表面不存在经济紊乱，革命还离我们很远。
>
> 先生们，请允许我告诉你们，我认为你们错了。或许，无政府主义状态在事实上并没有出现，然而它已经深入人心。请注意工人阶级内部发生了什么，我承认，今日，这些阶级依然平静。的确，他们并没有达到往日受政治热情煎熬的程度；但是，难道你们看不见他们的热情已从政治上转向社会了吗？难道你们看不见在他们内部逐渐流传一些意见和思想，其目的不仅是要推翻这样一些法律，这样一届内阁，这样一个政府，而且还有这个社会本身，是要动摇它目前赖以支撑的基础吗？难道你们没有倾听每日在他们中间传播的话语吗？难道你们没有听见人们在那里不断重复说所有位居其上的阶级既无力也不配统治他们；到目前为止世间财产的划分是不公平的；所有权得以成立的基础并不公正？

---

[1] 托克维尔：《回忆录：1848年法国革命》，周炽湛、曾晓阳译，上海人民出版社2005年版，第19页。
[2] 同上书，第25页。

当这样的舆论扎下根来，当这样的舆论广泛传播开来，难道你们不相信，当它们深入民心的时刻，它们迟早要引发，我不知何时，我不知以何种方式，总之它们迟早要引发最可怕的革命吗？

先生们，这就是我深深的信念：我认为，此刻，我们正在火山口上酣睡，我对此深信不疑……

凭着无法分析但却可靠的直觉，难道你们感觉不到欧洲的土地再次战栗起来了吗？难道你们感觉不到……怎么说呢？空中已吹来一股革命的旋风吗？这股风，谁也不知它从何而起，从何而来，也不知它要卷走谁，请相信这点：然而，你们在这种时刻面对世风日下却泰然自若，那是因为我们的措辞还不够尖锐。

此刻我并非危言耸听，我在对你们讲话，我相信我的话也不带宗派思想；我抨击某些人，但我对他们并无怒意，然而，我毕竟有义务把我深刻且明确的看法告诉我的国家……先生们，我还不至于丧失理智，不知道决定人民命运的并不是法律本身，不，先生们，并非法律机制引发重大事件，而是统治思想本身……看在上帝的分上，改变统治思想吧，因为，让我给你们再重复一遍，正是这一思想把你们引向深渊。[1]

的确，托克维尔的这些预言没有错，反倒是敲响了警示之钟，告诫统治阶级新的革命随时就会爆发，而且是一场和过去性质完全不同的革命。正如工人阶级理论家布朗基所说，1789 年的革命是一场政治革命，现在则将要进行的是一场社会革命。这场革命的关键之点就

---

[1]　托克维尔：《回忆录：1848 年法国革命》，周炽湛、曾晓阳译，上海人民出版社 2005 年版，第 52—54 页。

在于摧毁资产阶级的所有权和资本主义社会本身。在私有制下，资产阶级的财产权并非完全出自于自己的劳动，而真正进行劳动的工人阶级却没有享有自己的任何财产权，这完全是一种不平等。现在，只能通过革命的方式来重新安排财产权，才能实现工人阶级的基本权利。法国思想家托克维尔对此看得非常清楚。他明确地说道："国家将再次划分成两大派别的时代即将来临。法国大革命，它取消了一切特权，废除了一切专权，但却让其中的一个残存了下来，那就是所有权……很快，政治斗争在拥有者和非拥有者之间展开，大战场将是所有权。"[1]

---

[1] 托克维尔：《回忆录：1848年法国革命》，周炽湛、曾晓阳译，上海人民出版社2005年版，第51页。

第二节　工人阶级的诉求与反抗

面对工业革命后的不平等现状，很多人和机构，包括英国议会都作了众多调查报告来揭示工人阶级苦难的状况，一些文学家如狄更斯也写下了《艰难时世》等小说描绘工人阶级的生活。身为工厂主的恩格斯也做了很多考察，并根据大量的第一手材料写下了《英国工人阶级状况》，认为产业工人的物质状况比他们农业社会中的祖先要恶劣得多。马克思详细分析了工人阶级深受苦难的原因，认为这是资本主义剥削的结果。1853 年，巴德里拉尔在法兰西学院的就职演说中提出，不平等是人类社会的三大支柱之一，另外两个是财产和继承权。因此，一个分裂的阶级社会就在这样的形式平等的基础上建立了起来。

法国工人阶级的领袖蒲鲁东也认为，私有财产权是造成工人阶级苦难的根源。1840 年，他写下了《什么是所有权》这部皇皇巨著，尖锐抨击资产阶级的私有财产权，认为人类在权利方面是生而平等，人人有权享有自己劳动的产品。看起来工人在劳动中领取了工资，已获得了实际权利，但实际上，资本家发放给工人的工资完全无法与其生产的劳动产品的价值相提并论。换言之，资本家只是通过发放低廉工资的形式扣留了工人们的劳动产品，这全然侵犯了工人们的权利，实质上就是一种盗窃行为。由此，蒲鲁东愤慨地喊出："所有权就是盗窃。这是 1793 年的口号！这是革命的信号！"[1] 他认为在私有制

---

[1]　蒲鲁东：《什么是所有权》，孙署冰译，商务印书馆 1991 年版，第 38 页。

下，则没有了平等。[1] 并且认为，以前的革命只是政治革命，现在应该进行的是全新的社会的革命。他大声疾呼："再来一次革命吧，这次应当前进一步，是一次社会的革命。"

工人阶级从切身经历中认识到：现实社会中劳动产品全部归属于资本家，导致了财富分配不平等，究其原因是因为劳动权利的丧失。由此，他们从自然法理论出发，要求获得劳动成果的权利，认为这是人的天赋权利。英国一些思想家、政治改革家，如科贝特、伍勒韦德、斯彭斯和威廉·葛德文等人坚决抨击现实社会的不平等。科贝特说："我们没有新的要求，我们只要求祖先所享有的东西，即那些被股票经纪人、争权夺利者、皮特之流和棉业大王拿走的东西。"1818年，在英国布莱克本举行的群众大会上，通过了如下决议：任何人不经本人同意，绝没有权利去享受他的劳动成果。1825年，托马斯·霍奇斯金发表了《保卫劳动权，反对资本所有权》这本小册子，一开头他就这样写道："现在劳动冲突正在全国各地激烈进行，但迄今为止，绝大部分有影响的报刊书籍都站在资本家一边。因此，提出一些有利于劳动的观点去反对资本，这就是本书出版的主要动机。"书中，他深刻分析了资本家的利润和工人现实的贫困与苦难均来自于资本对工人的雇佣和剥削，他指出，资本家通过资本取得了支配和雇佣工人的权利，在这样一种雇佣与被雇佣的关系中，工人创造的价值都成为了利润，成为资本家的财富。实际上利润不是别的，只不过是雇佣工人这一权力关系的体现而已。离开了这样一种权力关系，资本也就无法生存。因此，资本家千方百计要维持这种权利关系，维持这种

[1] 蒲鲁东：《什么是所有权》，孙署冰译，商务印书馆1991年版，第291页。

不平等。对此，霍奇斯金指出："正是资本具有追求利润这样一个压倒一切的本性，在社会法律的支持下，在人类惯例的支持下，再加上立法机关的支持，和政治经济学家热情的卫护，才造成现在工人的贫困与苦难。"

在英国"宪章运动"中，英国的工人阶级就非常鲜明地提出要废除资产阶级私有财产权，保障自己的劳动权，捍卫自己的利益。"宪章运动"的领袖奥布莱恩也从资本出发解析了资本的本质就是剥削，他说，在贵族和资本家谈论财产的"神圣"时，他们的意思是说，通过资本的媒介，一个人有把其他人的劳动成果占为己有的神圣权利。正是资本获得了这一权利，才使这个社会表现出无尽的自私、竞争和攘夺，成为一个极端不平等的社会。他说道："在土地、机器、工具、生产器具和劳动产品全为无所事事的人所独占，在劳动全由财富生产者负担，而劳动成为一种由富裕游民收买和管理的市场商品的时候，无穷的忧患必然是劳动者不可避免的命运。要改变这种状况，必须改变现存的经济权利关系，要维护劳动的权利。""宪章运动"的另一领袖斯蒂芬斯也认为：工人生产了一切财富而他们却饱受痛苦。他们所要求的不过是，做够一天工，给够一天钱，工人应该有享受舒适生活的不可动摇的权利，这是享有一切财产权的基础。工人是帝国一切财产的主人翁，如果他没有财产，那么，便有向富人索取的权利，直到取得为止 。

关于劳动权问题，早在 18 世纪亚当・斯密的《国富论》一书中，斯密就提出了劳动者的权利问题，特别是提出了"劳动权"这一概念。斯密指出，有一种公正的宪政制度支持着自然自由、劳动和财产权。劳动是所有其他财产的本原基础。劳动所有权是一切其他所有权的主要基础，所以，这种所有权是最神圣不可侵犯的。一个穷人所拥有的世袭财产，就是他的体力和技巧。不让他以他正当的方式，在不侵害邻人的条件下使用他们的体力与技巧，很明显是侵犯了他最神圣的财产。显然，那不但侵害了劳动者的正当自由，而且还侵害劳动雇佣者的正当自由。

为了保障劳动权，以往那些不允许工人集会结社等法令应该取消。早在 1799 年，英国就通过了《反结社法》，其内容是：自法案颁布之日起，任何工匠若通过收买、规劝、诱导、恐吓或以任意恶劣的手段来唆使任何行业的工匠来实施结社等行为，或者无正当理由而停工的，经两名治安法官即决裁决后，亦可判决不超过三个月的监禁或不超过两个月的劳役。《反结社法》的通过，在一定程度上可以说是对工人阶级劳动权的剥夺。现在，为了保障工人阶级的权利，1824 年议会废除了在 1799 年通过的《反结社法》，认为对雇主和劳工所做的这些限制应该取消，有关工资和工时问题，应赋予劳资双方完全的自由权，以其认为合适的方式缔结和约。到了 19 世纪 60 年代，英国又最早开始实行了"集体谈判制"，其内容为：工会与单个雇主或雇主协会就工资、工作条件及其他就业问题进行的谈判。这个机制是 1860 年由诺丁汉织袜业率先建立，由于海外市场的需求增加，织袜业的繁荣增加了雇主的利润，但工人的工资却没有上涨，于是工人罢工，要求增加工资，分享产业繁荣的成果。于是工厂主们和工人领袖提出了集体谈判的建议。随后变成了一项法案，正式成为了一项制度性的安排。

在德国，出身于裁缝帮工的威廉·魏特林相继写出了《现实的人类和理想的人类》《和谐与自由的保证》和《一个贫苦罪人的福音》

三部著作，探讨社会不平等的原因。他认为现实的社会是一个无节制的贫富分化的社会，一些人只做很少的工作或者根本不工作，却享用不尽的财富，而另外的大多数人无休止地工作，但还是处于贫困状态。造成这种不平等的根源在于财富分配不平等，与机器的发明和使用并无直接关系。而维持这种不平等的手段则是金钱，这里的金钱实际上就是货币资本。在资本的驱动下，劳动成为了对工人们的一种折磨和奴役。

同样，自由的市场交换也带来了不平等。因为财产和定价权都掌握在他们手里，例如，1795 年，利兹劳工的一份请愿书抱怨"谷物代理商和磨坊主以及一伙我们称之为行商和粉商的人，他们已经将谷物掌握在自己手中，他们可以持有它们并按照他们自己的定价出售它，否则他们不会出售"。"农场主从不把任何谷物送到市场去，但是，他们在袋子里装的是自己的货样……这造成穷人非常痛苦的呻吟。"[1] 在英国 1756 年的饥荒时期，枢密院除了启动反对囤积的旧法律外，还发布了一项宣言，命令"所有农场主为免于处罚，要把他们的谷物拿到公开的市场上去，并且不得根据货样在他们自己的住处出售"。尽管如此，商人和磨坊主无视这样的法令，1766 年，有人写信揭发道，商人"自己把四分之一的小麦送到市场上去，虽然已有许多担子在那里。而不久，市场的铃声响起来，无论在哪里，对他们代理人的请求的答复总是'这已卖掉'。因此，尽管……为了避免法律的惩罚，他们总是把它送到市场上去，然而，在此之前已经成交，而上市不过是演一场滑稽戏……"[2] 1772 年，多尔切斯特有人揭露，

---

[1]　爱德华·汤普森：《共有的习惯》，沈汉、王加丰译，上海人民出版社 2002 年版，第 206 页。
[2]　同上书，第 205 页。

那些大农场主聚集起来，在上市之前便规定了价格。[1] 1795 年，在索尔斯伯里市长家门口有一封匿名信写道："市自治机构的先生们，我请求你们中止这种做法，即诈骗者或其他行商利用你们给予他们的自由去搜寻市场上所有的东西，以至于居民如不到零售商那里去，不付出敲诈性的价格，便无法买到一件物品。"[2]

除了上述造成社会不平等的那些要素之外，现存的工厂制度也是导致工人阶级灾难的渊薮。例如，托马斯·库说："我厌恶这种工业制度。由于这种制度，你必须把一大批人转变成纯粹的机器，无知、堕落、残暴。他们每天工作 12 小时或 14 小时，剩余价值流进了富裕的商业和工业资本家的口袋，为他们提供奢侈的生活。"[3] 工人阶级更是认为这样的工厂制度是一个压迫人民的场所，"你们比西印度群岛的看管奴隶的监工更横暴、更虚伪……我证明，你们吹嘘的自由……就是暴戾，你们自夸的虔诚……恰恰是亵渎神明……你们的'鞭打'制度，还有'罚款'制度、'旅馆'制度、'实物工资'制度、'午餐时清洗机器'制度、'星期日工作制度'、'低工资制度'，等等……全要经过'公众审查'的裁决……"[4]

正是在这些思考与表达中，工人阶级提出了对自己权利的基本要求。例如，在 1889 年巴黎国际工人代表大会上，就通过了名为"关于保护劳工国际立法的决议"，决议中指出：

"巴黎国际工人代表大会"的代表们深信：只有由作为阶

[1] 爱德华·汤普森：《共有的习惯》，沈汉、王加丰译，上海人民出版社 2002 年版，第 205 页。
[2] 同上书，第 219 页。
[3] E. P. 汤普森：《英国工人阶级的形成》，钱乘旦等译，译林出版社 2001 年版，第 396 页。
[4] 同上书，第 401 页.

级并在国际范围内组织起来的无产阶级取得政权，剥夺资本家，建立生产资料的公有制，劳动和人类才能获得解放。

……在所有资本主义生产方式占统治的国家里，都极其需要有效的保护劳动的立法。

代表大会要求这种立法的基础应该是：

1. 最高限度八小时的工作日；

2. 禁止未满十四岁的儿童工作；对未满十八岁的男女青年工人，工作日以六小时为限；

3. 废除夜班工作，但需要不间断开工的某些工业部门例外；

4. 禁止对妇女身体有害的一切生产部门中雇用女工；

5. 废除女工和未满十八岁的男工夜班工作；

6. 对一切劳动者，每周至少有三十六小时连续的休息；

7. 禁止对劳动者有害的几类工业和几种生产方式；

8. 废除"血汗制度"；

9. 禁止用商品支付工资，同样禁止厂主店铺等；

10. 取消雇工介绍所……

11. 在一切工厂与企业，包括家庭工业在内建立监督制度，监督由检查员负责，检查员由国家支付工资并且至少一半由工人自选……

……为了无产阶级的彻底解放，代表大会认为：迫切需要全面地组织工人，因此，要求集会和结社的不受限制的、完整的自由。[1]

---

[1]　蒋相泽主编：《世界通史资料选辑·近代部分》（下册），商务印书馆1964年版，第299—300页。

　　早在 19 世纪初期，法国思想家托克维尔就认为，工人阶级将会发生一场革命，在这场革命中，贫困会是最大的战场，这场战役将会发生在那些有钱人和穷人之间。从 19 世纪中期开始，工人阶级不仅在理论上表达了自身的诉求，还掀起了社会革命运动。在英国有"宪章运动"，1871 年，法国爆发了"巴黎公社起义"，建立了崭新的无产阶级政权——"巴黎公社"；德国同样展开了工人阶级的起义。这些革命的实质正如托克维尔所说，是要摧毁这个社会的基础——所有权，摧毁现存的资本主义社会。

　　面对工人阶级的社会革命这一激烈的社会冲突甚至暴力性革命，统治阶级惊恐万分，决意镇压。如在"巴黎公社运动"爆发的时候，当时法国政府的领导者梯也尔就下令对其进行了严酷的镇压。除了大批公社社员遭到处决外，还有近 20 万人被流放海外。政府当局之所以要如此强硬地镇压"巴黎公社"，是因为这场"社会革命"的任务就是要摧毁现代社会护着现代资本主义文明的两大基石——"所有权"与"市场的自由"，因此，面对"巴黎公社"的起义，并重新以工人阶级为中心来建立一个新的社会结构和社会关系时，梯也尔当局自然要调动国家的暴力力量将其镇压下去。

　　1871 年，"巴黎公社起义"是无产阶级通过革命暴力的方式进行的社会再造运动，作为一场"社会革命"，它也成为了整个欧洲的最后绝唱，从此工人阶级的革命再也没有发生，转而通过议会斗争这一和平的方式来进行抗争。尽管如此，"巴黎公社"这场革命所揭示的革命内涵，所形成的抗争传统却一直延续再延续。可以说，这种批判不再表现为传统的街垒战式的暴力冲突，而转化为一种批判性的修辞力量，也就是说，从街垒战这一暴力性革命力量向批判性的修辞力量转变，从此，暴力革命已不再成为这个社会解决工人阶级权利问题的方式了。这场革命的爆发和失败意味着，这个社会必须以资产阶级为主导，但在消灭工人阶级的力量之后，统治者也无法回避工人阶级这一革命性的力量，也要进行国家治理的调整，其指导思想是，要以资产阶级为主导，但必须要考虑到工人阶级下层人民的权利，因为无法将工人阶级排除在社会权利体系之外。

如何理解 19 世纪的工人阶级的革命和社会主义者对资本主义的批判，这将是 19 世纪历史留给人们的重要课题。站在不同的立场，选取不同的视角都会有着不同的理解，但是，同样重要的是，站在今天，人们已经能够更好地反思和理解它，理解工人阶级和资产阶级这两个阶级在那时所进行的殊死搏斗。从当时两个阶级各自的表达和要求来说，工人阶级要求平等，而资产阶级则力主自由，这样两种不同的利益表达与象征构建既体现了历史上的某种合理性，也反映了历史的局限，甚至是悲剧。但在超越了那个时代之后，人们可以说，他们都对后来的历史发展走向做出了自身的贡献。因为正是有了工人阶级的革命和社会主义者的批判才会有后来的社会福利制度的形成，以及走向了既是自由，也是更为公正的新社会。因此，历史在教给了我们历史合理性的同时，同样也告诉着世人，任何时候，历史的演进都不能也不应该是单向度的和由某种唯一性的力量来决定的。

第三节 "限制自由以拯救自由"

在 19 世纪的"新革命"中，面对着工人阶级的激烈斗争，和他们对自身权利的要求，占居主导地位的资产阶级也在思考着如何保证工人阶级的权利问题。正像当时英国的一些有识之士形象地指出的，当老板们分享香肠的时候，工人们是否可以获得足够的面包？也就是说，当资产阶级在财产权原则下获得了自己的财富时，不能够完全以牺牲工人阶级的基本权利为前提条件。因此，必须确立起一种对社会财富进行公正分配的原则，让每个人对社会财富都有一种平等的享受权利。

当一个社会，存在着两个阶级间的分裂和冲突，当资产阶级可以利用财产权来为自己获取大量财富，而无产阶级却在付出艰苦的劳动之后，却连基本的生存权都得不到保障时，其结果只能是无产阶级革命的爆发，要用自己的力量来摧毁这个社会，重新建立一个新社会。正如法国政治家拉马丁在 1835 年在议院的一场演讲中也说道："我们否认它，无济于事，我们把它从我们的思想中排除出去，亦无济于事，无产者的问题是这样一个会让当今社会粉身碎骨的问题。"英国首相迪斯累利也说，当茅屋不舒服的时候，宫殿也是不会安全的。自由党领袖阿斯奎斯也表达了相同的意见，假如在我们眼皮底下的帝国中心总可以发现一大群人不能接受教育，根本没有可能过上任何真正意义上的社会生活，那么，空谈帝国又有什么用？这样说绝非是危言耸听，历史的事实已经证明了这一点。对此，我们不能够一味地去指责无产阶级进行革命的行动，站在他们的立场来看，采取这样的行动是完全是正当的，实际上，这些行动本身就在昭示着工人阶级为自己的政治权利和社会权利而斗争，要求建立一个更为民主和公正的新社会。

面对着汹涌澎拜的"新革命"，面对着无产阶级对自己权利的要求，资产阶级应该作出如何的反应，是依然无动于衷，还是强力镇压，丝毫不考虑无产阶级的基本权利？面对着这样一个要求民主和平等，争取权利与公正的"新革命"，如何看待无产阶级的性质，又如何理解权利、自由和民主，国家在社会发展中将起着怎样的作用等问题迫切地成为这个社会必须要回答的问题。这同样也意味着，在这一激烈的社会冲突中，如何弥合分裂，化解冲突，实现社会稳定，已经成为这个时期迫切要解决的重大问题。

对此，一批思想家展开了思考，这以法国思想家托克维尔、英国思想家约翰·密尔和托马斯·希尔·格林为代表。他们非常理智地看到了未来社会发展的走向，这就是，人民必然要改变现存的社会地位，获得他们应该得到的权利。用托克维尔的话来说，民主是天意所向，不可阻挡。为了实现这一目标，最为关键之点则在于，以资产阶级为代表的统治者必须要改变自己的思想观念，这是目前最为紧迫的问题。托克维尔在议院中说："看在上帝份上，改变统治思想吧，因为，让我再给你们重复一次，正是现在的这一思想把你们引向深渊。"1848 年，英国思想家密尔也在《政治经济学的原理》一书中指出，"在人类进步的现时代，当平等的观念每天都更加广泛地在贫苦阶级中传播的时候，把人分为雇佣者和被雇佣者两个世界的阶级则不能被认为是合理的，从而也不可能取得人类的进步……如果富人根据某种自然法理论把穷人看作奴仆和依从，而反过来富人被穷人视为猛兽，无法实现期望和尊重，并在某种程度上要给富人让步。在两个阶级之间对正义完全缺乏尊重则标志着雇佣者和被雇佣者之间的分裂。"另一位思想家希尔·格林也说，一个社会不可能永远把工人阶级排除在公民的身份之外，他坚决主张实现平等与自由的结合。

具体而言，如何实现这样一种深刻的转变，难道真的要让工人阶级的革命不断发生吗？难道占居统治地位的资产阶级就对此无能为力吗？托克维尔一向认为，现在，是到统治阶级调整自己的统治政策的时候了，他将此概括为"限制自由以拯救自由"。也就是说，资产阶级要对自己的权利有所限制，要让渡一些权利给无产阶级。或者说，资产阶级要改变自己的统治方式，让无产阶级也能够获得他们应该获得的基本权利。只有这样才能化解社会的冲突，弥合阶级之间的分裂，实现社会稳定，从而才能免于被无产阶级推翻这样一种"粉身碎骨"的危险。对此，英国思想家约翰·密尔也说，除非人类思想方法的基本结构有一巨大的变化，否则人类的命运不可能有巨大的改善。这些思想家的表达可以给我们启迪，当我们在思考资产阶级，或者资本主义在体制上取得胜利的同时，切不可忘记在这一体制背后隐含着一种贫富分化的社会对立，以及对这一社会冲突的思考。

要实现这样的改变，在本质上必然涉及对"权利"的重新理解，或者说要在思想观念上重新论证"权利"的理论。在近代早期，人们将"权利"看作是不可剥夺的自然权利，是一种来自于上帝的神圣的天赋权利。无论在美国的《独立宣言》，还是法国的《人权宣言》都明确地对人的这一权利作出这样的界定。例如，《独立宣言》中说：我们认为这些真理是不言而喻的：人人生而平等，他们都从他们的"造物主"那边被赋予了某些不可转让的权利。《人权宣言》则将人的权利规定为是自然的、不可剥夺的神圣权利。本来这是一种普世性的原则，但事实上，在近代早期阶段，这样的一种权利被属于强势的资产阶级在转化为现实体制的时候论证为他们的权利，从而排除了包括工人阶级在内的社会底层人民。而到了这一时期，一批思想家则认为，权利不再是一种神圣的天赋权利，一种只强调个人的绝对性权利，它只能是一种社会性的权利，个人的权利只有在社会共同体中才能得到实现和保障。具体到财产权来说，既要维护近代初期所确立的私有财产具有合法性的原则，又要重新建立起新的原则，即个人的财产权不再是纯粹个人的绝对性权利，为了社会的利益可以对私有财产进行再分配。这也就意味着，个人的权利要与社会共同体的共同权利保持一致。正如18世纪法国思想家霍尔巴赫所说："孤单的个人，或者可以说，处在自然状态中的人有权享有他的能力所能得到的一切。生活在社会里的人如果这样无限制地行使权利无论对他本人，还是对其他公民，都是极其有害的。人在社会里行使自己的权利应该服从社会生活条件和社会的需要——总之，应该服从公共福利。对整个联合体有害的、对联合体成员有害的行为就是不正当的行为，而是滥用权利的行为。"[1] 同样，以前所说的自由也不仅仅只是一种只强调个人免受外在的压迫，市场免受政府干预以牺牲社会公平和正义的自由，而是要将个人的自由与平等相结合。同时，对国家的定位和作用也有了不同理解。在新的条件下，国家应该自觉地组织和调动资源来最大限度地实现公共利益，实现社会的公正，以此来保障每一个人特别是在社会竞争中处于弱势的群体的权利。因此，国家不是自由的敌人，相反，而是要行使公共管理职能的机构，其主要目标是调动一

[1]　霍尔巴赫：《自然政治论》，陈太先等译，商务印书馆1999年版，第30页。

切公共资源来实现公民的基本权利和保障其自由，特别是满足社会每一个成员衣食住行的基本需要，让他们过上一种体面与有尊严的生活。

面对着工业革命中这一不平等，一批思想家也将焦点聚焦于导致不平等的所有权问题上。英国的思想家托马斯·希尔·格林认为，个人通过劳动获得的财产只是占有，但这种占有要被承认为一种权利，则需要得到社会的承认。而要得到社会的承认，其前提和目的则是为了他本人的完善和社会的共同善，这样公认的占有就转化成为财产权，而财产权的正当性则是为了社会的共同善。[1] 另一位思想家霍布豪斯也认为，在实际操作中，机会平等在一定程度上受制于由于历史或环境的作用而已经形成了种种不平等，"不平等现象随着机会的扩大而增大，经济进步首先会为有能力的人提供更多的机会，而遗产又将所形成的这种不平等固定化和永久化"。因此，他认为，必须从另外的角度来进一步寻找平等的方式，要从现在的"机会平等"转向"结果平等"。但"这种'平等'不是绝对量的平等，而是比例的平等"。也就是说，不是简单的数量一致的平等分配，而是按照相关人们的一些品质、品格或成就的比例进行分配。[2] 从这些表述中可以看出，这些思想家都认为，从前被确定的财产神圣不可侵犯原则现在则要被修正为，国家可以为了社会的共同利益，通过税收等合法途径来对财产权进行"再分配"，从而实现社会的"共同善"，或者说社会正义。

不仅如此，为了彻底解决贫困问题，在19世纪80年代兴起的费

---

[1] 详见邓振军：《个体性与共同善：格林的财产权话语》，《学术研究》，2016年第12期。
[2] 详见王同彤：《使用与权力：霍布豪斯论财产权》，《学术研究》，2016年第12期。

边社，特别是以锡德尼·韦伯和比阿特丽斯·韦伯夫妇为代表，他们通过对伦敦东区——这一工人阶级居住区进行调查时发现，贫穷不仅使人能力丧失，还使人道德沦丧，"伦敦东区存在最坏的道德品质，而且这种堕落还在随着贫困的扩大而扩大。贫困滋生罪恶，感染健康的社会机体，因贫困而产生的酗酒等坏习惯会像坏细胞一样扩散，先破坏家庭，再侵蚀其他健全的社会组成部分"。所以，当穷人正在忍饥挨饿的时候，社会就正在变坏，富翁的日子也不会好过。韦伯夫妇呼吁人们对穷人、穷困和济贫等概念要进行重新认识，"消除受济者的精神污点，提倡平等。救济者与被救济者不应该有界限"。他们要求废除《济贫法》，建立新的社会机制，在更充分和更广阔的范围内调查贫困的现状，了解穷人的需要，并主动给予他们物质上的帮助、精神上的尊重和鼓励。总之，韦伯夫妇认为，对贫困问题的解决，需要全社会共同的努力。[1]

［１］　对韦伯夫妇的社会思想研究详见曹婉莉：《韦伯夫妇研究》，上海社会科学院出版社2012年版。

第四节　社会福利制度的构建

正是在这一背景下，如何让工人阶级获得其权利，而不是始终成为一种"革命性力量"。思想家们在思考，统治者也在思考，他们都希冀努力找到新的路径，进行社会治理创新。最后，通过一系列的努力，终于找到了实现社会公平正义的新路径，这就是社会福利制度的建立。

在实现社会福利方面，让人颇感奇怪的是，走在当时最前列的却是后发工业化的德国，而非是首先发生工业革命的英国。1881 年 11 月 17 日，俾斯麦向议会宣读他起草的《皇帝诏书》，开始"国家社会福利"政策。其内容主要为这样三项法令：第一项，1883 年国会通过了《疾病保险法》。该法规定，当工人生病时，在 13 周的时间内享受免费医疗。如不幸去世，可以得到丧葬补贴。保险费用一半为工人自付，一半为雇主承担。第二项，于 1884 年宣布实施《意外事故保险法》。该法首先在采矿、制造业等企业实行，后来运输、建筑等部门也开始加入，其保险费用全部由雇主承担。第三项，于 1889 年颁布了《老年和残疾保险法》。该法规定对全体工人和年收入低于 2000 马克以下的职员实行强制保险，年满 70 岁后可获养老金，如遇中间发生工伤，导致残疾，则可得到赡养费。

为什么是并非最早进行工业化的德国率先实行了社会保障制度，其原因大体上可以归结为这样几点，作为后发工业化的国家，在了解了诸如英国这些工人阶级的苦难现状之后，觉得这样无法长久维系下去。例如，1855 年，政府的一位大臣在听到工厂视察员关于这些城市工厂制度现状的报告后说："如果你们的报告是真的，我宁愿整个工业都被毁灭。"意为工人阶级的劳作太过辛苦，过着非人般的生活。再加之德国建立了一种国家主义和家长制的体制，因此，作为国家和政府如同家长一样有责任关心自己的居民。更为重要的是，只有实行社会福利才能阻止社会主义与工人阶级革命的兴起。1885 年，俾斯麦写道："毫无疑问，个人可以做很多好事，但是，社会问题只有靠国家才能解决。"他还说，医治社会弊病，不能依靠镇压社会民主党的过火行为，但却能通过积极促进工人的福利来办到。"只有国家与政府采取行动，即由它来实现社会主义者所诉求的那些合理的并与国家和社会制度相一致的东西，才能制止由社会主义运动所造成的混乱局面。"

1881 年，俾斯麦在国会演说中说："国家要为居民中的无财产阶级，即那些数量最大、受教育最少的人们灌输这样一种观点，即国家不只是一个必需的机构，而且还是一个福利机构。必须用看得见的直接利益使他们认识到，不能把国家看成是一个唯一用来保护社会上境况较好的阶级的机构，国家其实也是一个为他们的需要和利益服务的机构。国家必须要为所有人提供工作，这在我们社会道德伦理关系中难道不是根深蒂固，早已就存在的吗？"俾斯麦在听到军界和农业界的代表说，在征召士兵时发现，德国工业人口中很多人的身体条件都不符合要求时，他坚决要求通过社会立法来保障工人健康，借以加强军队力量，巩固统一成果。1908 年，英国工会代表团在考察德国社会保险制度后写道："所访城镇的工厂住宅区没有贫民窟。说实话，代表团没有在任何地方看到一个可化作所谓贫民窟的居住区。大街上不见衣衫褴褛的乞讨者，完全都看不到我们所称的那种最为悲惨的贫困。"

　　尽管德国最早开始进行全面系统的立法，着力于对工人阶级的劳动保护，但在英国也并非完全没有实行这一举措。早在 1834 年，当时推动工厂立法的改革者理查德·奥斯特勒就敦促政府照顾穷人和有需要者，因为他们比起任何其他的阶级，更需要宪法和法律的庇护。作为经济学家的纳瑟·西尔尼坚决反对马尔萨斯在人口论中所主张的不给予穷人救助的观点。1847 年，他提出只要有助于社会福利的，无论什么事都要去做，这正是政府的本分。也就是说，必须要用国家的力量来修正市场力量对个人及其家庭生活所造成的影响，减缓工业化所带来的不平等，避免财富世袭制社会的形成。思想家和教育家马修·阿诺德认为在教育上政府需要采取更为积极的举措；甚至连艺术家约翰·罗斯金也呼吁，国家的首要任务就是去了解每个本地出生的儿童，要让他们都住得舒适，穿得暖和，吃得营养以及接受教育，直到他们成年为止。1885 年，约瑟夫·张伯伦在一次关于赎金的演讲中指出："有产者应该为他们所享有的安全付出什么样的赎金？……这是社会对亏欠这个国家贫困阶级的一种补偿。"同年，他还在一次集会中指出："我们文明所面临的严重问题至今仍未解决。我们必须要去尝试解释和回应那些存在于我们周围的贫困与苦难。"1911 年，英国的劳合·乔治这样写道："我希望，在不远的将来，国家能够承担起关照疾病、残障和失业者的全部责任。"

　　正是由于各方力量的推动，英国于 1833 年议会通过《工厂法》。该法规定，9 到 13 岁儿童的工作时间为 8 小时，14 到 18 岁少年的工作时间为 12 小时，取消使用 9 岁以下的童工。1842 年通过的《煤矿法》禁止妇女和 10 岁以下儿童在井下工作。1890 年和 1900 年英国议会又两次通过《工人阶级居住法》，重申要拆毁不合卫生的房屋，建造新房屋，以解决劳资冲突。1871 年格拉斯顿内阁通过法令，取消对工会的种种限制。1875 年，又允许工人罢工时进行和平的纠察。在工人劳动权益方面，议会相继于 1874 年、1878 年、1891 年通过《工厂法》，对工人的工作时间、工人的最低年龄都作了规定。1897年颁布"工人赔偿法案"，规定工厂主有责任对负伤工人进行赔偿。随着工业的发展，环境问题愈发突出，为此议会通过了一系列法令。在教育方面，1870 年通过了"初等教育法案"，规定所有儿童必须入学接受教育，地方主管教育的机构由选举产生，强制征收地方税以充教育经费。1876 年又通过"桑登教育法"，规定各地要鼓励更多的儿童入学，家长也有责任送子女接受教育。为解决家境贫寒人家的实际经济困难，1891 年通过法令实行初级免费教育。从这些法令中，我们可以看到，议会功能日益强化，立法范围不断扩大，这也更能体现出议会作为最高权力机关的权威性，以及代表社会全体利益的整体性。此外，西欧各国在 19 世纪末还相继通过了《社会保障法》《疾病保险法》等法令，并开始向福利国家迈进，其基本目标就是要消灭贫穷，在生老病死方面保障工人阶级的基本权利。

伴随着福利社会的建设，也意味着社会的一次新的转型。不仅是思想观念上的变革，更是社会结构和社会机制的重建。因此，社会福利制度的安排就具有这样一些特征：国家或者政府要介入市场机制的运行，保障每一个国民最为基本的需求满足，过上有尊严的生活；福利是每一个国民的权利，亦即社会性权利，而非慈善；它是由国家提供强制性、集体性与非差别性的直接满足人民需求为主的福利。1961

年，英国历史学家阿萨·勃格里斯这样来定义：福利国家是指在这个国家里，权力精心致力于修正市场力量的作用。其功能是，以从市场拿走商品或服务的方式代替市场，或者在某些方面控制和调整它的运作以便修正市场的负面作用，它与市场依据个人的进取心、能力等追求利润的最大化完全不同。总之，是一种作用于市场经济之外的利益分配机制。其特征为：保障个人和家庭的最低限度收入，而不管他们的工作或财产的市场价值有多大；通过个人和家庭能够应对一些社会性的不测事件而缩小不安全的范围，从而避免这些个人和家庭因为不测事件陷入于危机之中；确保国民以无地位差异或阶级差别获得与达到社会基本的生活标准。[1] 无论对其特性怎样界定，但都具有这样几点基本共识：市场不能自动带来公正；虽然市场经济是社会的基本体制，但整个社会不能按照市场化原则来进行运转，变成为一个"市场社会"；福利不是一种慈善，而是每个人应该获得的一种权利。它不是仅仅针对穷人，而是关照所有民众，没有社会阶层之间的差异，也无个人身份之异同，社会中的每个人都平等地享有社会福利的权利。这一理念的提出标志着社会观念的重大转变，社会救助不再是基于同情性的慈善，而是每个人都应该享有的一项权利。同样，福利社会的形成也是对原先"市场"的修复与超越。正如 T. H. 马歇尔所说，"福利"的全部目的就是"通过从市场中拿出物资和服务来超越市场，或者用某种方式控制而调节市场行为，从而产生一个市场本身无法产生的结果"。[2]

经过 19 世纪的社会冲突，也经过各种力量，特别是工人阶级和

[1] 转引自闵凡祥：《国家与社会：英国社会福利观念的变迁与撒切尔政府社会福利改革研究》，重庆出版社 2009 年版，第 36—37 页。
[2] 托尼·朱特：《沉疴遍地》，杜先菊译，新星出版社 2012 年版，第 40 页。

资产阶级之间的博弈斗争，最终形成了这样的福利社会。在这一过程中，国家的定位和政府的职能也发生了转变，不再仅只鼓励财富的创造，更重要的是还需要承担起公正合理地分配社会财富的重任。托克维尔以法国为例说："在法国，一个政府仅仅依靠唯一一个阶级的偏狭利益和自私的激情，始终会招致大错……如此建立起来的政府一旦失去民心时，它是为了某个阶级而丧失民心的。政府要想维持其地位，所能遵循的最稳妥的办法就是好好治理国家，尤其要在考虑大众利益的前提下治理国家。"

回顾19世纪欧洲的历史进程，在70年代之前，欧洲社会在两个方面经历了社会转型，即从原先的贵族制度向现代民主自由制度的转化，以及随着工业革命的展开，又从资产阶级家所享有的自由走向工人阶级呼喊的平等。与此相伴的则是历经两次革命，即17、18世纪的政治革命和19世纪的社会革命。而在1871年之后，社会中的暴力化被消除，社会越来越文明化。更为重要的是，国家出台了一系列举措，西欧各国开始向福利国家迈进，其基本目标就是要消灭贫穷，在生老病死方面保障无产阶级的基本权利。这些举措在本质上昭示着权利的转移，使原来处于社会底层的广大人民也获得了他们的基本权利。正是在这一意义上，可以说，福利国家的渐趋出现，也标志着社会结构的转型，社会运行机制的重设，社会财富的重新组织和再分配机制的重建。可以说，实现了"社会的再造"。

当然，从社会的内在本质、基本结构和运行机制来说，工人阶级对平等的诉求既可以看作一种实现，也可以视作为被驯服，平等最终将会被嵌入在自由的体制中，被规训与被控制，当然也得到其合法性地位，实现其权利。同样，也可以说，这是劳资双方达成了一项新的契约，早期工业革命中的那种雇佣关系和社会关系发生了变化。那种被称为"野蛮的资本主义"一去不复返。由此也会明晓托克维尔一再强调的"秩序"和"文明"的含义，一个社会必须承认财产权，必须建立起以财产权和市场交换为主导性的社会体制。法国思想家托克维尔在考察了贵族制解体后民主制度的发展之后，天才般地指出了未来社会中平等的实现，但工业社会又在创造出新型的社会等级体系。面对这一新的社会境况，即在工业社会中，平等的力量如何和社会新的差序之间实现协调，最终各得其所。这也就是托克维尔所说的"自由"和"平等"的结合。正是秉持着以有产者为基础的体制这一原则，托克维尔找到了自由与平等相结合的第三条道路，指出平等不是一种状态，而是一种赋予个人行为和支配这种行为的动机以一种意义的历史过程。民主也并不阻止两大阶级的存在，而是改变他们的态度以及之间的关系。我想他的这两句箴言将会给人们甚多启发，也有助于去理解资本主义与社会福利制度两者的结合。

第五节　公共卫生体系的建立与环境治理

美国历史学家汉姆林曾经这样写道，英国的公共卫生运动兴起于19 世纪 30 年代至 40 年代工业化时期，一直持续到第一次世界大战，公共卫生成为一场社会运动，也是一场人道主义的改革，表明社会开始承认人类卫生这一问题。[1] 值得重视的是，在这场公共卫生运动中，1848 年公共卫生法案的通过是一标志性的事件，它为现代公共卫生体制的建立奠定了基础，也标志着思想观念和社会资源分配以及制度安排的一次变革。

从 18 世纪 50 年代起，随着工业革命的进行，恶劣的工厂环境以及工人阶级的居住状况，造成了"城市经常有人满之患，房子拥挤不堪，没有自来水，没有排水沟，照明和通风设备都很差，他们租得起的狭窄住房是不够住的。门口总有粪堆，门上也不常有蔷薇缠绕。热病和其他疾病是常常光临的客人，罪行和恶习均为常事。贫困乃共同的命运，恶臭和肮脏被看作一种自然规律，人人习以为常"。[2] 这样的环境自然就成了流行性传染病的温床，到了 19 世纪 30 年代更是导致霍乱的大规模流行，因此历史学家也将这个时期称为是"霍乱时代"。如果说霍乱的暴发是水污染的原因，那么，各种的烟气、热气和毒气也直接带来了多种呼吸道疾病的流行，导致死亡率上升。在英

---

[1]　Christopher Hamlin, *Public Health and Social Justice in the Age of Chadwick*: *Britain 1800 - 1854*, Cambridge University Press, 1998, p. 4.

[2]　罗伊斯顿·派克:《被遗忘的苦难——英国工业革命的人文实录》，蔡师雄等译，福建人民出版社 1991 年版，第 279 页。

国，肺结核、支气管炎、肺炎、上呼吸道感染已经成为常见病和导致死亡的最大原因。19世纪30年代的英国，就有斑疹伤寒、热病、猩红热、肺结核、黄热病、霍乱等多种流行病的发生。

从流行病起源来说，霍乱起源于印度，1831年在英国发现了第一例病人，随后迅速传播。和霍乱一样，这些流行病的发生都有其共同的特点，就是起源于工人阶级居住区，然后向外蔓延。原因很简单，就是因为工人阶级居住区条件恶劣，环境污染严重，生态环境恶化。因此可以说，伤寒和霍乱这两种疾病体现了鲜明的阶级特性和社会流行病的特点。在贫民窟中起源，然后传播开去，由此导致大规模的死亡。疾病的流行，特别是霍乱的流行，对社会心理的影响是灾难性的。一位医生写道，现在人们患上了"霍乱恐惧症"，人们对霍乱还无法解释，使其充满神秘和恐怖，让人回想起中世纪的瘟疫。由于环境的恶化，疾病的流行，死亡率上升。从1831年至1841年间，伯明翰的死亡率从14.6‰上升到27.2‰；利兹从20.7‰上升为27.2‰，布里斯特尔从16.9‰上升到31‰；曼彻斯特从30.2‰上升为33.8‰；利物浦从21‰上升为34.8‰。这5个城市的平均死亡率从20.69‰上升到30.8‰。[1]

面对这些现状，一些开明人士开始着手进行调查。1832年，曼彻斯特棉纺织家詹姆斯·菲利普·凯出版了《曼彻斯特棉纺织厂工人阶级的道德和身体状况》一书，认为导致疾病暴发的原因是社会性的，劳工阶层集中居住的这些贫民窟则成为疾病流行的中心。可以想见，在英国工业革命时期，城市人口越来越稠密，空气越来越污浊，

[1] S. E. Finer, *The Life and Time of Sir Edwin Chardwick*, Barnes and Nobel and Methuen and Co. Ltd., 1970, p. 213.

溪水越来越肮脏。[1] 因此，不可避免将会带来疾病的流行。1833年，大卫·贝瑞调查了一些工厂，认为很多工厂的空间里充满灰尘、湿热与有毒气体，这严重损害了工人特别是童工的健康。威廉·普尔特尼·阿利森在 1840 年也写了一本关于穷人与城市健康的书，认为贫困引发了疾病。他举例说，有一户穷人全家为了寻找工作，在城市里东走西问，结果把病传染给了三个街区的人。他还通过对 50份个例的分析得出结论，贫困的劳动阶层会更多带来疾病的传播。因此，疾病的流行在本质上就是关涉贫困与公共卫生的问题。当然这一时期还有很多人进行调查，例如，托马斯·沃克莱和威廉·劳维特等，在他们所提出的这些报告中，也都不约而同地得出大致相同的结论。

在这些调查报告中，不能不提到埃德温·查德威克。19 世纪 30年代，面对疾病流行这一现状，时任济贫委员会秘书的查德威克也开始着手进行调查，并在综合很多朋友的调查信息以及报告的基础上，撰写出了自己的调查报告。1838 年 5 月初，他在报告中就得出结论，认为是劳工阶层集中居住的贫民窟那肮脏的环境造成了霍乱和其他疾病的流行。1838 年，由于伦敦暴发了严重的伤寒疫情，他又在提交的报告中认为，贫民窟恶劣的卫生环境是重要的原因，政府应该改善那里的环境卫生状况。随后他又联合多人在全国展开人口健康状况的大调查，并在 1843 年发表了《英国劳动人口环境卫生状况调查报告》（*Report on the Sanitary Condition of the Labouring Population of Great Britain*），书中，他用很形象的比喻写道："现在的英国就像一个粪堆，

---

[1]　约翰·克拉潘：《现代英国经济史》，姚曾廙译，商务印书馆 1973 年版，第 657 页。

我们正生活于其中。"同样，查德威克用大量的事实证明，疾病来自于不洁的环境和那些贫困人们不良的卫生状况。

在这份报告中，查德威克还提出了这样一些观点，并被视为对日后英国建立公共卫生体系的一种创造性贡献。第一，查德威克坚持认为，是劳工阶层的贫困与不良的"道德"与卫生行为导致了疾病，如果改善环境卫生也就可以消除疾病与疫情。第二，查德威克提出了"环境卫生"（sanitary）这一概念，认为环境卫生不再是个人的事情，而是事关全社会每一个人的公共事务。当然这个概念并非查德威克首创，而是从其他人对工厂进行的调查报告中吸收而来。例如，大卫·贝瑞就已在他的报告中使用了如"环境卫生状况"（sanitary conditions）等表述方式，不过在贝瑞的报告中，这一术语还没有特指"环境卫生"，其包括的内容更为广泛，例如，空气的质量、工资收入、教育程度、生活水平等 12 项内容。而查德威克则借用了这一术语，并将其内涵界定为环境卫生，以及所具有的公共性，这也更体现了他的远见以及社会关切。因此，历史学家才认为，"环境卫生"这一概念是查德威克从别人那里收到的最为贵重的礼物。同样，他的这份报告也被认为是现代公共卫生体系建立的奠基性文本。

从历史实际来看，这些报告所指陈的事实和得出的结论完全正确，劳工阶层所聚集的地区，如伦敦东区成为疾病暴发的源头。这些区域人口集聚，居住环境恶劣，形成为贫民窟。这里既没有供水系统，也没有排污系统，到处都是如查德威克所说的臭水塘，高高堆积的废弃物，令人作呕的粪便不断地散发出臭味。加上劳工阶层这一群体没有条件改善自己的环境卫生状况与形成良好的卫生习惯，因此自然便会导致疾病的流行。为此，从 1844 年开始，一批有识之士开始向社会宣传倡导公共卫生的观念，并且成立了一些机构。例如，"在贫困人口中促进清洁协会""改善劳动阶级状况研究会"。1844 年 12 月成立了专门宣传卫生健康的"城市卫生健康协会"，其宗旨是改变人们的公共观念，呼吁为劳工阶层的居住区提供清洁的水，保证其有清洁的空气和充足的阳光，并修建起排污系统。1846 年，"城市卫生健康协会"特地向政府提交了关于排污系统的报告，而这个报告的很多内容都出自于查德威克之手。1847 年他们又掀起了大规模的"公共卫生运动"。

与此同时，查德威克还认为，不仅需要开展卫生健康运动，传播卫生健康观念，更为重要的还需要有另外两种解决路径：一是立法通过法律；二是政府要痛下决心改善市政工程服务体系和水准，建立起公共卫生体系。为了说服议会通过法案，查德威克用"空气就是疾病，疾病就是臭气"（all smell is disease，all disease is smell）这样的修辞方式来说服议会议员，明确告诉这些议员，疾病是随着空气而传播，一旦住在"东区"的劳工阶层的居住区发生了霍乱等流行病，住在"西区"这个富人区的人们也难以幸免。在"臭气就是疾病，疾病就是臭气"这句话之后，查德威克紧接着又说道，所有这些腐烂的臭气实际上就意味着金钱的损失。[1] 使用这样的句式，特别是金钱的损失这样的表达，其目的就是为了说服议会的这些议员们通过法案，避免财富的损失，从而建立起防止疾病流行的公共卫生体系。

正是在他的努力下，1848 年议会通过了"公共卫生法案"（The Public Health Act，1848），同时建立了第一个卫生机构——英国中央

---

[1]　S. E. Finer, *The Life and Time of Sir Edwin Chardwick*, Barnes and Nobel and Methuen and Co. Ltd. , 1970, p. 300.

卫生署（The General Board of Health），查德威克自己直接领导这一机构。1875 年英国又再次通过了《公共卫生法案》（The Public Health Act，1875）。由此，经过几十年的努力，英国终于建立起了全国性的公共卫生体系。

有人对查德威克为什么奋力投入公共卫生运动作过这样的分析：认为他不是为了个人，而是旨在造福于公共；他所表现出的激情不是因为同情和慈爱，而是出于义愤；他的动机不是来自宗教和慈善，而是对疫情灾难的恐惧。的确是如此，他曾经对自己的朋友塞纳尔这样说道：你能理解我吗？我仇恨疾病，身体的苦痛是我所厌烦的事情，我不愿看到儿童的病苦，街道的肮脏，妇女的伤悲，以及疾病流行和痛苦传布。为此，他全力投入，整天忙个不停，连他的妻子都说他是"卫生党人"。1896 年查德威克去世前，特意留下 47000 英镑成立基金会，其宗旨就是为了推动公共卫生科学的发展，降低死亡率和进行公共卫生教育。查德威克的同事约翰·西蒙认为，查德威克是这个时代唤醒关切公共卫生职责的第一人。和他同时代的英国思想家约翰·密尔也这样说道：他是这个时代最能将思想观念进行组织和创造的人。1928 年，查德威克的女儿在给查德威克基金会主席的一封信中，这样来评价她的父亲，他是先辈那一代改革者中的典范。[1] 总之，查德威克被认为是"公共卫生观念之父"，和英国现代公共卫生体系的创立者。[2]

同样，通过调查，人们也开始意识到水和疾病之间的内在关联，正是因为贫困人口饮用了不洁净的水，导致了流行病的发生。因此，

[1] S. E. Finer, *The Life and Time of Sir Edwin Chardwick*, Barnes and Nobel and Methuen and Co. Ltd.，1970，p. 513.
[2] Ibid.，p. 511.

为了解决水污染和城市用水问题，1847 年，英国议会通过了《河道法令》，规定禁止污染任何作为公共供水源的河流、水库、供水系统的管道及其他部分，授权卫生管理机构对没有实施供水防污措施的机构切断供水。在 1848 年的《公共卫生法案》中也专门有改善工业城镇环境的内容，要求把污水和废弃物集中处理，并规定由地方当局负责供应清洁卫生的饮用水。1855 年《首都管理法案》和《消除污害法案》规定成立首都工务委员会，全面负责英国的房屋和供水、排水系统的建设与管理。这个委员会最突出的业绩是进行大规模的排污系统改造工程，在著名工程师巴扎尔盖蒂主持下建成了主管线长 120 公里、支线长度 1650 公里的下水道系统，有效地解决了英国的污水排放问题，并且净化了泰晤士河的河水，这一巨大的工程直到今天仍在使用。在立法方面最为系统和重要的法律是 1875 年通过的《公共卫生法》，它汇集了以前同类法规，内容相当完善，强调要使本国所有城镇都过上文明的社会生活，内容包括供水、排水、街道房屋管理、垃圾清理、食品卫生监督、疾病预防、殡葬、污染行业的管理，还规定地方当局必须任命负责卫生健康的委员，负责修筑管辖区排水沟，检查供水情况，建造符合标准的厕所，对食物、饮水、医院情况进行检查，对不符合标准或违反规定者处以罚款。1876 年又颁布了《河流污染防治条例》，1878 年通过了《公共卫生条例》，至此英国基本上建立起了完整的水资源污染防治的法律体系。

要彻底解决城市环境和疾病流行问题，势必牵涉到改善工人阶级的住房和居住环境问题。为此，1875 年、1882 年和 1885 年，英国议会相继颁布了三部《工人阶级住房法》，授予了首都工务委员会清除和改造贫民区的权力。1890 年，议会又通过了新的《工人阶级住房法》，要求英国政府机构要为工人阶级提供更多的租赁住房。《1894年工人阶级住房法》进一步强调，政府不仅要提供用于购买贫民窟和补偿搬迁居民的贷款，也要为新建街道和下水道等配套设施提供贷款。《1900年工人阶级住房法》还规定，为了给工人阶级建造住房，允许政府机构购买不属于其直接管辖范围内的土地。

为什么英国这一时期会全力推进公共卫生建设，仔细解析也会发现，这些社会实践行为的后面都隐含着思想观念上的转变，即从原先自由放任转向国家干预。以前自由主义经济学家认为，自由的人们会照顾他们自己的身体，持这一理念的这些经济学家不同意，也不认为政府有责任去规划市场诸如水资源、道路、排水系统、煤气、房屋和食品等这些市场，并提供服务。像经济学家马尔萨斯就坚决认为穷人没有得到救济的权利。而现在面对着社会这一群体的贫困，很多有识之士则认为国家有职责来救助穷人，改善环境状况，承担公共卫生等社会性救助职责，由此这也标志着国家职能的转变，以及整个从原先的自由放任的自由主义转变为社会保障。政府从指导思想上也就由原来被动的自由放任转变为在法律的前提下进行积极地主动干预，并建立起统一的管理机构和监督机制。例如，在国家层面成立了中央卫生署，1844年建立了城镇卫生协会，还在各地设立了卫生医官，这个职位不仅是管理公共卫生，还承担城市供水排污、治理贫民窟、城市规划等方面的职责。

实际上，在英国公共卫生体系建立的过程中，起着重要作用的还有包括工人阶级在内的社会各个群体的不懈努力。例如，工人阶级提出了改善自己生活条件的要求，并将此作为自己的基本权利。值得注意的是，在工人阶级的这些要求中，实际上也包括着改变居住环境、改善公共卫生条件、消除环境污染等内容。正因如此，环境治理、贫民窟改造、公共卫生和生活条件的改善一并成为了国家的重要任务，并且得到了较好的解决。在此，我们要加深对贫穷的理解，它不仅指生活水平的物质层面，还应该包括着生态环境、公共卫生条件和居住环境等层面；同时，对人的权利的理解也扩大到包括享有良好生态环境和公共卫生条件的权利。可以说，一部公共卫生史也就是那些深受环境污染、疾病传染之害的社会大众抗争的历史，他们通过锲而不舍的努力，换来了基本生活条件的改善。

在包括查德威克在内的无数人的不懈努力下，英国成为世界上第一个建立起公共卫生体系的国家，也确立起了这样的一些共识：环境卫生不再仅仅是私人性的个人事务，而是一个公共性问题；保障人的卫生健康不再仅仅是医院的事项，而是全社会的议题；更为重要的是，承认每个人的卫生健康是其理应享有的一种社会性权利。而这则要求国家必须承担起解决贫困和保障每个人卫生健康的职责。由此，国家的职能必须改变，要从原先的自由放任转变为社会保障，确保每一个人都能享有环境卫生，以及免于贫困和疾病的权利。

和公共卫生同步进行的还有对环境的治理，因为环境的恶化是对所有人的影响，当然对工人阶级的影响更大。因而环境的治理也从单纯的环境问题变成为人的一项权利。正是如此，可以将环境治理看作为总体福利社会的一项内容和有机组成部分。从 19 世纪中后期，日益严峻的环境污染问题和疾病的流行引起了社会的强烈反应，一方面是工人阶级的反抗斗争，要求改善自己的生存现状和生活环境，因此，环境问题愈发成为了社会问题；另一方面环境污染问题也日益成为全社会共同关心的问题。越来越多的人开始同意，因此一批社会热心人士开始在民间展开各种调查，呼吁政府特别是议会进行干预，解决环境污染和疾病流行的问题。在这样的情况下，英国议会开始进行了大规模的环境调查，并在了解和掌握了大量材料与数据的基础上，通过了多部法律，试图从立法上来寻求解决途径。

例如，为了解决严重污染环境的烟气问题，英国议会通过了一系列法律。早在 1843 年，议会就讨论通过了"控制蒸汽机和炉灶排放烟尘的法案"；1863 年，议会通过了第一个《碱业法》，要求制碱行业抑制 95% 的排放物，以控制路布兰制碱工艺所产生的毒气；[1] 1874 年又颁布了第二部《碱业法》，要求采取切实可行的措施来控制有毒和有害气体的排放，并且第一次制定了法定的氯化氢的最高排放量；1906 年，又再一次颁布《制碱法》，对那些散发有毒有害气体的行业作了分类，以控制这些气体的排放。与此同时，议会也通过了控制烟气污染的其他法律。1891 年通过了"公共健康（伦敦）法案"，规定任何排放黑色烟气的烟囱可能会被视为妨碍。1926 年通过了"公共健康（烟气减排）议案"，由于 1952 年伦敦烟雾事件造成了极大的影响，人们开始对自然的雾和非自然的雾作出了区分。休·比弗爵士 1955 年在伦敦大学演讲时也指出："虽然制造雾的是自然，但制造烟的却是我们。"因此，1956 年议会通过了更为全面和系统的控制大气污染的《大气清洁法》。法律规定，禁止排放黑烟，包括烟囱、汽车等；防止煤烟，对排放煤烟的设备要安装除尘和除硫设备，规定

---

[1] 这次碱业立法具有三个特点：1. 它向社会标准提出了挑战，认为植被与其他令人类身心愉快的事物受到损害并不是工业发展必不可少的代价；2. 它只限制了盐酸的排放，对此已有控制技术；3. 它只要求降低 95% 排放量，而不是完全禁除。详见彼得·布林布尔科姆：《大雾霾：中世纪以来的伦敦空气污染史》，启蒙编译所译，上海社会科学院出版社 2016 年版，第 207 页。

烟囱的高度；划定无烟区等。[1]

通过近 100 年持之以恒的不懈努力，工业革命时期所造成的环境污染和城市环境问题得到了有效的治理。今天的英国又恢复了过去的田园风光，过去污染最为严重的泰晤士河也变得水静河清，就连绝迹 100 多年的大马哈鱼也重新游回故里；伦敦也彻底摘掉了"雾都"的帽子，重现蓝天白云，成为环境治理的典型。

之所以对 19 世纪的资本主义胜利与社会福利国家等内容讲解这么多，实在是因为这一社会结构虽有一些变动，但仍然延续至今。如果要理解今日社会所出现的种种问题与现象，还是需要回望 19 世纪，思考 19 世纪确立起来的这一社会结构和运转逻辑。正是在这一意义上，可以说，历史有其自己的延续性与生命周期。

最后，要对这一章作一个总的小结。19 世纪的西欧，经过长达近一个世纪的历史发展，逐步实现了从最初工人阶级深受苦难到社会福利制度的形成，从资产阶级一个阶级享有权利到社会的贫穷阶级也获得社会进步的成果，从激烈的社会冲突到化解，从革命的频发到暴力斗争的消除，逐步实现了社会稳定，建立起了一个实现民主、自由和福利的社会。回顾这段历史，处理好财产权、自由市场交换与社会公正之间的关系将是理解这一问题的关键，在一个社会的发展中，是

---

[1] 此内容转引自梅雪芹：《工业革命以来英国城市大气污染及防治措施研究》，《北京师范大学学报》，2001 年第 2 期。也有学者认为，这次法案中最为根本的要素是第一次开始像控制工业污染源一样来控制家居污染。例如，在伦敦，烟气控制覆盖了 90% 以上的城区。详见彼得·布林布尔科姆：《大雾霾：中世纪以来的伦敦空气污染史》，启蒙编译所译，上海社会科学院出版社 2016 年版，第 252 页。在曼彻斯特，当地卫生部门发给居民的小册子的开头就这样写道："亲爱的同胞们，在你们家，燃烧制造烟的燃料将很快被宣布为非法。"详见彼得·索尔谢姆：《发明污染：工业革命以来的煤、烟与文化》，启蒙编译所译，上海社会科学院出版社 2016 年版，第 195 页。

要以平等为优先的发展，还是以自由为优先的行进将是决定其发展方向的核心问题，或者说，在自由与平等之间应该保持什么样的合理关系。实际上，这也意味着，人们必须要反思，一个文明社会的基础是什么，其合法性与合理性在哪里，对权利如何理解，其限度又在哪里，我们又将通过什么方式，并在什么样的条件下来真正地保障人的权利和实现社会公平与公正。

第七章

"文明经受考验"：第一次世界大战与
欧洲文明的历史命运

英国历史学家汤因比曾经写过这样一本书，书名为"文明经受考验"。我觉得这个书名特别好，因此就用来作为这一章的主题。从 17 到 20 世纪初的历史来看，欧洲文明一直在高歌猛进，确立起了自身的现代文明特性和在全球历史舞台中的地位，令人意想不到的，它却在 1914 年突然进入到了惨烈的战争状态，面临着是生存还是毁灭的严峻考验。

当 1914 年 8 月"一战"刚刚爆发时，英国外交大臣格雷望着窗外，情不自禁地说道：从此，欧洲的灯光已经熄灭，不再会重新点燃。[1] 英国首相赫伯特·阿斯奎也认为是"世界末日"的到来。[2] 著名经济学家凯恩斯在战争爆发后评论道："因为我们的那帮领导人既不称职，又疯狂且邪恶，使得某一个特定历史时期的某种特定文明行将结束。"[3] 即使参加战争的一些将领也意识到了这是一场灭绝人类的战争和文明的湮灭。当代历史学家霍布斯鲍姆将此称为西方文明崩溃的起点。[4] 的确，这场战争超出了人们的预料，本来参战者预计是在圣诞节前即可结束，但却整整打了 4 年。战争带来了巨大的损失，在"一战"中，英国有近 80 万人伤亡，法国伤亡人数

[1] 理查德·埃文斯：《竞逐权力：1815—1914》，胡利平译，中信出版社 2018 年版，第 919 页。

[2] 克里斯多弗·克拉克：《梦游者：1914 年，欧洲如何走向"一战"》，董莹、肖潇译，中信出版社 2014 年版，第 442 页。

[3] 罗伯特·斯基德尔斯基：《凯恩斯传：1883—1946》，相蓝欣、储英译，生活·读书·新知三联书店 2006 年版，第 253 页

[4] 艾瑞克·霍布斯鲍姆：《极端的年代：1914—1991》，郑明萱译，中信出版社 2014 年版，第 7 页。

约 160 万，而德国则有 180 万人伤亡。法国每 3 名军人中，恐怕只有 1 人能够毫发无损地打完这场大战，回归故乡；英国整整失去了一代，50 万名 30 岁以下的男子在大战中阵亡。1914 年从军的牛津和剑桥大学的学生，25 岁以下者半数为国捐躯。[1] 战后，面对着如此惨重的损失，各个阶层的人都不约而同地使用"崩溃"这样的字眼来描述这一惨状。历史学家施本格勒不禁写下了《西方的没落》这本书，认为西方已经衰落。同样，这次战争第一次被称之为"世界性大战"，正如诗人亨利·里德所写："当人们谈论战争时，我发现：这场战争被人们叫作大战，它大得连人的思维也受到了侵犯。"[2]

因此，欧洲文明的确是如汤因比所说正在"经受考验"。以前历史学家常常聚焦于"一战"为什么而爆发，以及战争的过程，也从不同的维度给予了解释，而今天的历史学家则在新的视野下进行重新考察，他们不再仅仅关心战争的原因和过程本身，而更关注作为人类历史上第一次如此空前激烈的战争，它对于每个个体意味着什么，对于国家意味着什么，对于社会意味着什么，而对于欧洲文明乃至整个世界又意味着什么。也就是说，历史学家既把"一战"看成为一个由各个国家参加的历史事件，也同时在更为细致微观和更为整体的宏观视野下来进行考察。但今天的历史学家在跳出短时段之后，站在 20 世纪的维度上已经看到了一种不一样的景象，不仅仅再是欧洲文明之光的熄灭，而是欧洲文明的再度复兴和一种历史发展走向的分

---

[1] 艾瑞克·霍布斯鲍姆：《极端的年代：1914—1991》，郑明萱译，中信出版社 2014 年版，第 31 页。
[2] 阿萨·布里格斯：《英国社会史》，陈叔平等译，商务印书馆 2015 年版，第 331 页。

野。国外历史学家也说，事实上正是第一次世界大战开启了 20 世纪的大门，使世界历史进入了一个新阶段。它打碎了旧世界，创造了新纪元。也可以说，欧洲是幸运的，她经受并走出了这场考验，迎来了文明的崭新阶段。

第一节 第一次世界大战的起源

历史学家史蒂文森这样说过，第一次世界大战始于奥匈帝国对塞尔维亚发动的一场局部战争，这场局部战争几乎瞬间就演化成一场包括欧洲六大国在内的两大集团间的对抗。[1] 其实，就历史事件而言，"一战"的导火索即为学界常常称之的"萨拉热窝事件"。1914年6月，奥匈帝国皇储斐迪南大公夫妇前往波斯尼亚检阅军事演习，并访问其首府萨拉热窝，企图强化奥匈帝国对这块新吞并地区的统治。这一举动让塞尔维亚人感到被奴役的威胁正在迫近。6月28日塞尔维亚秘密组织"黑手社"成员普林西普刺杀了皇储夫妇，造成了斐迪南大公夫妇的死亡。事件发生后，7月23日奥匈帝国向塞尔维亚发出条件苛刻的最后通牒，塞尔维亚首相赴奥匈使馆以几乎接受全部条件的方式面交复照，以求和平解决。然而奥匈帝国拒绝了一切和解的外交调停，并于7月28日向塞尔维亚宣战。在之后的一周时间内，俄、英、法与德、奥相互宣战。巨大的战争车轮，沿着连锁反应的斜坡，滚向浩劫的深渊，一场史无前例的世界大战就这样打响了。从斐迪南大公遇刺到战争爆发，只用了短短一个月的时间，而这一个月又注定是世界历史上最漫长的一个月，因为它打破了1871年以来43个年头的世界和平。事实上，一直到临终之际的普林西普都不敢相信他那颗子弹会引爆整个世界。如果没有萨拉热窝的暗杀子

---

[1] 戴维·史蒂文森：《第一次世界大战的爆发：回首1914》，程文进等译，北京大学出版社2018年版，第7页。

弹，战争是否就不会发生呢？

对"一战"的起源，历史学家投入很多来进行研究，想探究"一战"如何在短短的时间中能够爆发。历史学家霍布斯鲍姆说，自1914年8月至今，大家从未停止过讨论"一战"的起因。为了回答这个问题所用掉的墨水、所制造的纸张、所砍掉的树木以及为此忙碌的打字机，比回答历史上任何其他问题所耗费的都要多。

对"一战"的起源，有几种不同的视角来进行解读。第一种观点认为，由工业革命引发的西方列强在经济上的竞争，对殖民地的争夺，以及为了自身的国家利益彼此之间形成的联盟体系是世界大战爆发的根源，萨拉热窝事件正好成为这场战争的导火线。表面上看战争由一个偶然事件引发，然而偶然中却蕴含着必然的因子。这一观点是从战前国际关系和国际体系的视角来进行的解读。

从历史上看，国家之间的博弈与结盟自然就隐含着竞争性关系，随时都有爆发战争的危险。1879年10月，为了应对法国和俄国，德国和奥匈帝国首先缔结秘密军事同盟。1882年意大利加入，率先形成了"三国同盟"。面对这一现状，法国和俄国也在1894年签订条约，结成伙伴，而英国一直和德国存在着竞争性关系，面对德国的迅速崛起，深感受到挑战，因此，分别在1904和1907年与法国和俄国签订协约，由此形成了"三国协约"。从地缘政治上来看，在"一战"前，欧洲形成了两大对立的军事集团。

不仅大国之间彼此结盟，形成对立，而且随着国家力量的强大，彼此利益的不同诉求不可避免会带来冲突较量。例如，在1905年和1911年，德国和法国就发生了"两次摩洛哥危机"。事情的起因是德国和法国在对非洲殖民地摩洛哥展开争夺。后来德国承认法国是摩洛哥的保护国，同时法国也让出一部分法属刚果给德国，使德属喀麦隆拥有了出海口，才使得危机暂时平息。但很快，又发生了两次巴尔干战争。巴尔干地区长期是奥地利帝国（1867 年后为奥匈帝国）、俄罗斯帝国和奥斯曼帝国势力交汇之处，加之民族众多，一直被认为是"欧洲的火药桶"。20 世纪初，巴尔干地区民族主义高涨，塞尔维亚人提出"大塞尔维亚主义"，希望将塞尔维亚民族统一在一起。俄国在"泛斯拉夫主义"的支持下也向这一地区渗透，而奥斯曼帝国也试图重返欧洲。面对这一状况，奥匈帝国极为担忧和恐惧，1908 年，单方面宣布正式吞并波斯尼亚，挑起危机。1912 年，保加利亚、塞尔维亚、希腊和门的内哥罗结成既反对奥斯曼帝国又针对奥匈帝国的"巴尔干同盟"，10 月相继向奥斯曼帝国宣战，引发第一次巴尔干战争，其结果是奥斯曼帝国战败。1913 年 6 月，第二次巴尔干战争爆发，这次是塞尔维亚、希腊、罗马尼亚和门的内哥罗为一方，而保加利亚为一方。奥斯曼帝国支持塞尔维亚等一方，奥匈帝国则持保加利亚这一方。最后保加利亚战败，被迫割地求和。

后来的历史证明，大国间的冲突较量不可避免地导致地区局势的紧张与失控，正是"欧洲火药桶"的巴尔干地区成为了"一战"的引爆点。

第二种观点是从思想观念的视角来进行探讨，即民族主义和社会达尔文主义这两种思潮，成为了推动第一次世界大战的重要力量。对这一问题，后面会单列一节来专门讨论。

第三种观点是认为德国蓄意发动了战争。这个观点在"二战"后非常流行。从前面德国挑战现有的国际体系、争夺殖民地就可知晓这一观点的流行原因。在"一战"结束后，英法领导人在讨论到底应该在哪里审判和绞死威廉二世，可见他们都认为德国应为战争负责。而威廉二世在"一战"前却对主战的军官们说："我给了你们想要的，你们可不要后悔啊。"由此可见，威廉二世也非一心想要发动战争。"一战"后，威廉二世流亡荷兰，也在回忆录中写道，是犹太人和共济会阴谋发动了"一战"。[1]

但无论以什么视角解读，德国都是绕不过去的要素，至于是否认为德国要为"一战"的起源负责则是另外一个问题。因此，这里还是需要首先对1871年俾斯麦统一之后的德国做些介绍。

1870年，德意志在俾斯麦的领导下打败了法国，实现了统一。统一的帝国建立后，俾斯麦首先面对着德国自身的定位问题。俾斯麦清醒地认识到，新统一的帝国虽然强大，显示出它的蓬勃朝气；但它毕竟还很年轻，正处于成长的时期，它还不具备一个"世界性"大国的能力。因此，在"政治是量力而行的艺术"和"人不能够横拿着竹竿穿过树林"这样现实主义思想的指导下，他在任期间一直奉行着名为"大陆政策"的外交路线。其核心内容就是：德国外交的重点仍然是欧洲大陆，而不是世界。这样做就是为刚刚统一的年轻的德意志争取和平的时间和空间，避免过早和过多地卷入世界性的纷争，集中全力先发展自己，巩固和确定德国在欧洲的强国地位。

为了贯彻他的"大陆政策"，俾斯麦制定了这样的外交路线：联合奥地利，拉拢俄国，疏远英国，孤立法国。为此，在外交实践上，他协调俄奥关系，挑起英俄交恶，加深英法对立，离间俄法关系。由此，俾斯麦利用每一起国际争端，精心编织着他的外交网络。

---

[1] 克里斯多弗·克拉克：《梦游者：1914年，欧洲如何走向"一战"》，董莹、肖潇译，中信出版社2014年版，第16页。

在俾斯麦确定"大陆政策"的外交方针过程中，一些容克和资产阶级曾强烈地进行反对。他们坚决主张，"为了德国的威望"，考虑到德国的经济实力和大国地位，应该走出欧洲，走向世界，进行殖民扩张，为德意志争得更大的利益。面对这些言论，俾斯麦顶住压力，不为狂热的"民族情绪"所动，坚持要从德意志的现实出发，要从德意志的国家利益考虑。"我们不要为'威望'所愚弄""应该有勇气放弃迄今为止所流行的'感情政策'，而奉行一种'现实政策'。"[1] 俾斯麦明确表示，他是受"现实的委托"来为德国创建一个国家的。在目前的情况下，德意志绝对不能够超越欧洲大国的定位，而成为世界性大国。

凭心而论，俾斯麦对德意志的定位是建立在对德国、对欧洲以及对世界的准确判断的基础上，这是因为，此时国内和国际各方面的状况都不允许德意志成为一个世界性的大国。这些现实状况为：首先，以普鲁士为中心统一起来的德国，内部的分离主义倾向十分严重，因而初生的德意志帝国不该把自己的注意力放在外部，理应放在内部，把这个松散的、不稳定的联邦逐渐改造成一个强大的政治实体。

其次，推行新的殖民政策，必然会与"统治着波浪"的大英帝国为敌。为此首先得有强大的海军，而在这方面德国的力量是很微不足道的。俾斯麦在1873年6月2日给德皇的报告中写道：坚持不谋取欧洲以外地区的政策，因为一旦要扩张空间势力范围，势必就要有强大的海军。而目前我们的海军在战争情况下，仅能完成其最迫切、最重要的任务的一半。因此，如果想盲目地扩展海军，占领海外殖民地，反而只能是削弱德国。他警告说：如果这时的德国让殖民地问题

---

[1] 孙炳辉、郑寅达：《德国史纲》，华东师范大学出版社1995年版，第169—170页。

缚住了自己，那"就会陷入波兰小贵族的境地，他们虽有黑貂皮大衣，但是没有衬衣"。[1]

再次，"巴黎公社"失败后，欧洲各国的工人运动一度沉寂，但德国的社会主义运动蓬勃兴起，成了国际工人运动的重心。这使俾斯麦敏感认识到，德国在这时介入殖民争夺，会由此引起大国间的战争。而"这场战争，不管其成败与否，都将在许多国家导致革命"[2]。为此，推行保守的外交路线也正是要集中精力发展好国内的事务，实现社会的稳定。

最后，德意志帝国立足和控制欧洲大陆尚未得手。战败的法国举国上下卧薪尝胆，以出人意料的速度复兴；俄国始终不愿明确表态支持德对法的新战争；英奥也都不肯坐视一个过于强大的德国的崛起。因此，德意志帝国要在欧洲大陆站稳脚跟并非易事，它的孤立状态和招来东西两面夹击的危机并未彻底解除。[3]

的确，俾斯麦正是从以上德国的"现实"出发制定了帝国政府的大陆政策，在19世纪晚期复杂而又微妙的国际局势下，加上俾斯麦丰富的外交实践使德国成为并维持着欧洲的大国地位。通过实施俾斯麦的外交政策，德国谋取到的好处显而易见。在经济上，德国经济得到了快速的发展。从1870年到1913年，工业生产增长4.6倍，而同期英国仅为1.3倍，法国为1.6倍。德国与各主要资本主义国家经济实力的对比产生了显著的变化。1871年至1913年，各国工业生产占世界工业生产总额的比重，英国从30%下降到14%，法国从10%

[1] 孙炳辉、郑寅达：《德国史纲》，华东师范大学出版社1995年版，第170页。
[2] 同上。
[3] 同上。

下降到 6%，德国则从 13% 上升到 16%，跃居欧洲之首，世界第二。[1] 可以说，正是在俾斯麦的正确外交路线下，德意志争取到了10 年的和平，利用了这么一段宝贵的时间和空间，德意志实现了自身的"和平崛起"。

在这样新的背景下，30 岁的威廉二世于 1888 年继位。他一继位就对俾斯麦的"大陆政策"仅仅把德国定位为欧洲的大国深为不满，年轻气盛的威廉二世就像新兴的德国一样，不再满足于德国在欧洲大陆的地位，而是要跃跃欲试地急欲成为世界性的大国。他认为凭借德意志现有的经济实力，应该在世界的舞台上有所作为。由于两人在德国国家定位的问题上产生了严重的分歧，于是，1890 年 3 月，俾斯麦被迫辞职。这场首相和皇帝的矛盾与冲突标志着原先实行多年的"大陆政策"的结束，威廉二世的"世界政策"正式登场亮相。

在俾斯麦当政时，就有一批狂热的民族主义者错误地估计德意志的地位，但都被俾斯麦打压了下去。而现在，在威廉二世执政后，这种改变德意志国家定位的言论甚嚣尘上。1900 年 2 月 11 日《泛德意志报》一篇名为《20 世纪的德国》的文章吐露了德意志帝国的哀怨，说："德国因本身殖民地拥有的不充分而不得不依赖于从南美和亚洲土耳其取得补充，从而处于一种非常被动的地位。"[2] 帝国军事将领弗·冯·伯恩哈迪在一本名为《我们的未来》的小册子中也悲痛地承认："我们在各方面仍显示不出世界大国的威望，德国只能在地球上的少数几个地区，即以前经英国认可的、目前还占据着的少数几块殖民地上自由行事。……这种殖民地的占有状况，无论如何既不符

---

[1]　孙炳辉、郑寅达：《德国史纲》，华东师范大学出版社 1995 年版，第 196—197 页。
[2]　同上书，第 205 页。

合我们作为有文化的民族而具有的价值，也不能满足我们的经济需
要。"[1] 他大声疾呼："如果我们来观察一下英国、法国，甚至小小
的比利时所拥有的殖民地面积，我们会清楚地看到：在地球的分配
中，我们早已犯了严重的错误，吃了大亏。"[2] 泛德意志联盟主席
海因里希·克拉斯在《假如我是皇帝》一书中则直言不讳地写道：
"如果说某一个国家有理由关心如何扩大它的势力范围，这个国家就
是德意志帝国⋯⋯我们需要工业品的销售地区和工业原料产地。"[3]
很显然，德意志帝国主义已急切从大陆政策向世界政策根本转变了。
伯恩哈德·冯·比洛在 1897 年 12 月 6 日帝国国会论证德国在东亚的
殖民政策时指出："各民族在争夺统治大有发展前途的地区的竞争中，
从一开始就不应当把德国排斥在外。德国过去曾有那样的时期，把土
地让给邻国，而自己只剩下纯粹在理论上主宰着的天空，可是这种时
期已经一去不复返了。⋯⋯我们也要为自己要求在日光下的地
盘。"[4] 于是此后争夺"阳光下的地盘"，成为一个世界性的大国，
就成为威廉二世的指导思想，并且转化成为了实际的外交政策。

　　围绕这样的国家定位和外交路线，威廉二世开始对过去俾斯麦执
政时未能采取措施加快海军建设的"愚蠢政策"深为不满，在他看
来，"海洋对德国来说是不可缺少的；在海洋问题上，在它的任何一
个遥远的地方，如果没有德国，没有德国的皇帝，决不允许作出任何
重大的决定""定叫海神手上的三叉戟掌握在我们手中"。[5] 比洛在

[1]　孙炳辉、郑寅达：《德国史纲》，华东师范大学出版社 1995 年版，第 205 页。
[2]　同上。
[3]　同上书，第 206 页。
[4]　同上书，第 205—206 页。
[5]　同上书，第 209 页。

1899 年 12 月 11 日的帝国国会上公开宣称："对我们来说，没有巨大威力的海军，而要获得幸福，那是万万办不到的；只有在我们懂得这一道理的时候，我们才能站到高峰而不坠。"[1] 为此，威廉二世采取了一系列的举措。在军事上，开始扩军，特别是加强具有扩张世界性空间功能的海军的建设；在组织体系上，任用那些赞同他的"世界政策"的人员。1897 年，海军少将阿尔弗雷德·冯·蒂尔皮茨出任海军大臣，狂热鼓吹对外扩张的比洛为外交国务秘书（1900 年接替霍恩洛厄任首相）。此外，参谋总长阿尔弗雷德·冯·瓦德西和外交部官员霍尔斯坦因等都是这一小圈子的人物。[2] 在实际的行动上，开始抢占"阳光下的地盘"。1897 年至 1898 年，德国占领了中国的胶洲湾；因为发展海军而与英国交恶；后来又发生了两次摩洛哥危机，巴尔干危机，直到最后出现了萨拉热窝事件，直接引发了第一次世界大战。

这就是威廉二世时的德国，在"世界政策"的指导思想下，在争夺"阳光下的地盘"的实际行动中，在急欲要成为世界性大国的冲动中将德国拖进了战争的深渊，给德意志民族带来了毁灭性的灾难。

因此，如果要揭示"一战"以及"一战"后诸多国家如何进行选择，就需要回到"一战"前的欧洲，考察是什么导致了"一战"的爆发，以及战后又有何种巨大的历史惯性在制约着人们的决策与选择。进而可以思考在"一战"之后，面对这一历史时刻，为什么这些国家会走上不同的发展道路。是历史的惯性使然，还是历史的偶然，甚至是基于某种宿命式的必然？

---

[1]　孙炳辉、郑寅达：《德国史纲》，华东师范大学出版社 1995 年版，第 208 页。
[2]　同上书，第 205 页。

1936 年，小说家瑞贝卡·韦斯特站在引发"一战"的萨拉热窝市政厅的阳台上对其丈夫说："我永远都不可能搞明白这一切究竟是怎么发生的。"[1] 的确，当"一战"刚刚爆发时，这如同"乌云密布的天空中突然炸响的惊雷"。[2] 由此，历史学家展开了对"一战"起源的研究，努力探究"一战"究竟为何而爆发。在战后结束后，占据主导地位的观点就是德国应当对战争的爆发负责，因为德国主动选择了战争，或者说，德国人事先就策划了此次战争，以图借助战争的爆发打破欧洲其他国家对自己的孤立，并跻身于世界大国之列。[3] 这一观点，当然有着历史的依据。一是德国统一后从俾斯麦的"欧洲大陆政策"转变为威廉二世皇帝的"世界政策"，着力发展海军，要和英国与法国争夺"阳光下的地盘"，确立自己成为世界霸权的地位。二是为了实现这一目标，德国全力进行军事武装，并和英国进行军备竞赛，全力准备进行一场新的战争。按照现在流行的术语，即是落入了"修昔底德陷阱"。

第二次世界大战后，学术界开始修正德国应当承担责任的这一观点。1951 年，由法国和德国历史学家组成的一个委员会一致认为："档案显示，在 1914 年没有哪个政府和哪个国家的人民预谋发动一场欧洲大战。"[4] 目前学术界接受了这一观点，从国际体系的视角来看，面对变动着的世界，如德国的崛起、奥匈帝国内部民族国家独立的诉求这一帝国解体潜在的危机，欧洲诸国都在进行合纵连横，确保

---

[1] 克里斯多弗·克拉克：《梦游者：1914 年，欧洲如何走向"一战"》，董莹、肖潇译，中信出版社 2014 年版，第 437 页。
[2] 同上书，第 436 页。
[3] 同上书，第 440 页。
[4] 戴维·史蒂文森：《第一次世界大战的爆发：回首 1914》，程文进等译，北京大学出版社 2018 年版，第 27 页。

自身的利益。"一战"前欧洲确立起了以英国、法国、俄国签约的
"协约国"一方，另外一方则是以德国、意大利和奥匈帝国结为同盟
的"同盟国"这一国际体系。正是从国家间多重关系这一维度出发，
2014年，在"一战"爆发100周年之际，剑桥大学教授克里斯多
弗·克拉克出版了分量厚重的新作——《梦游者》，改变过去将"一
战"的爆发视为历史的不可避免的一种必然，以及德国挑战英国霸权
地位的所谓"修昔底德陷阱"这一比附之说。他指出"一战"前的
一些因果关系的碎片是如何在合适的时机汇聚在一起并且引发了战
争。这样就需要聚焦于导致战争的各种人的决策。在他看来，"一
战"是欧洲各国合力上演的一场悲剧，战争的所有参与者，无论是领
导人，还是外交官、将军，在"一战"一触即发之际，都莽撞自负，
而又懦弱多变。他们不是狂徒，也不是谋杀犯，而是一群懵懵懂懂，
不知未来走向的"梦游者"（the sleepwalkers）。1914年的这些主角们
就是一群"梦游者"，他们悬着一颗心，但又视而不见；他们被自己
的梦困扰，却没有一个人睁开眼去看看，他们将带给世界的是一场怎
样的灾难。因此，引发"一战"的那场危机是各国政治文化交织在
一起所导致的。这是一场多极化的事件，是一种大范围内的相互影
响。[1] 实际上，这一新的学术见解后面隐含着的是一种历史观的转
变，它改变了以往那种两个强国必然冲突与对抗的历史决定论。

---

[1] 详见克里斯多弗·克拉克：《梦游者：1914年，欧洲如何走向"一战"》，董
莹、肖潇译，中信出版社2014年版，结语部分。

第二节　民族主义、社会达尔文主义与"一战"

　　尽管学界认为，第一次世界大战并非直接是两个国家争霸的结果，而是参与"一战"的各方短视，甚至是没有主动行动所导致的后果，同样也是没有能够建立起一种机制进行有效干预的失控的结果。但也应该看到，在这一各方的误解甚至漫不经心的后面，似乎又有着一种强大的力量在引领着人们的行动，推动着各方走向冲突，走向战争。这股力量即是强大的民族主义和社会达尔文主义思潮。这一思潮与"一战"的关联在以前被忽略，而如今在"一战"爆发100周年的学术研究中又被重新挖掘，并成为了学界对"一战"起源研究的共识。因此，在这一意义上，"一战"又并非是一时间的心血来潮之作，而是在支配行动背后的思想观念上积蓄已久。而随着"一战"的结束，新兴民族国家也相继形成。因此，我们可以看到一种奇特的悖论，民族主义充当着帝国解体、形成民族国家的功能，但与此同时，却又导致了一场世界级的战争。

　　民族主义最早在欧洲诞生，18世纪法国思想家主要从政治的维度来表达，将民族国家的形成看作为一种政治共同体，而不是民族含义的国家。这即意味着民族国家中的民族含义尚未能从国家这一政治含义中解放出来。例如，狄德罗的《百科全书》中还没有"民族的"（national）这个形容词。而这一缺陷则在德意志浪漫主义者那里得到了重视和强调。面对着法国文化的入侵，以赫尔德和莫泽尔为首的德意志思想家，响亮地提出了民族有机体和民族精神这些概念，发展德

意志自身的文化。从此，以法国启蒙思想家为代表的政治型民族主义
和以德意志浪漫主义为代表的文化型民族主义成为了近代民族主义的
两种潮流。[1] 伴随着文化民族主义，德意志打败了法国，获得了统
一。从此，法德也就陷入民族主义的仇恨之中，要为国家而战，为国
家利益而战。例如，在法国，普法战争结束后，法国上下弥漫着对德
国的民族复仇，要将失去的阿尔萨斯和洛林收复回来。作家戴鲁莱德
不停在疾呼："应将阿尔萨斯与洛林还给法兰西，即必须收复失
地"[2]"我们应将法兰西还给阿尔萨斯-洛林，我们应将阿尔萨斯-
洛林还给法兰西""向国旗致敬！这是法兰西的呼声！普鲁士人庆祝
节日时，他们为将来的征服而欢呼。我们这些昔日的战败者，应为希
望而欢呼。战争夺走的一切将由战争夺回"。[3] 法国历史学家厄内
斯特·拉维斯在其主持编撰的《法国史》中，也把历史研究的实证
性和对祖国的崇敬与热爱结合在了一起。[4] 正是在民族主义高涨的
声浪之中，民族利益之上的观念占据着主导，当"一战"爆发时，
各国工人阶级的领袖也随即由国际主义者转变为民族主义者，将原先
还在高唱的"全世界无产者联合起来"的口号改成"为保卫国家而
战斗"，而法国的反战领袖和社会主义者饶勒斯也被刺杀，由此可见
民族主义的观念是多么地强烈。

　　从19世纪后期到20世纪初，在奥匈帝国治下的巴尔干地区民族
主义也愈发高涨，塞尔维亚人提出"大塞尔维亚主义"，希望将塞尔

[1]　详见李宏图：《西欧近代民族主义思潮研究》，上海社会科学院出版社1997年版。
[2]　郭华榕：《法国政治思想史》，人民出版社2010年版，第666页。
[3]　同上书，第667页。
[4]　皮埃尔·诺拉主编：《记忆之场：法国国民意识的文化社会史》，黄艳红译，南
京大学出版社2015年版，第400页。

维亚民族统一在一起，而引发第一次世界大战的萨拉热窝事件的刺客普林西普就是一个充满民族主义情绪的青年人。他就读于塞尔维亚东正教学校，刺杀斐迪南大公事件之后，在他的哥哥住处搜出"整整一个图书馆那么多的贝尔格莱德出版的关于种族主义的书籍"。同时，奥匈帝国在一份调查报告中也指出，我们还不敢指责贝尔格莱德政府应对谋杀行为负责，但他们肯定有间接责任。在他们的领导下，民众受教育程度一直不高，尤其是在塞尔维亚外交部当中的宣传部，他们多年来一直安排一些教授和写手煽动舆论引发种族仇恨。[1] 政府也一直鼓励人民进行这种教育，并将谋杀看作为种族文化的高尚行为。在整个战前，在整个中东欧地区，泛日耳曼主义、泛匈牙利主义、泛突厥主义等思想广泛流行。甚至在意大利，很多政治家也声称，要把意大利文明传播到全世界。[2]

1859 年，达尔文出版了《物种的起源》一书，他认为：在自然界，"物种"或"生命体"存在着"进化"过程，由于各物种之间存在着残酷的"生存竞争"，因此通过"自然选择"而使"适者生存"。而这一自然界的现象却被一些思想家用于解释人类社会的演进，由此发展出了社会达尔文主义，这以法国的社会达尔文主义者拉普热为典型代表。他相继写出了《闪米特人，他的社会角色》《雅利安人，他的社会角色》和《种族与社会环境》等著作，认为，"正是物竞天择的机制永无休止地调节着民族构成，并在普罗大众中孕育着新的阶层，决定着民族的生死存亡和兴衰荣辱。物竞天择的命题是达尔文主

［1］ 克里斯多弗·克拉克：《梦游者：1914 年，欧洲如何走向"一战"》，董莹、肖潇译，中信出版社 2014 年版，第 310 页。
［2］ 罗斯图诺夫主编：《第一次世界大战史：1914—1918》，钟石译，上海译文出版社 1982 年版，第 81 页。

义社会学的基础、物竞天择学派的信条""各民族的诞生、存在、死
亡与动物或者植物无异。一个民族和一个社会如同一个有机体，不断
经历着生命的轮回"。[1] 而社会达尔文主义有三个最重要的要素，
即"决定论""不平等"和"选择"。而"选择"则意味着如自然进
化一样的优胜劣汰，甚至可以用屠杀、种族灭绝和战争的方式来进
行。[2] 一方面，正如伯恩哈德所宣扬的那样，战争"不仅是生物学
法则，而且是一种道德义务，同时也是文明中一种必不可少的要素"，
是"缔造生命的原则"，缺少了战争，人类将陷于"堕落"和"倒
退"。施莱弗也说，"战争"是"一种提升和激发人向上的力量"。正
是在这个意义上，施密特于 1895 年在《社会秩序及其自然基础》一
书中称，战争之所以能成为"最高、最权威的生存斗争形式"，成为
"人类的福祉"，就在于它能测度每个民族的相对力量，只有那些最
有生命力、最强健、最有效能的民族才能在战争中取胜。另一方面，
当时还有学者认为战争可以提升人的道德境界。索姆纳称"战争是人
类存在的条件"。[3] 不仅思想家们这样认为，政治家们也是持如此
观点，1895 年，约瑟夫·张伯伦宣称："我对这个民族——盎格鲁-
萨克逊民族，世界上有史以来最伟大的统治民族——信心十足。这个
民族自豪、坚韧、自信、果决，任何时候都不会因环境或变化而退
化，必将成为未来世界和普世文明的主宰力量。"[4] 皮尔逊也说道：
"历史证明，有一种方式，也只有一种方式，能够产生更高级的文明，

[1] 黎英亮：《何谓民族？普法战争与厄内斯特·勒南的民族主义思想》，社会科学
文献出版社 2015 年版，第 239 页。
[2] 周保巍：《"社会达尔文主义"述评》，《历史教学问题》，2011 年第 5 期。
[3] 同上。
[4] 理查德·埃文斯：《竞逐权力：1815—1914》，胡利平译，中信出版社 2018 年
版，第 881 页。

那就是种族竞争，身心两方面的强者生存。若想知道人类劣等种族是否能进化到更高水平，恐怕唯一办法就是听任他们互相厮杀，一决雌雄。即便如此，个人与个人、部落与部落之间为生存展开的争斗可能也得不到天则相助，因为他们缺少一种特殊环境，而雅利安人屡战屡胜极有可能得益于这一特殊环境。"[1] "一战"前，德国陆军元帅毛奇曾说："人类最可尊敬的高尚品格是通过战争而揭示和显露出来的。没有战争，世界将陷入自私自利之中。"[2] 伯恩哈迪将军在战前广泛流传的一本书中也写道："不用剑去冲击，我们的政治任务是不可能完成和无法解决的。"[3]

由此可见，一旦民族主义与建立民族国家的诉求和社会达尔文主义结合在一起，将会是多么地可怕。战争与屠杀只不过是民族成长和民族国家建立的一种自然进程而已。因此，历史就是如此地诡异和充满悖论，但在当时，人们还没有认识到民族主义与社会达尔文主义的负面作用，仍然沉浸在民族主义于捍卫民族利益、建构民族国家的过程中所起到的作用。奥匈帝国的解体，以及众多中东欧民族国家的形成即是明证。但"一战"血腥的历史告诉了世人，过度地高扬民族主义是多么地危险和可怕。正是在这个意义上说，直到"二战"结束之后，欧洲的政治家们才痛定思痛，决心走上了一条抑制民族主义，超越民族国家的道路，这即"欧洲共同体"，最后变成为欧盟的诞生。由此也才可以理解，在当今的欧洲，为什么会对宣扬民族主义

[1] 理查德·埃文斯：《竞逐权力：1815—1914》，胡利平译，中信出版社2018年版，第883—884页。
[2] 罗斯图诺夫主编：《第一次世界大战史：1914—1918》，钟石译，上海译文出版社1982年版，第78页。
[3] 同上书，第80页。

甚至种族主义的极右翼分子保持着十分的警觉。

目前，在关于"一战"起源的研究中，民族主义和社会达尔文主义成为了学界研究的热点问题。在欧洲近代历史进程中，民族主义本是现代民族国家建立的理论基础，但在"一战"前却成为了助推战争的思想动力。这不能不引发人们的思考，在此，关于民族主义还有一些问题值得我们关注。

第一，民族主义不再是一种书面上的理论表达，而成为欧洲国家的重要意识形态，成为了强调要为国家而战，为国家利益而战的一种心态，甚至是情感与心态。在法国，普法战争结束后，法国一直处于对德国的民族复仇之中。就连著名的法国历史学家厄内斯特·拉维斯也将阿尔萨斯的回归作为其教育的使命："自那糟糕了的年份（1870—1871）起，我从未放弃过希望。我不知疲倦地向无数的孩子宣扬这一希望，以及我所感到的自信。我曾经说过并且时常重复，我们对那些失去的省份负有永久的责任。斯特拉斯堡的塔尖从未在我的视线中消失。对我来说，她一直在远处矗立着，高耸入云霄：'我是斯特拉斯堡，我是阿尔萨斯，我向你致敬，我在等待你。'"

在民族主义的煽动下，法国弥漫着为祖国和民族而战，对德国复仇的心态和情绪。在精英阶层也是如此。1912 年的一次调查显示，在大学生中文科学生说要在战争中找到一种有关能量与力量的美学典范，在他们看来，战争是完善人类德行，提升能量统治，牺牲自己，超越个体价值的契机。结果导致 50% 的巴黎高师的学生（1905 年至1918 年届）死于第一次世界大战。

第二，从社会的维度来看，民族主义超过了原先阶级之间的冲突，超越了社会主义与资本主义之间的对立与斗争。本来在工业革命之中，社会的阶级冲突日趋严重，同时，这一阶级斗争也不限于一个国家之内，而是开始成为国际性，"全世界无产阶级联合起来"就是最为生动的写照。可是，当战争爆发后，原先还在高唱着"全世界无产者联合起来"的各国工人阶级的领袖此时也将口号改成"为保卫国家而战斗"，可见民族主义与社会阶层之间的复杂关系。

第三，民族主义与民族国家建设之间的关系。在国家建设（state-building）中，民族主义起了重要的作用，要将国家"民族化"（nationalising），成为民族国家。早在"一战"之前，近代民族主义就已经蓬勃成长，原先久已存在的帝国如奥匈帝国已经岌岌可危，这一区域内的很多民族纷纷要求建立民族国家。而战争之后，奥匈帝国解体，诸如波兰等一众民族国家建立了。因此在一定意义上可以说，民族国家的纷纷建立也是这次战争带给人类的最大成果。

有位历史学家曾经这样说过，民族主义是欧洲现代的最为伟大的发明，但也是带来灾难性的发明。说它伟大，是因为正是建基于这一观念，现代民族国家得以形成；说它灾难，是因为它导致了很多冲突与战争。因此，"二战"后，欧洲为了防止狭隘的民族主义，确保和平，建立了"欧洲共同体"，后来发展成为了欧盟。希冀用这一超越民族共同体即主权性的民族国家的方式来实现这一目的。这是一种创造性的政治设计，毫无疑问，据此，欧洲又走在了世界的前列。今天，当狭隘的民族主义又在世界各地盛行的时刻，我们需要切记民族主义的危害，严防其走入歧途。

第三节　欧洲文明的分水岭

第一次世界大战在 1914 年 8 月 1 日打响，这一天，德国向俄国宣战。8 月 3 日，德国又向法国宣战。8 月 4 日，英国向德国宣战。此后历经 4 年零 3 个月，至 1918 年 11 月 11 日结束。第一次世界大战正式参战国共有 31 个（"协约国" 27 国，"同盟国" 4 国），战火遍及欧、亚、非三大洲。

在战争之初，参战的各方都认为这是一场速战速决的战争。德皇威廉二世在 8 月的第一个星期对出征将士说："你们在叶落之前就会凯旋。"在英国，士兵们最初都是作为志愿者而参加战争的。历史学者这样写道，男人们蜂拥至征兵所，唯恐战争在他们参军前就结束了，欢乐的阅兵游行把他们送到前线。但出乎人们意料的是，这场战争会演变为旷日持久的战争，并造成如此惨重的死伤。如果说在关于第一次世界大战的起源研究上学界有了一些新的突破的话，那么与战争起源相关联的另外一个问题却没有得到很好的研究，即为什么这场战争在爆发之后，却持续了长达 4 年之久，变成了一场旷日持久的拉锯战。[1]

战争在持续了 4 年之久后，以英国和法国为代表的"协约国"终于战胜了德国。1918 年 11 月 11 日，德国在停战协议上签字。当日 11 时，西线的炮火停歇了，整个世界都感受到了这一静默，持续了 4

---

[1] 详见戴维·史蒂文森：《第一次世界大战的爆发：回首 1914》，程文进等译，北京大学出版社 2018 年版，第 120—121 页。

年的大战终于结束。英国代表团成员哈罗德·尼科尔森曾在回忆录中这样描写道："1918 年 11 月 11 号的上午 10 点 55 分，在唐宁街 10 号的首相府，前门突然被打开，劳合·乔治走了出来，他的白发在风中飘逸，不断地挥舞着手，一遍又一遍地高喊着：从今天上午的 11 点钟开始，战争结束了。此刻，整个伦敦陷入疯狂，就在此时，我也仿佛倾听到了和平的降临。"

的确，和平来之不易，当战争超出人们的想象，当战争带给了人们是血腥、残酷和牺牲时，人们开始思考为什么要进行这场战争，他们甚至发起了反战运动。2012 年的 10 月，在秋风凄雨中，我在英国格拉斯哥附近的桑利班克小镇发现了一个纪念碑，这是为了追思在"一战"和"二战"中英勇牺牲的本地居民而修建起来的。站立在碑前，我发现了一个令人惊诧的现象，在"一战"中牺牲的人数居然比"二战"要多一倍以上。我将这一现象告诉给了一位英国历史学家，他说，不仅在这一小镇，在全英国各个地方在"一战"中牺牲的人数都比"二战"要多。2014 年的 6 月，在"一战"爆发 100 周年纪念的前夕，当我在法国置身于当年"一战"的战壕时，目睹实景不禁遥想到当年的惨烈，并为此深深震撼。因此，今天的历史学和其他学者都开始关注普通士兵的情况，关注他们当时的心态。记得多年前和一位法国历史学家聊天，他就在研究"一战"中士兵对战争的反应，甚至是大脑受到战争冲击后精神崩溃的士兵。一位专门从事"一战"历史写作的法国作家也从个体出发来思考战争，并关注当时在战争中抵制作战的士兵，要为他们恢复名誉；英国历史学家也说，一些历史学家开始关注当人类第一次使用毒气时士兵们的反应。所以，战争改变了人们的价值观念、情感态度，以及人力组织方式，人们最初是作为志愿者走上了前线，而到了后来变成了强行征兵，征兵制由此出现。法国历史学家也在争论，这些士兵参加"一战"是出于自愿，还是强迫。但无论如何，有一点可以肯定，战争中的人性的光辉和生命的价值开始被历史学家所重视。在生死面前，每个士兵都有权利作出自己的思考、反应和表达。

图 16　第一次世界大战，索姆河战役画面
（杰佛里·麦林思于 1916 年在法国拍摄的纪录片《索姆河之战》中英军进攻画面）

　　战争不仅体现在具体的有形的牺牲和损失上，战争所带来的死亡、破坏和恐惧也严重影响了每个国家民众的心态和情绪。19 世纪的时候，大部分英国人对未来充满自信。他们全然相信进步。相信从启蒙思想家开始就提出的进步理念，未来一定会比现在更好。在 19 世纪的维多利亚时代，英国人完全有资格和自信来拥有如此的观念。日不落帝国的建立，全世界的财富在向英国流淌，英国人雄踞在世界之上。但 1914 年至 1918 年的战争使英国不仅作为日不落帝国的衰落，同时在心态上也彻底击碎了原先的这一自信。战后的 20 世纪 20 年代至 30 年代，国家的领袖们纷纷通过回忆与怀念 1914 年之前那种

确定性和决定不惜一切代价维持和平的方式来解决第一次世界大战所带来的直接伤害。由此也可以理解后来在"二战"期间英国的"绥靖政策",以及法国的不战而降。

这一情形不仅是在英国,同样的情况也发生在整个欧洲。从1500年开始,欧洲因为其日益增强的军事地位,以及科学和工业革命带来的奇迹,在全球化的开始阶段成为世界的中心,整个世界体系就是以他们为中心而建立,这样一种地位也使得欧洲人充满着无比优越的骄傲与自信。但让人无法想象的是,正是第一次世界大战使欧洲陷于"崩溃"。历史学家写道,欧洲战场空前的伤亡人数,尤其是精英阶级和受过良好教育的精英群体的战亡,特别冲击着知识阶层的心态,导致其广泛失望。这场战争似乎也嘲弄了启蒙思想价值观的进步、宽容和合理性。谁还能再相信西方文明是优人一等的或者其所标榜的科学技术是毫无疑问的好东西?在德国老兵艾里西·雷马克所写的《西线无战事》这部描述一战的小说中,他转述了一个士兵的疑问:"当一个千年文明不能抵御这血腥风暴的时候,它的文化一定都是谎言和不重要的东西。"法国前总统希拉克也说,"一战"的牺牲者"死无所值"。

如果从短时段来看的话,"一战"带来了灾难性的浩劫,但如果跳出这一"短时段"之后,站在21世纪的维度上可以看到,以"一战"为分界线,战后世界历史发生了巨变,出现了和从前完全不同的景象。如果以1492年哥伦布发现新大陆作为近代世界的开端的话,那么可以说,这段历史是近代以来最为波澜壮阔的时节,在这里,分明能够发现一种历史的分野、时代的差异,以及文明发展道路走向的巨大不同。总之,一种全新的历史正在徐徐展开,也如英国历史学家所说，1914 年，这是一个分水岭。[1]

　　检阅这一"分水岭"，无论在政治空间还是在文明取向上，欧洲都成为了一个"新欧洲"，开创了历史的新篇。这里的"新"包含了多重的含义，例如，原先庞大的奥匈帝国彻底瓦解，中东欧的版图出现了新的变化，波兰、捷克斯洛伐克、匈牙利、罗马尼亚、南斯拉夫王国和其他国家相继独立，成为了民族国家——这一新型政治空间，矗立在欧洲世界之中。第一次世界大战不仅仅创造出了许多新兴的民族国家，同样，也创造出了不同政治体制安排的新型国家，例如，苏联成为世界上第一个社会主义国家。1917 年的"十月革命"，以列宁为代表的布尔什维克党夺取了政权，从而在俄国成功地建立起了社会主义制度。这是人类历史上第一次的全新的政治实践，也是人类历史上从没有过的新型政治和社会体制，她在此后的历史发展中起到了重要的作用。英法等帝国主义国家，面对着持续的国内压力，走上了更为民主化的另外一种转型的道路，从而实现了由街垒战到投票箱的自由和民主相结合的体制。而在战争中遭到了完败的德国则刚好相反地走上了纳粹和法西斯主义，这是以往历史上从未有过的总体性极权体制，种族屠杀和集中营就是这个体制的组成部分和集中体现。

　　"一战"带来的一个意想不到的结果则是美国的崛起。正是美国的介入，帮助"协约国"打赢了这场战争。更饶有意味的结果是，在战争造成欧洲崩溃的同时，却成就了美国的崛起，使其开始成为世界的领袖。战前，尽管美国在 1890 年左右的时候，它的工业生产已经占据世界第一的位置，但它还没有机会在世界舞台上展现作为强国

---

[1]　艾瑞克·霍布斯鲍姆：《极端的年代：1914—1991》，郑明萱译，中信出版社 2014 年版，第 26 页。

的风采和能力。恰好是"一战",可以说是上帝赐予其最好的机会,美国也的确抓住了这个契机,不仅参加战争,也以领袖的地位参加了战后国际秩序的重建。从国家之间博弈的视角来说,美国是"一战"的最大赢家。同样,也在战后按照自己的成长逻辑在行进,最终在"二战"结束之后,名正言顺地成为了世界的一极。

这些影响仅仅是对西方世界而言,其实"一战"也改变了包括中国在内的亚洲诸国的未来发展走向。可以说,"一战"改变了整个国际格局,以及国家的成长和走向,这是人类从15世纪近代以来从未有过的巨大转型。而这些恰好都值得我们深入地反思,从中汲取历史的经验。与这一丰富的历史资源形成鲜明对比的是,国内学术界对"一战",以及围绕"一战"而形成的这些历史的变化一直没有重视与深入研究,以至于已经遗忘了这场战争对20世纪历史所产生的巨大影响。实际上,无论是民族国家的兴起,还是不同国家对社会体制的选择,以及英法等国的民主政治的实现,都是每个国家在其自身的内部历史文化传统以及借鉴外部经验中作出了自己的选择,推动着国家的成长,确立起日后文明发展的方向。因此,可以看到,在这一历史时刻,"一战"不仅是作为硝烟弥漫的军事冲突,更是其走向不同文明成长道路的分水岭。对这一不同发展道路的差异自然会激发起人们的思考,也需要在全球的视野中来进行考察,是什么要素造就了这些国家不同文明发展的取向,文明又该如何面对野蛮?

英国历史学家霍布斯鲍姆说过,20世纪是在人类历史上最为极端的时期,带来了史无前例的悲剧。[1] 从时间上来看,1914年,第一次世界大战爆发,虽然在1918年结束,但随后又爆发了第二次世

---

[1] Eric Hobsbawm, *Globalisation*, *Democracy and Terrorism*, Abacus, 2007, p. 1.

界大战，直到 1945 年才结束，所以有历史学家认为这是一场新的"三十年战争"。目前史学界开始将"一战"与"二战"结合起来讨论，其中之深意就是要去思考，"一战"后各国努力建立起来的和平机制为什么未能保障和平，最后反而又引发了战争。

从"三十年战争"这一总体性视角探究，这的确体现了历史的悖论。在"一战"结束之后，面对着战争的灾难，多国政治家们齐集巴黎，召开了巴黎和会，并签订了《凡尔赛和约》。这个条约本来是作为一个和平的保障而签订，但在签订之后，为什么不但没有实现和平，反而却因为这一条约的签订而走向了战争？对此，学界有着不同的理解。有学者认为，"巴黎和会"因为时间紧迫，无法顾及很多国家和民族的利益；也有学者认为，这次和会即为战胜国对战败国的利益索讨，如同中国代表所说的"五个大国各顾其私"，由此导致了后来的战争。同样，一些学者也认为"巴黎和会"与《凡尔赛和约》和第二次世界大战紧密相连，但也有一些学者认为后来的战争和"巴黎和会"没有直接关联。因此，在百年之后的今天，我们的确要思考这一问题，为什么走向战争的动力远远超过了保障和平的努力，这一切究竟是如何发生的？也就是说，需要对这一个案进行一种起源性的分析。

据参加战后"巴黎和会"的经济学家凯恩斯说，与会者当中不管是好人还是坏人，关注的焦点都在于边界和民族问题、均势问题、帝国版图扩张的问题。还有就是复仇，将战胜国自己难以承受的经济重担转嫁到战败国身上。[1] 的确，面对战后这一"时代变局"，政

---

[1] 罗伯特·斯基德尔斯基：《凯恩斯传：1883—1946》，相蓝欣、储英译，生活·读书·新知三联书店 2006 年版，第 285—286 页。

治家们都将自己国家利益放在了本位，而没有看清楚，它不仅表明了一种历史的断裂，而且是一种前所未有的新的结构的生成，同时也预示着一种时代的紧迫性，就是如何面对处在不同发展阶段，国家间实力此消彼长，以及在体制上又是差异极大的现实"世界"，从而在国际格局和结构的层面上构建起一个稳定的国际体系，防止冲突与战争的再度来临。此外，不同意识形态和发展取向的国家之间如何并存与相处，并且能够保持着一种相互的均衡，也就是说，以英法为代表的文明体制和以德国法西斯为代表的野蛮体制究竟如何共存，并且能够实现对其的约束与改造。可以说，这是那个时代的新的问题。对此，各个国家的主政者也都没有经验，反而正是由于各个国家实行孤立主义政策，各自关注自身的利益，特别是英国的犹豫踌躇，甚至一味的"绥靖"退让带来了更大的悲剧，留下了令人思考的历史遗产。

"一战"之后，看起来以英法为代表的文明国家获得了胜利，战后签订的《凡尔赛和约》（下文简称《和约》）也为了防止德国的再度崛起而制定了非常严苛的条件。《和约》规定德国要承担挑起战争的主要罪责，为此失去了它所有的殖民地和15%的欧洲领土，并被要求赔偿巨款给战胜国和严格限制其军事力量。但德国人却从民族主义出发，认定这一条约是对德意志民族的惩罚。在民族主义的狂热煽动下，这一条约没能制约德国的军事力量的崛起，反而却成为德意志民族巨大仇恨的来源。如历史学家肖恩所描写的那样："被迫割地掀起了德国民众的狂怒，所有政治和意识形态派别的人都同仇敌忾。《凡尔赛和约》被谴责为战胜者的'独裁令'。我坚信条约必须修改。"德国外交家比洛在1920年这样写道："这条约荒谬无理，许多条款根本不可能执行，我们必须利用这一点来推翻整个凡尔赛和平。"[1]正是在这一强烈的民族主义复仇的氛围下，德国也一步步走向了法西斯的极权体制，进入了人类历史上最为野蛮的时刻。也正是这一体制极大地改变了世界历史的走向，给人类带来了巨大的灾难。于是我们看到 20 年后，又是德国发起了新的一场战争，即第二次世界大战。因此，"二战"只不过是"一战"的继续而已，是一场新的"三十年战争"。

不仅仅是德国走向了野蛮之路，意大利也是同样如此，整个欧洲都开始走向历史学家霍布斯鲍姆所说的"极端的年代"。对此，他总结道，"1918—1920 年间，欧洲有两国的立法议会遭到解散，或不再行使职权。到了 20 年代，这个数字变成 6 国；30 年代变为 9 国。到了第二次世界大战期间，德国占领之下，又有 5 国宪政宣告失败，简单地说，两次世界之间的年代里，唯一不曾间断，并有效行使民主政治的欧洲国家，只有英国、芬兰（勉强而已）、爱尔兰自由邦、瑞典和瑞士而已"[2]"纵贯整个大灾难时代，政治自由主义在各地面临撤退，到 1933 年希特勒登上德国总理宝座之际，自由阵营败退之势更加剧了"[3]。

面对这一反自由与反文明的极权化统治体制的不断扩展，是进行有效的阻遏还是放任，从而给予其更大的发展空间，这尖锐地摆在了战胜国的面前。此时的战胜国有两个权力中心，一是新崛起的美国，二是在"一战"中损失巨大的英国。因此，他们的认知、心态和行

[1] 伊恩·克肖：《地狱之行：1914—1949》，林华译，中信出版社 2018 年版，第 120 页。
[2] 艾瑞克·霍布斯鲍姆：《极端的年代：1914—1991》，郑明萱译，中信出版社 2014 年版，第 133 页。
[3] 同上书，第 134 页。

动以及战略思考就成为影响未来世界历史，特别是文明发展道路走向的关键性要素。

对于美国来说，"一战"后世界的权力中心开始从欧洲转向了美国，其实这一转变早已在"一战"前的19世纪末已经显露。1890年，美国的工业总产值已超过英国，成为世界第一；到了1910年，其工业总产值则基本上和英国、法国与德国这三个欧洲工业强国的工业总产值相等，可见其经济实力发展的迅猛和强劲。在"一战"中，正是因为美国的支援，以英法为首的"协约国"才打败了以德国为核心的"同盟国"。战后，美国总统威尔逊又呼吁建立国际联盟，他说："为了大小国家都能相互保证政治独立和领土完整，必须成立一个具有特定盟约的普遍性的国际联盟"，[1] 其目的是解决战后的国际冲突，确保和平。1920年1月10日，"国际联盟"成立，美国总统威尔逊任主席。可是，尽管欧洲已无力支撑起欧洲的均势与和平，但欧洲传统的大国地位残留的心态使得他们还无法全力承认以美国为主导的国际格局，加之不同意识形态的国家对此也不能呼应，同样，美国也没有做好成为世界领袖的各项准备，参议院居然没有批准参加"国际联盟"，因此，"国际联盟"没有获得应有的支持，不能真正起到作用。这段历史告诉了我们，在"一战"后重建的国际秩序中，崭露头角的美国还没有能力制约法西斯体制的兴起，引领文明世界的发展。同样，欧洲的这些民主国家也没有联合起来建立其能够发挥作用的国际性机构，而只有在第二次世界大战，再次经历了更为惨烈的阵痛之后，人们才迫切地感到必须建立起制约战争、保障和平的国际性机制，于是"联合国"——这一国际性的机构才得以建立，成为

---

[1] 余伟民、郑寅达：《世界通史》，华东师范大学出版社2009年版，第14页。

国际秩序的维护者。

在欧洲大陆，只有英法为代表的民主自由国家可以充任遏制法西斯兴起的重要力量。可是"一战"过于惨烈的牺牲，让这些国家失去了原先的乐观和自信，也正因为对和平保有幻想，加之民众对战争的厌倦，和平主义运动的展开，这些因素也就导致了后来英国对德国的"绥靖政策"。1938 年 30 日，英国首相张伯伦和希特勒签署了《英德宣言》，决定终止战争。因此，当张伯伦回到伦敦时，兴高采烈地宣称，从此之后，整整一代人的和平有了保障。事实上，这一对德国法西斯的妥协退让却铸成了大错，不仅没有带来和平，反而纵容了德国，导致了德国的法西斯体制不受限制地迅速扩张，最后演变成为第二次世界大战，一场更为惨烈的世界大战的来临。

因此，在"一战"后，如何与野蛮国家相处，并且如何制约与改造其野蛮性，将其转化为文明世界的一个成员就成为值得反思的历史遗产。也许丘吉尔在 1938 年的一段话将给我们警醒，如果听任以德国为主的野蛮力量肆意扩张，"文明将不再延续，自由将难以图存，和平将难以为继，人民唯有广泛联合起来捍卫家园，拿出保家卫国的气概，让那些野蛮落后的势力在我们面前战栗，舍此别无他法"。[1]

英国历史学家霍布斯鲍姆这样说过，只有冷战结束之时，我们才能最终把"一战"的结果抛到身后。然而，如今世界已经身处冷战之后时，人们对待"一战"的兴趣却丝毫没有减少，"一战"究竟因何而起，这个谜团仍然萦绕在我们心头。[2] 的确，人们没有忘记这场灾难，也在进行反思。2014 年是第一次世界大战爆发 100 周年，2018

---

[1] 尼尔·弗格森：《文明》，曾贤明、唐颖华译，中信出版社 2012 年版，第 304 页
[2] 戴维·史蒂文森：《第一次世界大战的爆发：回首 1914》，程文进等译，北京大学出版社 2018 年版，第 121 页。

年是"一战"结束 100 周年，在这两个历史的关键时间点，欧洲以及西方世界都举行了隆重的纪念活动。特别是在 2018 年，这一特定的历史时刻，法国总统马克龙在"一战"的纪念活动中公开表达，民族主义是对爱国主义的背叛，提醒人们需要警惕狭隘的极端民族主义再度抬头。站在 21 世纪的今天来回望这段历史，将会看到，"一战"以及战后所引发的世界变革至今都仍然未能消停，从"一战"到"二战"所延续的历史格局至今都仍然成为一种"结构装置"在制约着人们。由此人们更加需要对这段历史进行深刻的反思。这种反思不仅仅就是对"一战"结果的反思，更重要是对 20 世纪初各国走向不同文明发展道路以及实现其路径的反思。为什么这些国家会进行这样的选择，从而走向了不同与相异甚至反人类的野蛮发展的道路。对此，既需要从时间上的"长时段"，也需要在结构上进行"总体史"的考察。

应该看到，这种考察也不再是一种实用主义式的，为了要比附甚至要解决当下的现实问题而进行的历史研究。我们应该破除将历史学看作有着直接现实意义的实用主义，认为历史学仅仅是要以史为鉴，从历史中找到解决我们今日所遇到的各种问题或者困境的办法。其实历史学家对过去的研究不只是为了要解决当代的重要问题，而是要揭示出在那个历史当下为什么人们会做出那样的选择，从而展现了历史的复杂，能够给我们一种启发。如同英国历史学家麦克法兰在谈到英格兰如何成为现代世界时所说的：我的论点是一种反目的论的，也就是说，历史并不走向一个注定的目的地，世上也不存在一列我们大家必须攀爬的必然阶梯，相反却存在许多别样的趋势和陷阱。[1] 他还说，

[1] 艾伦·麦克法兰：《现代世界的诞生》，清华大学国学研究院主编，上海人民出版社 2013 年版，第 17 页。

英格兰之能率先实现非凡的转型，从一个农耕世界变成一个工业世界，是一组互相关联的特点导致的结果，每一个特点都必不可少，但是任何一个特点都不是现代性的十足起因。[1] 当代英国历史学家尼尔·弗格森也持相同的观点，认为历史是由临界点组成，它充满了非线性结果和随机行为。[2] 正因为这样，作为历史的参与者的人们才越发需要格外谨慎，以及需要不断重温历史，从历史中汲取营养，建立起正确的历史观，从而为我们的未来找寻到方向。对此，尼尔·弗格森在《文明》一书中也作出了这样鲜明的表达：目前，世界在经济、社会和地缘政治上都处于全球转变期，此时我们迫切需要对历史有一个深刻认识，没有这种认识，我们将可能重复历史的错误。[3]

如果把 20 世纪初年的历史看成为文明与野蛮分界开始的"时刻"，那么是什么力量造就了这一分野？是一个国家和民族的必须历经的宿命般的历史命运，还是这种历史的命运终究是由参与历史进程的人们所共同演绎而成？如果追溯历史进程的话，从 19 世纪英法完成工业化，成为庞大的帝国之后，一个稳定的结构似乎已经成型，可随着历史的行进，一个变动中的"世界"正在形成，或许可以说，"一战"只是这一变动所可能引发的诸种冲突中的一种，或者也可谓是种"侧滑"。但"一战"的出现却打断了原先的结构，也改变了原先历史演进的内在逻辑和历史进程本身，甚至影响了社会的心态和情绪。问题就在于，置身于这一史无前例的变革之中，面对着诸种不同逻辑行进的力量，人们特别是政治家们需要有一种非凡的洞察和理

[1] 艾伦·麦克法兰：《现代世界的诞生》，清华大学国学研究院主编，上海人民出版社 2013 年版，第 7 页。
[2] 尼尔·弗格森：《文明》，曾贤明、唐颖华译，中信出版社 2012 年版，第 14 页。
[3] 同上。

解，并作出抉择。犹如一艘航行在茫茫大海中的船，究竟要驶向何方？如果说历史是人们的选择和创造，那么，什么要素制约和使其能够这样选择而不是那样选择，创造性的资源与制约性的要素究竟是哪些；一旦当人们作出了这样的选择后，又如何能够将整个社会"成功"地纳入到所选择的这一进程与结构之中？的确，站在100多年后的今天，回望那个时代，不同的国家走向了不同的文明发展道路，从而造成不同的民族、不同的人群具有了不同的历史命运，对于学习这段历史来说，除了感叹之外，人们又该做出什么样的思考，从而来探讨与回答，什么造就着一个民族文明发展的方向，由此可以避免那些悲剧的再度重演，以及定位着世界的未来。

对于第一次世界大战，要在一种全球性的视野中来理解，它不仅影响了欧洲，也给亚洲等区域带来了巨大的影响；同样，对于欧洲而言，也不能够仅仅局限于1914年至1918年"一战"进行的这些年份，还需要有历史的纵深感，看到"一战"和随后的"二战"之间内在的关联。由此将引发起更深的思考，如何建立起保障和平的机制，为什么德国在"一战"后的失败之后没有走向民主化道路，反而走向了野蛮的法西斯体制。因此，对于第一次世界大战，我们不仅是要了解战争的进程，更需在文明的视野下思考，每一个国家是走向文明还是野蛮，面对历史人们如何选择，那个时代的人们是如何思考的，而当下的人们又该如何去思考与行动。

余论
"宣告文明的到来"

值得注意的是，欧洲文明能够成为现代文明，是历史性的产物，我们需要从一个历史性演进的视角来理解，看到历史演进过程的阶段性，交织着断裂与延续、进步与后退的阶段性，形成加速与减速、叠加与重合、重演（复活）与逝去、错位与对位等复杂丰富的内容，不再是充满着浪漫的乌托邦，也非直线性的向前进步。如果将17世纪至19世纪的欧洲文明进行内部分期的话，有两个节点值得重视：第一个是法国革命和工业革命所带来的社会的转型，造就了一个完全不同于以往的社会样式和文明图景。第二个节点即为第一次世界大战，当然也可以把第二次世界大战一并算进去，这场大战可以视作为文明与野蛮的决战，也是事关未来"文明"走向的分水岭。这一划分也可以说是为历史建立起一个坐标，方便于我们透视与理解历史，概括与把握历史的演进。

当然还应该提及的是，我们不能用"历史性"这样笼统的词语来遮蔽掉那些无数人的努力和斗争，甚至是抗争，因为历史的宏大常常会遗漏作为具体的人物，也因为历史常常惯于叙事，而忽视人的主动性。实际上恰恰相反，我们需要回到人的历史，清晰地突显这些鲜活的行动，并对此心怀温情与敬意。因为没有他们的这些实践性行动，甚至不惜以自己的生命为代价而进行的表达与抗争，欧洲也就无法到达"现代文明"阶段，取得与享有"现代文明"的各项成果，成为"现代文明"。

这里列举这样一些实列来稍加说明。在英国革命之前，面对国王的专断性的个人统治，法学家爱德华·柯克就挺身而出，敢于进行反抗。1608 年，国王詹姆士一世想从法院中拿走某些案件亲自加以判决。爱德华·柯克当即表示反对：由英格兰全体法官、财税法庭法官见证，并经他们一致同意，国王本人不能裁决任何案件。国王大为不解，于是便说，法律是以理性为基础的，除了法官以外，任何人都具有理性，因此，由国王来裁决案件也是理所当然之事。

对此，柯克的回答是："确实，上帝赋予了陛下以卓越的技巧和高超的天赋；但陛下对于英格兰国土上的法律并没有研究，而涉及陛下之臣民的生命或遗产或货物或财富的案件，不应当由自由的理性，而应当依据技艺性理性（artificial reason）和法律的判断来决定，而法律是一门需要长时间地学习和历练的技艺，只有在此之后，一个人才能对它有所把握：法律就是用于审理臣民的案件的金铸的标杆（量杆）和标准；它保障陛下处于安全与和平之中：正是靠它，国王获得了完善的保护，因此，我要说，陛下应当受制于法律；而认可陛下的要求，则是叛国；对于我所说的话，布拉克顿曾这样说过：国王应当不受制于任何人，但应当受制于上帝和法律。他还不止一次地表达道，根据陛下的法律，国王一直将司法事务完全交给陛下的法官。"

而这样的抗争并非是基于对国王个人的恩怨好恶，而是建立在对法律的尊重和对这一至高无上权威性的捍卫，也是对个人权力的限制。如果简单了解爱德华·柯克与现代法治和权利思想即可明白这一

点。他的父亲是一名律师，他早年进入剑桥大学学习，然后接受律师
的训练，年轻的时候就成为了著名的律师。1593 年成为下议院议长，
次年被伊丽莎白女王任命为总检察长。詹姆斯一世时期曾任高等民事
法院首席大法官。早在伊丽莎白一世时期的 1593 年，柯克就在议会
的演说中提出了三点要求：言论自由，议员不能因为言论获罪；议员
可自由地接近国王，以便向国王提出议员们所关心的问题；国王应该
赞成大家已经取得一致意见的事情。在斯图亚特王朝期间，1621 年，
他被选为议员，后因发表限制国王权力的言论而被关进伦敦塔，释放
后又被选为议员。生活在这样的一个革命时期，他曾经写下了《英格
兰法律法理概要》，在 1628 年又促成了反对国王的《权利请愿书》
的通过。回顾他的这些生平业绩，你可以回到那样的历史场景来设想
一下，当面对着国王个人专断这一无理的要求，实质上是权力的扩张
时，能够坚决进行反抗，守住"权利"的底线，这要有多么大的勇
气。这也让人联想到在 18 世纪法国启蒙运动时期那些敢于抗争的启
蒙思想家，他们的这些抗争行动又都是多么地令人肃然起敬。

　　同样，欧洲的现代文明也不仅仅是由这些思想家和政治精英所推
动和建立，站在劳动者一方为建立平等和公正社会的那些人的努力也
值得铭记。例如，法国"巴黎公社起义"的那些革命者：女战士路
易丝·米歇尔在公社失败，在被捕受审的法庭上慷慨陈词："须知公
社首先是要实行社会革命，而公社革命对我是最可宝贵的目的。我以
此自豪，我是社会革命的拥护者之一。"另外一位"巴黎公社"的领
导费烈在法庭上也义正言辞地指出："我是巴黎公社的社员，现在处
于战胜者的魔掌中，他们要我的头颅，让他们拿去吧，我永远也不想
用卑鄙的行为来保全自己的生命。我曾经自由地生存，也将自由地死

去。"而这样类似的例子不胜枚举。

这样的表达与抗争还包括着那些众多的女性，这段历史从前都被遗忘，尘封在历史的沉积之中。在欧洲文明的发展中，女性公民权利的获得也是现代文明内容的应有之意。这不仅是关乎民主化进程的问题，也是人的自由权利的实现问题。在此方面，欧洲也有着惨痛的经历。且不说，法国的《人权宣言》颁布时对公民的界定就未包括女性，而后来女性在争取自身权利的斗争中也是历经艰难。例如，英国19世纪后期潘克豪斯特所领导的为妇女选举权而斗争的运动就不能够为主流社会所接受，新闻媒体经常用震惊、失控、疯子、野蛮、罪犯、流氓、阴谋者、同性恋者等词汇来丑化这些妇女。[1] 潘克豪斯

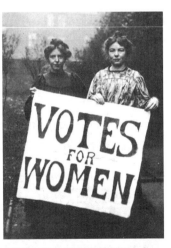

特等很多妇女也都被捕入狱，还被视为"恐怖分子"。但她们依然毫不畏惧，也绝不退缩，继续坚持声张自己的权利。经过不懈的努力，终于在1918年，英国妇女率先在欧洲范围内获得了选举权。可以说，妇女权利正是经过这样惨痛的抗争而取得的。

基于欧洲文明的历史经验，其成为现代文明的演进和确立又是多种取向的，如果说自由与权利是基本内涵的话，那么平等和民主则是包容于此的重要指向，最终形成欧洲文明的三

图17　20世纪英国争取妇女参政权运动中"妇女社会政治联盟"的成员（约摄于1908年，拍摄者不详）

[1]　王赳：《激进的女权主义：英国女权社会政治同盟参政运动研究》，上海三联书店2008年版，第145页。

位一体的主旨：自由、平等与博爱。全社会确立起一种新的社会机制，形成社会的一种共识，那就是以人的解放与平等为准则，要让人有更大的独立活动的空间，实现人的多样性。可以说，人的自由行动的空间越大，实现平等的程度越高，其社会也就越发文明，欧洲现代文明的历程就充分显明了这一点。

如果从"社会"这一视角来看的话，可以将欧洲现代文明的发展划分为这样两个阶段。第一阶段是政治革命为特征的阶段，核心是要摧毁王权和贵族的特权为中心的等级制，确立人的自由与平等，确立包括每个人身份平等在内的权利平等。正如历史学家林恩·亨特所说，法国革命根本上就是"政治的"。[1] 第二阶段是以"劳动者"或"工人阶级"为代表的"社会革命"，进一步推动了社会福利制度的建立，确立起了社会平等，让普通民众真正可以享有现代经济增长与社会发展的成果。当然我们也可以从不同的维度来进行划分，例如，资本主义与前资本主义这样的两分，等等。

应该看到，在实现自由与平等的历史过程中，统治者的妥协也是很重要的一方面，在我看来，这一行为也是现代文明的内容之一。欧洲历史为人们展现了，面对人民的抗争，统治者适时妥协让步，进行政策调整，从而实现权利的普惠，保证了社会的稳定，推进了社会的深入发展。我们看到，在 19 世纪后期，社会越来越走向渐进改良，而非革命暴力。统治者通过妥协，以最小的社会成本，获得了最大的社会收益。

这里试举一例，1830 年，法国爆发"七月革命"，这给英国人民

---

[1] 林恩·亨特：《法国大革命中的政治、文化和阶级》，汪珍珠译，北京大学出版社 2020 年版，第 223 页。

以极大的鼓舞和激励，掀起了要求获得政治选举权的运动，改革现有的为土地贵族所掌控的议会。面对要求改革的强烈呼声，首相格雷认为，现在必须要作出让步，进行改革，要用改革来避免革命。他说道："只有改革我们才能生存。"意为避免被人民的革命所推翻。正是由于统治阶级审时度势，终于同意进行改革，议会通过了1832年改革法案，让工业资产阶级获得了政治权利，也化解了这场社会危机。同样，在法国，从1789年革命算起，历经1830年革命、1848年革命、1871年"巴黎公社"这样更为激越的革命，但到了1875年第三共和国建立之后，革命消退，转而进行了改革。从此，法国再也没有进行过革命，迈入了社会渐进持续发展的良性之路。

在欧洲文明的历史演进中，明显呈现出这一基本特征。社会的每一次发展，文明的每一步提升都是由多种力量博弈而成的，正是这种多重力量的存在，使得社会更为自由，也让每个人有了自我实现的空间。由此又引申出，如何在每个时代始终保持着社会流动与开放，而不形成社会阶层的固化，则是异常重要。一旦阻绝了"为才智之士开放前程"，形成了等级性世袭，不管是政治权力的世袭，还是财富的世袭，血缘的世袭，都会成为如法国社会学家布迪厄所说的"社会资本"与社会权力。一旦如此，那么这个社会则明显处于等级性的不平等的状况，其社会演进就一定会受到阻滞与延宕，人的权利与利益也会无法得到保障，因此，这样的社会运转机制一定需要被打破与重新建构。

在欧洲历史的演进中，经过丰富而复杂的演化，欧洲文明才终于发展成为了现代文明，不仅稳固地扎下根来，而且扩展到了全球，主导了15世纪以来的全球化进程，为此确立起了"现代文明"的一整

套标准。因此，理解欧洲现代文明，其时间性和空间的全球性自然当
是重要的内在特质。在此要特别提出全球性这一问题。今天在世界各
地，哪里都可以看到欧洲文明的要素，即使是在中国也是如此。1978
年，当中国宣布改革开放时，全力推进工业化就是引进了欧洲工业文
明的成果。美国学者尼尔·弗格森认为，欧洲文明，或者扩大开去，
整个西方文明的内容体现在以下这些方面：竞争性，无论是在经济层
面还是在政治层面都建立起了竞争机制，这也意味着没有形成垄断和
寡头以及世袭；科学，形成了科学理性的思维方式改造自然世界的方
法，以及科学技术的不断创新；财产权以及由此而来的法律机制的建
立；医学的进步使得人口的预期寿命延长；消费社会，使得工业革命
可以持续性开展；工作伦理，即从基督新教发展而来的活动模式和
道德框架。当然我们也可以有其他分类，例如，惯常所说的自由、平
等、博爱等；但把握住这几点基本也就理解了欧洲现代文明的内涵，
以及其在全球性的扩展。

　　提到"文明的标准"，也可以称之为"文明的基准"问题时，这
里包含着两个不同的维度。一方面是欧洲文明的内容的确具有着普遍
性的标准；另一方面，欧洲又用非正常甚至是暴力的方式在全球来推
行这一标准。在 19 世纪，随着欧洲的强盛，例如，英国"日不落帝
国"的建立，在全球空间上，欧洲人将自己视为文明，把非欧洲地区
看成为野蛮。如果说 19 世纪德意志浪漫主义贡献了文明与文化两分
的理论框架的话，那么，19 世纪的一批理论家则发展出了文明与野
蛮的两分，并形成了主导性的思想观念。今天我们就需要对此进行反
思，思考欧洲文明的全球性，以及支持这一全球性的思想基础。对内
需要重思资本的压迫，童工的使用，环境的污染；对外需要反思奴隶

贸易，帝国的扩张等。期待在这样不断的反思中，从现代文明的基础和源头上来进行思考，不断修正与重塑欧洲现代文明，使其保持生命力。

从欧洲文明全球性的悖论来说，即使在欧洲这一空间里，其成长中也包括着不可理解的悖论。文明与野蛮始终相伴而行，这也可以说是欧洲文明的内在特质之一。如当欧洲文明高歌猛进之时，却发生了第一次世界大战这一欧洲范围内的野蛮残杀。对此，也许回顾19世纪法国反启蒙思想家德·梅斯特的思想能够给我们以启发。在他看来，文明和野蛮的共存，是由人性所决定，因此也非人力所能改变。它决定了在一个社会中"野蛮"因素的存在，如暴力、牺牲是有其合理性的，即使这种合理性是残酷的。它也决定了在一般意义上所呈现出的那些文明或野蛮的因素远不是恒定的。文明和野蛮的诸种要素混合及其模糊性，使得文明化和野蛮化，或者说进步和堕落，也具有一种不确定性。文明化，不是人类能力所能企及和掌控的对象。相反，人的本性，决定了野蛮化是人类社会更为强烈的内在倾向；而文明化，则是至高无上的意志之于人的一种恩惠。[1]

正是在这一意义上，我们可以发问，现代性可以根除野蛮、塑造出纯粹的文明的人吗？由此，欧洲现代文明历史演进的过程可以说是给人们提出了严肃的警醒，文明与野蛮始终相伴而生，须臾不可分离。对此，我们必须打破18世纪启蒙思想家建构起来的历史发展的直线阶段论和进步主义观，坚信历史一直是从野蛮到文明，从原始社会走向奴隶社会，最终走向共产主义阶段的乐观主义。让我们始终保

---

[1] 详见张智：《约瑟夫·德·梅斯特反启蒙思想中的野蛮与文明》，复旦大学出版社2012年版。

持着一种内在的反省，意识到野蛮就在身边，随时可能会降临。因此，在理解文明现代性和全球性的同时，还包括着这样一个问题，如何避免文明的衰败、野蛮的降临，从而逃离文明与野蛮不断循环上演的周期率，始终保持着文明的稳固发展。在一定意义上，这直接关涉到人，是人的认知、人的坚守和人的行动影响着文明的进程和文明的兴衰起落。一旦人的文明化程度提升了，社会的文明化才会得以提高。人若变得野蛮了，社会就会朝向野蛮化方向走去。因此，文明的发展取决于人这一要素，包括着人这一根本性的力量。记得法国历史学家、政治家，也可以说是思想家基佐在《法国文明史》中这样说过："一项重大的社会改良、一项巨大的物质福利上的进步，如果不伴随着智力发展和精神上的相应的进步的话，它能在人民中间出现吗？这种社会改良就显得是不牢靠的、无法理解的、几乎是不合理的了。"[1] 文明的完善的确不仅在于它们的结合，而且也在于它们的同步性，以及它们互相激发并产生自身的那种广度、便利程度和速度。[2] 因此，基佐将文明的发展界定为社会和人自身的发展。

基佐还说："我在一开始试图界定文明这一词，并描述这一词所包含的事实。在我看来，文明由两大事实组成：人类社会的发展及人自身的发展。一方面是政治和社会的发展，另一方面是人内在的和道德的发展。我至今讲的只限于社会历史。我只从社会的角度来展示文明，对人本身的发展没讲什么。我未曾向你们展示思想的历史、人类精神进程的历史。我提议在我们再次相会的时候，我专门讲述法国，我们共同切磋法兰西文明的历史，它的细节和各个方面。我将努力使

---

[1] 基佐：《法国文明史》（第一卷），沅芷等译，商务印书馆1993年版，第9页。
[2] 同上书，第10页。

你们了解不仅是法国的社会历史，还有人的历史，同你们一起追踪各种制度习俗、思想和学术著作的前进历程，从而对我们的光辉祖国的发展有一个整体的、完全的了解。我们国家的过去和未来都值得我们倾注最亲切的感情。"[1]

从欧洲历史来说，人的思想观念、对世界的认知与情感态度等都影响制约着文明与野蛮的发展，人们所形成的多重力量也会阻止文明向野蛮的转化甚至是堕落。例如，第一次世界大战，如果没有社会达尔文主义和民族主义的泛滥，也许不会出现"萨拉热窝事件"；如果没有那些政治家们对"萨拉热窝事件"处理时的"梦游"，自然也就不会发展成为"一战"；同样，如果没有英国公共卫生推动者查德威克的情感性的力量，也就没有了1848年英国公共卫生体系的建立。当然历史不容假设，也无需假设，只需记住，历史的活剧是由人来导演的，或者说，在历史的舞台上上演着人们所扮演的各色戏剧。

可以说，历史的演进，其远离野蛮、成为文明的保障性力量全在于人，文明推进的宗旨也是为了人。因此，文明的起点和终点都应该落脚在人这里。欧洲文明的历史进程向我们展现了，从外在的权力下，不管这一权力是政治的、资本的还是社会舆论的，获得人的自由这一权利，让人们生活得更有尊严，这是一个社会的基本安排，也是欧洲在迈向现代社会时形成的共识和成为文明社会的重要内涵。正由于此，"欧洲"在空间的意义上成为了同质性的和一体化的"文明世界"。与此同时，欧洲文明在向全球扩展的过程中，也自然希冀将这一理念传布到世界各地。对此，我们也需要秉持反思性的理解。

这样，理解历史的主旨在于让人重新回到历史当中，要看到人的

[1] 基佐：《欧洲文明史》，程洪逵等译，商务印书馆1998年版，第232—233页。

多样性活动，理解明晓那个时间段中的人们如何形成自己的特性，并如何用自己的特性、自己的喜怒哀乐来展开行动塑造自我。进入历史也就意味着使我们能够获取古人或者逝去的那些人物的品性，这些鲜活的个体与各种多样性，丰富以及为我们的多样性特质的形成注入意义。当然这是要经过当下的我们自身主体的选择与再造。在这里，历史与过去并非完全流逝、一去不返，而是通过我们的理解得以复活。同样，历史的复活不是目的，也不是意义之所在，而是为了当下的我们获得自知，从而为每个主体性的自我建构迎来一种宝贵的"时刻"与机遇。因此，与过去相遇或者进入历史并不是要机械呆板地记住什么，而是重在明晓那个时代的人们如何通过自我的选择、人事的纠葛、与自然的斗争和与环境的相处让主体获得了一种自主，或者自我意识的觉醒与确立。无论每个主体的积极主动、妥协退让，无论是胜利与失败、荣耀与屈辱、幸福与苦难，都是主体性的表现与表达。同样，自主性和多样性也就在历史中得以展现。历史在这里既是时间之维，又是主体性的体现。正是因为这一主体性的存在，才会使历史的时间与自然的时间相区别，也造就了历史并非完全逝去，它就存在于当下。历史既成为丰富的资源映照着我们自身，也多样化着当下我们的意义。

秉持这一理念，会让我们对历史和文明的行进既不乐观，也不悲观，也对历史学家写作处理的历史始终抱有一种警醒，更会对那些图解的历史不屑一顾，自然会学到了要用理性的眼光来怀疑与思考，保持着独立与自主的判断。因为历史既可以有用，也可以被滥用；既能作为社会的良知，也会变成为罪恶的帮凶。过往的历史包括欧洲的历史已经出现过了无数这样的例证。对此，历史学家玛格丽特·麦克米伦说道："我们既可以从历史中获取经验教训，也可以滥用历史为自己服务。当我们制造谎言或是只从单一的视角出发书写历史时,我们就在滥用历史。然而这并不意味着我们要放弃从历史中寻求理解、支持和帮助,只是我们应当在探究历史的过程中时刻保持小心警惕。"[1] 在此,我还是希望,今天所学的历史只是大家接受历史熏陶的起点,不论今后从事什么职业,在职业性之外,都还能够继续热爱历史,抽出时间来阅读历史与思考历史,用历史性的思维方式去思考个体与文明的未来。并能明晓,历史知识不是用来炫耀的资本,应是提升自己和成为独立性"自我"的一种路径;历史性思维也不是作为完善职业性工作的补充,而是要帮助我们确立起这样的一种思考习惯:"如果历史研究能够教会我们谦卑、怀疑和自我反思,那么它对我们来说是非常有用的。我们必须继续审视自己和他人的假设,并提出质疑:这些假设的证据在哪里?或者这个假设还有其他的解释吗?我们应该警惕那些以历史的名义提出的宏大主张,以及那些号称一劳永逸地发现了历史真相的人。"[2]

最后,我要借用19世纪法国思想家和历史学家基佐这段话来结束本书。我想把它作为自己这门课程的结语送给大家,也算是我在课堂告别之际送给大家的一件礼物。在我看来,基佐对欧洲文明理解的这段话丝毫没有过时,至今读来仍让人振聋发聩。1828年,基佐在结束他的"欧洲文明史"讲座时,对文明的内涵作出了非常精粹的提炼,对不同区域是否已经到了文明阶段提出了这一判定标准。他这样写道:"结束这一课程的时间已到,我必须打住。我只想在离去前提醒你们注意这一伟大斗争向我们显示的一个最严重、最具教育意义

---

[1] 玛格丽特·麦克米伦:《历史的运用与滥用》,孙唯瀚译,广西师范大学出版社2021年版,第3—4页。
[2] 同上书,第215—216页

的事实。那就是绝对权力的危险、危害以及也是我认为它不可克服的缺点，不论它采取什么形式，什么名义，追求什么目的。"[1] "我相信我们时代有责任了解这一点：一切权力，不论来自智识，还是来自世俗，不论属于政府还是属于人民、哲学家、大臣，不论是为了这种或为了那种事业，都包含着一个天生的缺陷、弱点和弊病，因而应该加以限制。了解这一点正是我们时代的独特优势。唯有允许一切权利、利益、意见普遍享有自由，允许这一切力量的自由表现和合法存在，才能把各种力量和权力限制在合理的范围内，防止它侵犯别的权益。总之，唯有如此才能使自由探索真正普遍存在，造福于人。"[2]

除社会生活的发展而外的另一种发展：个人的发展、内心生活的发展、人本身的发展，人的各种能力、感情、思想的发展。哪个地方人的外部条件扩展了、活跃了、改善了；哪个地方人的内在天性显得光彩夺目、雄伟壮丽，只要看到了这两个标志，虽然社会状况还很不完善，人类就应大声鼓掌宣告文明的到来。[3] 文明主要包括两点：社会状态的进展，以及精神状态的进展；人的外部条件和一般条件的进展，以及人的内部性质和个人性质的进展。总而言之，是社会和人类的完善。[4]

---

[1] 基佐：《欧洲文明史》，程洪逵等译，商务印书馆1998年版，第231页。
[2] 同上书，第232页。
[3] 基佐：《法国文明史》（第一卷），沅芷等译，商务印书馆1993年版，第11页。
[4] 同上书，第9页.

后　记

　　自 2005 年起，我就为复旦大学本科生开设通识教育课程《欧洲文明的现代历程》，一转眼已过去 16 年了。其间，从教材建设规划的角度来说，历史系和通识教育办公室都希望我能够整理编写出教材。按理说，作为通识教育核心课程委员会副主任委员，我理应带头，但由于工作繁忙，一直拖至现在。在此，我要向通识教育办公室的刘丽华、应建庆和赵元等诸位老师表示感谢。特别是刘丽华老师，没有她的催促，我也无法在此时完成这本教材的写作。更值得提出的是，通识教育办公室还为了我的书稿找了两位外审专家审读把关，在此也非常感谢两位审读专家的辛劳。

　　自从入职大学工作以来，我也一直承担世界近代史和欧洲近代史等课程的教学任务，多年的教学，也想把自己对 17 世纪至 19 世纪欧洲历史的一点理解写出来：欧洲如何率先走向了现代文明、建立起了文明的社会，并在全球范围内示范其文明的样式，这其中丰富复杂的历史值得思考与总结。但由于教材编写字数的限制，很多内容无法写入，例如，欧洲的民主化进程非常缓慢，它走了一条自由优先、民主在后的发展道路；再如欧洲文明在向全球的扩展中，以帝国的方式来进行，文明标准的普遍性与各个区域的地方性就成为需要检讨的问题，因此，文明的空间性问题也应该成为一章。当然还有其他很多内

容，例如，欧洲自身的同质化和多样性问题；社会主义思潮的兴起与
发展转向等。总之，还是有很多内容值得写入教材，也希望以后还有
机会再进行修改增删，达到自己比较满意的程度。

任何著述都需要参考学界同行的研究成果，笔者自然也不例外。
在写作中，我参考了国内外很多学者的研究成果，有些作了注释，以
示说明，而有些征引由于无法查找等原因则没有加注。对此，则请学
界同仁谅解。当然这也是教训，提醒今后在日常的文字积累中，特别
是要延续很久的累积过程中，要随时将注释标识清楚，避免遗漏
犯错。

记得在我刚入职大学时，我的前辈老师们就谆谆告诉我，要做个
好老师，其内在的标准就是科研和教学都好。在科研上，自己一直勤
恳努力，不仅在国内外发表了一些学术文章，也相继获得了一些研究
基金的支持。例如，国家社会科学基金重大项目"欧洲社会主义思想
史研究"，本书也可以说是这一项目的研究成果之一。就教学而言，
回想自己在求学的过程中，有幸遇到过很多好老师，其中一些老师的
授课已臻行云流水、出神入化的地步。例如，大学期间的藏云浦老
师，硕士研究生阶段的孙炳辉老师等，以及我的硕士导师尤天然老
师，博士导师王养冲先生。听了他们的讲课让我心生敬佩，暗下决
心，今后一定要成为这样的好老师。同样，每次读到王养冲先生所说
的这些话也都给我激励，让我努力前行。先生说："作为一名教师，
德国诗人席勒说得不错：真正的价值并不在人生的舞台上，而在我们
扮演的角色中。具备道德和教养的人，才是合格的公民和教师……"
"作为一名教师，我深知若要体现自己的价值，就必须为社会创造价
值"。从大学毕业以来，我至今已在大学工作 30 余年，自以为还未达

到上述前辈老师们那样的要求和水准。但成为好老师,不误人子弟的确一直是我的信念和努力追求的目标。

在此,还要衷心感谢这么多年来选修这门课程的同学,正是他们的修读和他们之间的互动才给了我这一契机去思考一些问题,激发起作为一位老师进取的动力。当然我也在批改作业中为他们的进步而由衷地欣慰。在一定意义上说,课堂就是一种思想与知识流动的空间,每次上课,也都是两代人之间的对话,而非我自己的独白。我们都会以各自的知识累积,思考问题的视角,甚至自己的生活经验来参与课堂,建构起"课堂"。正是在这一对话中,我们收获的不仅是学术,也更能体会到欧洲文明那种平等与自由的特性。

平心而论,教材只是整个教学过程中的一个环节,是老师个人对历史的一种解释与编排方式,只能算是多种历史解释中的一种而已。因此,要将教材视作一种建构的文本,而非固定的历史结构和历史自身。可以说,任何一种教材只是理解历史的一种方式,它只是体现编写者自己理解历史的一种路径,一种视野,一种思考方式,它没有也不具备唯一性与指导性。如果说我们要强调培养学生的思维能力,特别是批判性思维能力的话,也就需要重思包括教材在内的历史建构过程与结果。正是在这一意义上,我希望读者们带着这样的主旨来阅读,并重建起自己的"历史世界"。

本书的完成大体上是因为2019年新冠疫情暴发而来的"宁静"。原先的喧嚣退去,于是自己重新拥有了很多时间,静静地编排属于自我的"历史"。虽然写作是件非常个体化的事情,但重回现代文明的欧洲,对照日益喧闹且冲突对立激烈的现实世界,愈发感慨欧洲历史和现代文明于我们与当下的意义。虽然历史不能直接给我们什么用处，但它还是能够提供丰富的资源滋养与生发着我们的思考。愿本书能提供这样的益处。

李宏图

2022 年 2 月